# 基于情境任务的
# 初中语文大单元
# 教学设计

## 七年级上册

杨志华　著

**丛书编委**　杨志华　刘自新　李思琪　李琳娜

山西出版传媒集团　山西教育出版社

图书在版编目（ＣＩＰ）数据

基于情境任务的初中语文大单元教学设计. 七年级
上册 / 杨志华著. — 太原 ：山西教育出版社，2024.
9. — ISBN 978-7-5703-4220-4

Ⅰ. G633.302

中国国家版本馆 CIP 数据核字第 2024XU1563 号

基于情境任务的初中语文大单元教学设计　七年级　上册
JIYU QINGJING RENWU DE CHUZHONG YUWEN DA DANYUAN JIAOXUE SHEJI QI NIANJI SHANGCE

**责任编辑**　陈旭伟
**复　　审**　祁　黎
**终　　审**　李梦燕
**装帧设计**　宋　蓓
**印装监制**　蔡　洁

**出版发行**　山西出版传媒集团·山西教育出版社
　　　　　　（太原市水西门街馒头巷 7 号　电话:0351-4729801　邮编:030002)
**印　　装**　山西三联印业有限公司
**开　　本**　787 mm×1092 mm　1/16
**印　　张**　22.5
**字　　数**　356 千字
**版　　次**　2024 年 9 月第 1 版　2024 年 9 月山西第 1 次印刷
**书　　号**　ISBN 978-7-5703-4220-4
**定　　价**　65.00 元

# 目 录

# 绪　论

《义务教育课程方案（2022年版）》（以下简称"课程方案"）明确指出，要"探索大单元教学，积极开展主题化、项目式学习等综合性教学活动，促进学生举一反三、融会贯通，加强知识间的内在关联，促进知识结构化"。[①]在初中语文课堂教学中，积极探索大单元教学实践，不仅是落实义务教育课程方案的需要，更是培养学生核心素养的有效路径。

## 一、大单元教学设计原则

### （一）基于标准

课程标准是国家课程的纲领性文件，是教材编写、教学、评估和考试命题的依据。《义务教育语文课程标准（2022版）》（以下简称"课程标准"）构建了以核心素养为统领的三位一体的目标一族——课程目标、内容标准、学业质量标准。课程目标代表该课程具有的概括性的育人价值，是课程核心素养的拓展性表述；内容标准是基于具体内容或知识点描述的预期学习成果，是从素养目标的高度审视具体内容的学业要求；学业质量是学生完成课程阶段性学习后的学业成就表现，反映发展学生核心素养的要求，而学业质量

---

[①]中华人民共和国教育部. 义务教育课程方案（2022年版）［M］. 北京：北京师范大学出版社，2022.

标准是以核心素养为主要维度，结合课程内容，对学生学业成就表现的总体刻画。[①]这些都为大单元教学设计提供了非常具体的指导。准确理解并认真落实课程标准要求，是进行大单元教学设计的前提和基础。

（二）整体架构

语文教学中的每篇课文都不是孤立的，都与单元总体目标密切相关。在规划大单元教学时，须按照单元学习目标整体规划单元教学，统筹课程标准、教材内容与学生实际情况，确保课时分配合理，学习目标清晰明确，构建以单元学习目标为核心，各环节紧密相连、相辅相成的完整教学体系。

大单元教学整体性要求关注单元学习的纵向贯通，强调单元学习知识技能的螺旋式上升与能力的逐级培养。这要求教学设计既要体现学习内容的递进性，从浅入深、由易到难，引导学生在逐步深入地学习中巩固基础、拓展思维；又要重视跨课时乃至跨单元、跨年级之间学习目标的顺畅衔接，形成一个既独立又统一的连续发展链条。

（三）立足学情

课程方案依据新时代党和国家对教育的新要求，明确了"有理想、有本领、有担当"的培养目标，提出了"自主、合作、探究"的学习方式，要"面向学生，因材施教"，加强学情研究，进行基于学情的教学设计。

每个学生都是独一无二的个体，他们的学习兴趣、学习风格和能力水平各不相同，在设计大单元教学前，教师需要全面分析学生的现有知识水平、学习方法和学习习惯，明确学生的"最近发展区"，精准把握教学内容的难易程度和教学活动的起点，通过分层教学、小组合作等方式，为不同层次的学生提供适宜的学习任务和挑战，激发学生的学习兴趣和动力。如此，才能有效凸显学生的主

---

[①]崔允漷.育人为本，建构核心素养导向的新教学［M］//申宣成.义务教育课程标准（2022年版）课例式解读·初中语文.北京：教育科学出版社，2022.

体地位。同时，教师应为学生提供丰富的学习资源、学习支架等，促进学生的自主学习和合作探究，切实成为学生学习活动的引导者和支持者。

在教学过程中，教师还应密切关注学生的学习状态和学习成果，及时收集和分析学生的学习反馈，根据学生的学习情况，灵活调整教学策略和教学内容，确保教学活动始终围绕学生的学习需求和发展目标展开。

（四）真实情境

《义务教育语文课程标准（2022版）》指出："语文学科核心素养是学生在积极的语言实践活动中积累与建构起来，并在真实的语言运用情境中表现出来的语言能力及其品质"，明确表达了发展学生核心素养的途径是在真实的语言运用情境中进行积极的语言实践活动。

"真实情境"作为大单元设计的重要原则，原因有三个方面：第一，只有把真实情境与任务背后的"真实世界"直接当作课程的组成部分，才能实现学生的"真学习"。课程作为专业实践，不排斥学科世界、符号世界，但反对虚假、虚构，甚至过多的虚拟。第二，衡量学生关键能力、必备品格与价值观念水平最好的做法是让学生"做事"。因为做事可以考查学生所学的知识、展示出来的技能、表现出来的情感与态度、推论行为背后的价值观念等。做事需要学生在真实的情境中完成某项任务。因此，"真实"是教学与评价时所使用的情境与任务必须具有的属性。第三，课程离不开知识学习，中小学生对于知识意义的感受与理解往往是通过在真实情境中的应用实现的。"如果不把课程与真实世界的做事、做人建立联系，那么学生在学校的学习就只剩下死记硬背、机械操练，毫无意义可言。"①

---

①崔允漷．如何开展指向学科核心素养的大单元设计［J］．北京教育（普教版），2019：11-15.

## 二、大单元教学设计步骤

基于以上分析，我们建立了大单元学习模型：首先，在细化课程标准的前提下，根据学习单元的内容确定具体的学习目标；然后，设计富于挑战性的核心任务，并根据需要分解为若干子任务，在真实的语言运用情境中让学生开展学习活动，为学生提供学习资源、学习支架与评价量规；最后，学生完成学习任务，达成学习目标，在学习过程中提升学科核心素养。

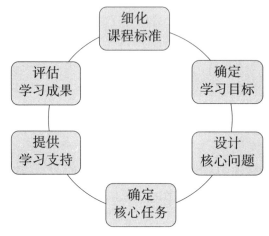

（一）细化课程标准

课程标准是国家对基础教育课程的基本规范和质量要求，具有普适性和规范性，为教学和评估指明了方向。但是课程标准不是具体的课程操作手册。由于学校情况不同，学情不同，我们必须根据学校的特点和学生的特点将课程标准进一步细致描述，使课程标准中具有指导性的条文变成更具操作性、可检测性的教与学标准。①

首先，教师要系统学习、研究课程标准，深入挖掘课程标准的内涵，用课程的总目标统领单元具体目标，将课程理念贯彻到教学设计的具体环节和内容中。

其次，要将课程理念、课程性质与具体单元的学业质量标准、课程结构、课程内容建立联系，确定落实素养目标的具体载体。

最后，根据学业质量标准的不同水平，结合学情，将课程标准

①闫存林.语文学习任务设计［M］.北京：中国人民大学出版社，2022：26.

中的核心素养向一系列具体目标转化，即转化为单元目标，每个单元需要若干课时完成，最后落实到每个课时的具体目标上。[①]

（二）确定学习目标

学习目标的制定是教学设计的起点。制定学习目标要基于课程标准的细化，立足落实核心素养，将课程标准转化为符合学情的具体学习目标。学习目标的制定要从学生视角出发，要对学生要达到的学习效果进行能实施、可测量的描述。一般情形下需要以下步骤：

首先，确定单元内容属于课程标准中课程内容的学习任务群类型。

其次，明晰该任务群在课程标准中表述的一般标准，以保障学习目标确定的科学性。

再次，明晰该任务群对应的学业质量标准的描述，以保障学习目标确定的准确性。

最后，针对具体的学习资源，将相关的表述转化为可观测、可操作的学习目标规范表达。

（三）设计核心问题

指向核心素养的学习目标决定了设计的核心问题必须是贯穿整个单元要解决的问题，它常常是真实的现实问题，这个问题的解决就是本单元的学习任务。学习内容与核心问题的关联性越强，越能让学生具有身临其境的感受，就越能激发和调动学生学习潜能，学生在主动参与解决问题的过程中，促进其核心素养的逐步养成。因此，设计核心问题要从整体上思考，它是否能够承载落实核心素养的学习目标，是否能够激发学生持久的思考和探究，是否能持续地提高学生的学习力。

一般情况下，核心问题的设计，首先要对照学习目标，梳理出学生应该具备的素养表现。然后，结合学生年龄特点和心理特点，考虑如何将这些素养表现与生活中的问题和情境建立关联。最后，

---

①王春易. 从教走向学：在课堂上落实核心素养［M］. 北京：中国人民大学出版社，2020：36-37.

考量核心问题是否是持久的思考性问题，是否能够贯穿整个学习单元，问题的解决是否需要一定的综合分析能力，需要不断探索和创造。

（四）确定核心任务

核心任务指的是围绕学习目标和学科核心素养，提炼设计的能够引领单元学习、促进学生深度理解和应用的关键任务。核心任务通常具有挑战性、驱动性，贴近学生的最近发展区，学生在完成核心任务的过程中，会经历分析、判断、综合、评估等一系列深度学习的过程，不仅有知识的学习和技能的使用，更有问题的解决、思维的迁移，还能够激发学生的探究欲望和学习兴趣。

通过核心任务的驱动，学生能够更加主动参与到学习过程中，通过解决问题、完成任务来深化对知识的理解和应用，从而培养高阶思维能力和问题解决能力。

在确定核心任务时，首先要深入分析课程标准和教材内容，明确学习目标和学科核心素养要求。然后，根据单元核心问题，结合学生的实际情况和学习需求，提炼出具有挑战性和实践性的核心任务。最后，将核心任务分解为子任务，结合课时学习内容，在课时学习中逐一完成。核心任务的设计应注重与生活的联系，体现学科的应用价值，同时考虑任务的层次性和梯度性，以满足不同水平学生的学习需求。

（五）提供学习支持

学习支持是指在大单元教学设计中，为学生提供必要的学习资源和辅助手段，以确保他们能够有效完成学习任务。提供学习支持在于促进学生自主学习的能力，减少学习障碍，提高学习效率。通过提供丰富的学习资源和个性化的学习指导，帮助学生更好地理解课程内容，掌握学习方法，形成积极的学习态度。

在大单元设计的实施中，主要的学习支持有以下几个方面：

一是时间管理，以学习任务单的方式帮助学生明确单元学习计划安排。

二是节点安排，作为设计者，教师要将阶段性、终结性成果的完成时间告诉学生，帮助学生做到心中有数。

三是提供工具脚手架，帮助学生更加有效地完成学习目标。

四是量规的设计，包括连贯清晰的标准，以及标准之下各层级表现质量的描述。

此外，还包括反思调整、讨论指导、分享解疑等，通过这些方式，确保学生在学习过程中得到充分的支持和帮助。

（六）评价学习成果

评价学习成果主要是指对学生的学习表现进行评估，确保学习目标达成。学习评价贯穿学习始终，与学习目标、学习内容、学习过程保持高度一致，实现教-学-评的一致性。

设计学习成果评价的意图在于全面了解学生的学习状况，发现学习中的优点与不足，为后续的教学改进提供依据。同时，通过评价，激励学生积极参与学习活动，提升他们的学习动力和自我效能感。

学习成果评价设计可以参考以下步骤：

第一步：制定评价标准和评价指标。

根据学习目标和课程标准，界定出哪些知识和技能是学生必须掌握的，以及达到何种程度才算合格。评价标准和指标应当具体、可量化，以便在评价过程中能够准确判断学生的学习成果情况。

第二步：选择评价方式和评价工具。

评价方式的选择应基于学习内容和学生特点。采用过程性评价、终结性评价等灵活多样的方式。

第三步：学生自我反思与评价。

通过对评价的自我反思，学生能够更深入地了解自己的学习状况，发现自身的优点和不足。还可以组织学生进行互评，让学生在相互学习中发现他人的闪光点，并借鉴他人的长处来完善自己。

第四步：及时反馈评价结果。

在评价结束后，教师应及时向学生反馈评价结果，并针对学生的具体情况提出具体的改进建议。同时，教师还应关注学生的情绪反应和心理变化，给予必要的心理疏导和支持。

### 三、大单元设计的策略

#### （一）构建结构化的学习体系

布鲁纳曾经说过，无论教师教授哪类学科，一定要使学生理解该学科的基本结构。在大单元教学的设计中，需要教师深入理解和分析教材内容，不仅仅要挖掘知识点之间的逻辑关系，注重知识之间的内在联系，更要将各单元的各部分、各要素视为一个整体，对目标、内容、任务、评价等进行整合与结构化设计，按照由浅入深、逐层递进的原则，形成清晰的学习内容体系。确保学生在掌握基础知识的同时，能够逐步深化对学科内容的理解。

一是构建单元内的结构化学习体系。以学习目标为引领，细化学习内容，设计多样化的课型结构，

注重作业的层次性和多样性，建立科学的评价体系。通过单元内的结构化学习体系的建立，确保学生的学习过程更加有序、高效。

首先，学习目标结构化。依据语文核心素养、单元编排意图、单元文本特点，梳理整合出本单元的学习目标及在单元目标统领下的课时学习目标。其次，学习内容结构化。将单元的学习内容视为一个整体，厘清单元的内在逻辑，分析篇与篇、读与写、单篇与单元、读与做（实践活动、综合性学习）之间的关系，并在此基础上筛选、精简、补充，从不同的视角来整合学习内容。然后，学习任务的结构化。围绕核心任务，将核心任务分解为若干子任务，将子任务与各文本学习密切关联，在任务的完成中学习相关阅读、写作方法等。最后，单元作业的结构化。课后作业作为课程内容的组成部分，与课前备学、课堂学习共同构成一个完整的思维进阶学习链。

二是构建单元间的结构化学习体系，即在知识体系构建过程中，注重将各个单元的知识点进行有机整合，形成相互关联、相互支撑的知识网络。这种结构化的知识体系不仅有助于学生系统地掌握学科知识，还能促进他们在实际应用中灵活运用所学知识，进而促进其学科能力的提高和学科素养的形成。

（二）设计综合性的实践活动

义务教育新课标在"课程理念"部分明确指出："义务教育语文课程结构遵循学生身心发展规律和核心素养形成的内在逻辑，以生活为基础，以语文实践活动为主线。"①主线一定是贯穿教学始终的，语文教学必须让语文实践活动贯穿始终。义务教育新课标关于六大学习任务群的阐释，无一例外地指出"本学习任务群旨在引导学生在语文实践活动中"，足见语文教学中，语文实践活动是十分重要的。

实践活动的设计要服务于单元目标达成，落实相关学习任务群。教师需要清晰地定义单元的学习目标，这些目标应具体、可衡量，并与课程标准和学科素养要求相一致。根据单元目标，教师需要确定哪些学习任务群是达成这些目标所必需的。实践活动应涵盖这些学习任务群，使学生在综合性活动中，能够全面、系统地学习和掌握相关知识和技能。

综合性学习活动的设计应打破学科壁垒，实现跨学科知识的融合。大单元的跨学科设计，以任务为驱动，以实践活动为载体，融合了各个学科的知识点，并进行循序渐进地组合与内化，既有纵向的深度探究，又有横向的宽度学习，有利于学生理解能力和探究能力的梯度增长，突出学以致用，实现能力进阶。打破学科界限，将语文核心素养同综合运用多学科的能力有机结合起来，融合多元评价方式，并对学生的表现行为进行追踪评估，增强学生灵活运用跨科知识的能力。

依托语文实践活动有效达成学习任务，还要关注单元学习任务和子任务之间的逻辑关系。教师设计贯穿整个单元的实践活动，在活动中将单元任务分解为若干个子任务，每个子任务都是这个实践活动中的一个环节或阶段。这样，学生在完成子任务的过程中，就能够逐步深入到实践活动中，感受和理解其中的问题和挑战。子任务之间应存在清晰的逻辑关系，形成一个有序的任务链。任务链可

①中华人民共和国教育部.义务教育课程标准（2022年版）[M].北京：北京师范大学出版社，2022.

以是线性的（即按照一定的顺序依次完成），也可以是环状的（即任务之间相互关联、相互影响）。无论哪种形式，都需要确保子任务之间的逻辑连贯性，使学生能够按照一定的思路和步骤在实践活动中完成任务。

（三）设计选择性的分层作业

为了满足学生的个体差异和学习需求，需要进行分层分类可选择性作业设计。分层设计的依据，一是根据课时和单元的学习内容，设计不同难度层次的作业题目，确保作业的针对性和有效性，能够有效激发学生的学习兴趣和主动性。二是根据学生的实际情况和学习进度，合理安排作业的难度和数量，注重作业的层次性和递进性，确保学生能够在完成作业的过程中逐步提升自己的学习能力和水平。

一般情况下，作业类型可以设计为三类。一是基础型作业，旨在帮助学生巩固知识点，确保学业水平达标；二是拓展型作业，旨在拓宽学生视野，培养综合应用能力，确保学业质量良好；三是挑战型作业，旨在激发学生潜能，培养创新思维，实现学业质量迈向优秀。通过多样化设计，满足学生个性化需求，激发学生学习兴趣，促进学生全面发展。

（四）研发多样性的学习工具

为了提升学生的学习效率和学习体验，需要研发多样化的学习工具作为学生学习的支撑。一般包括学习指导工具、时间管理工具、学习评价工具等，在每个单元学习过程中提供给学生，旨在帮助学生更好地进行自主学习和合作学习。

1. 学习指导工具。

这类工具主要提供个性化的学习指导和策略，帮助学生高效掌握知识。包括针对学习内容和主题的支架材料，以及详细的学习步骤和提示。这些指导工具根据学生的认知特点和学习风格进行差异化设计，引导学生独立思考和解决问题。

2. 时间管理工具。

为了帮助学生更好地规划和管理学习时间，设计学习任务单、学习任务跟踪表等时间管理工具。详细列出每周的课前、课中和课后任务，帮助学生清晰地了解学习流程和时间安排，同时培养学生时间观念，时间管理能力等，提高学习效率。

3. 学习评价工具。

评价工具在学生学习过程中起着至关重要的作用。主要为学生提供过程性评价工具和成果评价量规和量表。

过程性评价工具呈现了核心任务完成的路径、层次，跟学习融为一体，往往隐含了单元最终学习成果。这种评价工具可以是可视化的各种载体，如思维导图、成果记录单（册）、阶段性成果展示主题墙等。这类工具关注学生在学习过程中的表现和进步，如课堂参与度、合作能力、创新思维等。通过过程性评价工具的使用，教师可以及时给予学生反馈和指导，帮助学生改进学习方法，提高学习效果。

《义务教育语文课程标准》（2022年版）在"课堂教学评价建议"部分指出："在小组合作、汇报展示过程中，教师应提前设计评价量表、告知评价标准，引导学生合理使用评价工具，形成评价结果……"①以上评价建议提示了评价量表用于富有挑战性的学习任务，即用于评价核心目标达成情况。评价量表可分为成果评价量表与认知评价量表、整体评价量表与分项评价量表等。这些工具用于客观、全面地评估学生的学习成果，包括知识的掌握程度、技能的应用能力等。通过量规和量表的评价，学生可以了解自己的优点和不足，进而调整学习策略。

这些学习工具相互补充、相互支持，共同构成了一个完整的学习生态系统。它们不仅有助于提升学生的学习效率和效果，还能培养学生的核心素养和综合能力。

在大单元的设计过程中，我们构建了结构化的知识体系，设计了综合性的学习任务，落实了可选择性的作业，研发了多样化的学习工具，并注重跨学科学习与实践活动。这些举措不仅提升了学生的学习效果和学习体验，也为今后的教学提供了有益的借鉴和启示。

---

① 中华人民共和国教育部. 义务教育课程标准（2022年版）[M]. 北京：北京师范大学出版社，2022.

# 第一单元

# 四季美景

日月经天，江河行地，春风夏雨，秋霜冬雪，大自然生生不息，四时景物美不胜收。万物复苏的春天，柳条初绿，燕子呢喃；热烈蓬勃的夏天，绿荫蔽日，蝉鸣悠悠；绚丽多彩的秋天，彩林遍野，果实累累；沉寂清冷的冬天，白雾弥漫，梅香悠然。季节的交替，带来景色变化，触动人的心灵，是文人墨客的灵感来源，是大自然赐予我们的礼物。

这个单元的写景散文是我们观察、认识自然视角的指引，散文诗性的语言是品味音律美的文字材料，古代诗歌则可以作为我们品味融情于景文字的天地。学习本单元，要引导学生重视朗读课文，想象文中描绘的情景，领略景物之美；把握好重音和停连，感受汉语声韵之美；还要注意揣摩和品味语言，体会比喻和拟人等修辞手法的表达效果。

# 【单元教学主题分析】

本单元的篇目，都是写景抒情的文学作品，属于发展型学习任务群的"文学阅读与创意表达"。该任务群旨在引导学生在阅读文学作品的过程中，通过感受、理解、欣赏和评价，培养审美情趣和审美能力。同时，通过创意表达，学生能够将自己的阅读体验和感受转化为具体的文字或艺术作品，从而进一步提升他们的文学素养和表达能力。

《义务教育语文课程标准（2022年版）》第四学段的课程目标，在"阅读与鉴赏"中，要求"在通读课文的基础上，理清思路，理解、分析主要内容，体味和推敲重要词句在语言环境中的意义和作用""欣赏文学作品，有自己的情感体验，初步领悟作品的内涵，从中获得对自然、社会、人生的有益启示。能对作品中感人的情境和形象说出自己的体验，品味作品中富于表现力的语言""诵读古代诗词，阅读浅易文言文，能借助注释和工具书理解基本内容。注重积累、感悟和运用，提高自己的欣赏品位""随文学习基本的词汇、语法知识，用以帮助理解课文中的语言难点；了解常用的修辞手法，体会它们在课文中的表达效果"。

本单元是初中语文教学的第一个单元。作为起始单元，主要包括三篇现当代散文和四首古诗词，三篇散文都是写景抒情的名家名篇。其教学意义在于：学习这些优美的散文和诗歌，可以培养学生联想、想象的能力，激发审美情感、提升精神品格。同时，学习这些经典散文和诗歌，有助于学生增加语言积累，培养良好的语感。

同时本单元教材单元导语提示：要重视朗读课文，想象文中描绘的情景，领略景物之美；把握好重音和停连，感受汉语声韵之美；还要注意揣摩和品味语言，体会比喻和拟人等修辞手法的表达效果。

根据以上对《义务教育语文课程标准（2022年版）》相关内容、教材单元学习篇目、单元说明等的分析，提炼"四季美景"为本单元学习主题，基于这个主题和教学内容提出的单元核心问题是：如何展开想象感悟四季美景并借助朗读抒发热爱之情？

## 【单元教学内容分析】

　　本单元的课文都是写景抒情的诗文。朱自清的《春》，以生动形象的笔法，多层次、多角度地描写一个特定时令的景象；老舍的《济南的冬天》，描写和赞美一个地方在一个季节里的风貌；刘湛秋的《雨的四季》，则不限于一时一地，描写大自然四季里多姿多彩的雨的形象。四首古代诗词，或观沧海，或泛江河，或别友人，或诉秋思，所描写的景色和所抒发的情感各异，但都很精彩。总的来说，这些古今名篇描绘了优美的四时之景，抒发了真挚热烈的情感，营造了美好而深远的意境，构思精巧，语言精致，值得好好欣赏体会。本单元三篇现代文的景物描写具体生动，易于激发和培养学生的形象思维；学生欣赏古代诗歌的景物描写要困难一些，需要更细致的指导。

## 【学习者分析】

### 一、学习经验

　　《义务教育语文课程标准（2022年版）》第三学段要求学生："阅读表现人与自然的诗歌、散文等优秀文学作品，感受大自然的奇妙，体会人与自然和谐相处的意义；用口头或者书面的方式表达自己对自然的观察与体验，抒发自己的情感。学习品味作品语言、欣赏艺术形象；学习联想与想象，尝试富有创意地表达。"由此可见学生在小学阶段就训练了鉴赏文学作品、感受大自然魅力以及朗读文学作品的能力。

### 二、学习兴趣

　　小学生往往充满好奇心，对未知的世界充满探索欲望。散文作为一种灵活多样、内容丰富的文学形式，能够满足他们的好奇心。散文可以涉及生活的方方面面，从自然景色到社会现象，从人物描写到情感抒发，都能引起学生的浓厚兴趣。不过本单元的散文着重写景，需要在设计上调动学生学习积极性。

### 三、学习障碍或困难

　　学生在小学虽然有朗读能力的训练，但将文学作品的朗读变为美读对他们来说是一大挑战。虽然也学过对作品语言的品味，但在体会语言的表达效果、运用所学恰当书写大自然之美和表达情感的能力上还比较欠缺。

## 【单元学习目标】

本单元的能力训练点有三个：一是感受和赏析写景抒情作品的能力。感受是基础，要让学生充分感受课文的景物描写，进而理解景物描写背后的深意，再进行评析。二是朗读优美诗文的能力。小学虽然学了朗读，但升入初中有必要提升训练目标，也就是将文学作品的朗读变为美读。这项能力可分解为：识字正音，不读错；大声朗读，避免轻声细气；流畅朗读，不中断也不拖泥带水；优美朗读，表现课文中的景美、情美、言美，体会汉语的声韵节奏。三是揣摩、品味文学语言的能力。学生要能找出课文中的关键词和关键句，能体会修辞手法等的表达效果，借鉴课文的精彩语言，强化自己的语言表达能力。

基于上述单元教学主题、教学内容、学习者及单元能力训练点的分析，确定本单元的学习目标如下：

1. 借助联想和想象，能说出写景抒情散文的画面美。

2. 通过分析比喻和拟人的表达效果，品味语言，体会抒情散文的语言美。

3. 能够运用重音和停连的朗读要领，读出诗文蕴含的情感与韵味。

4. 通过描写大自然的优美，抒发对生活的热爱之情。

## 【单元任务分解及评估】

### 一、核心问题

如何展开想象感悟四季美景，并借助朗读抒发热爱之情？

### 二、核心任务

参照教材"阅读综合实践"中"全班开展课文朗诵活动，在琅琅书声中感受汉语的美"的建议，本单元设计的核心任务是：参加"悦读四季"朗诵会。朗诵会鼓励学生深入理解所朗诵的文章。在准备过程中，学生需要仔细研究文本，理解其主题、情感和写作技巧，从而提高他们的文本分析能力。以"四季"为主题的朗诵会能够让学生更加深入地感受四季的变换和美丽。通过朗诵描写四季的文学作品，学生能够在语言中感受到大自然的魅力，增强对美的感知和欣赏能力。具体情境如下：

　　想象一下，春天的脚步悄然而至，万物复苏，嫩绿的芽儿破土而出，花儿争相绽放，那是大自然的生机与活力；炎炎夏日，阳光洒满大地，蝉鸣声声，我们仿佛能感受到那份热烈与激情；秋天的丰收季节，金黄的稻穗摇曳在风中，落叶飘零，我们沉浸在那份宁静与满足之中；而到了寒冷的冬天，白雪皑皑，银装素裹，我们又领略到了冰雪世界的纯净与美好。这个单元我们主要学习用朗读去展现汉语的声韵之美、体会作者的情感，请你通过本单元的学习，参加年级举办的"悦读四季"朗诵会。

　　三、任务分解

　　子任务一：设计朗读脚本。阅读单元核心文本，通过朗读感受四季之美，品味写景抒情散文的语言。学习朗读脚本设计，为朗诵会的阅读文本分析做准备。

　　子任务二：书写自然美景。阅读拓展篇目，体会四季之美，学习描写大自然的优美，抒写对生活的热爱之情。运用读写结合的技能，通过阅读感知和模仿，学会自己书写对自然美景的热爱，为朗诵会原创朗读文本做准备。

　　子任务三：开展班级和年级"悦读四季"朗诵会。

　　四、任务评估

"悦读四季"朗诵会评价量规

|  | 朗读技巧 | 仪态表情 | 朗诵情感 | 开场白 | PPT、配乐 |
|---|---|---|---|---|---|
| 水平三 | 声音洪亮、朗诵流畅，重音、停连、语调恰当明显 | 站姿挺拔，表情自然 | 情感真挚，有感染力 | 开场白优美，贴合朗诵篇目。100字左右 | PPT、配乐贴合朗诵篇目 |

（续表）

|  | 朗读技巧 | 仪态表情 | 朗诵情感 | 开场白 | PPT、配乐 |
|---|---|---|---|---|---|
| 水平二 | 声音比较洪亮、朗诵流畅，重音、停连、语调较为恰当明显 | 站姿挺拔，表情僵硬 | 有感情，但是感染力不强 | 开场白流畅，贴合朗诵篇目。100字左右 | PPT、配乐不太贴合朗诵篇目 |
| 水平一 | 声音不洪亮、朗诵卡顿，没有明显的重音、停连和语调变化 | 站姿不挺拔，缺乏表情，不看观众 | 感情不明显，缺乏感染力 | 开场白与朗诵篇目无关或者无开场白 | 无PPT、配乐 |

# 【单元任务管理及课时安排】

围绕本单元的核心任务"悦读四季"朗诵会展开教学。第一课时进行单元任务说明和单元学习目标解读，引导学生明确学习重点目标和学习过程，并发布《春》的学习任务，指导学生初步感受春天的美好。第二课时深入学习《春》，通过小组讨论的形式，寻"春"与诵"春"、探"春"之美。指导学生朗诵训练，帮助学生掌握朗诵技巧，并且能够掌握朗读脚本的撰写技巧，为完成核心任务积累朗诵经验。第三课时学习《济南的冬天》，对比春天与冬天的不同美感。第四课时品味"温情"，学生继续学习《济南的冬天》，体会文章中的温情与意境。教师引导学生进行情感朗读，感受作者的情感表达。第五至六课时学习《古代诗歌四首》中的秋意无边和春日情怀，分析诗歌中的景与情，感受古代诗歌的四季情怀，体会作者的情感表达。指导学生进行诗歌朗诵，帮助学生通过朗诵体会和表现诗歌情感。进行古诗散文化训练，通过散文化写作，为学生核心任务的完成提供原创朗读文本的积累。第七课时进行四季散文的拓展阅读，选择课外"四季美景"主题文章进行深入学习。教师引导学生完成相关阅读任务，加强阅读积累，提升学生的阅读理解能力。第八课时进行班级选拔赛，学生自由组队，准备朗诵节目。班级内进行朗诵比赛，评选出最佳团体。教师对学生的表现进行点评和指导，帮助学生提升朗诵技巧。第九课时进行年级比赛，班级选拔出的最佳团体参加年级朗诵比赛。学生通过比赛展示自己的朗诵才华和团队协作能力。教师和评委对学生的表现进行点评和反馈，帮助学生认识不足并提升自我。

通过本单元的学习，帮助学生深入理解四季之美以及古代诗歌中对于四季的描绘。同时，提升学生的朗诵技巧和团队协作能力。教师根据学生的表现和反馈，不断优化教学策略和方法，为学生提供更好的学习体验。

| 第一课时 | 第二课时 | 第三课时 | 第四课时 |
|---|---|---|---|
| 学习《春》，概括画面特点 | 学习《春》，设计朗诵脚本 | 学习《济南的冬天》，概括画面特点 | 学习《济南的冬天》，设计朗诵脚本 |
| 第五课时 | 第六课时 | 第七课时 | 第八课时 |
| 学习《古代诗歌四首》之"秋意无边"主题诗歌，书写自然美景 | 学习《古代诗歌四首》之"春日情怀"主题诗歌，书写自然美景 | 进行拓展阅读，总结写景抒情特点，书写对自然美景的热爱 | "悦读四季"班级朗诵会 |
| 第九课时 | | | |
| "悦读四季"年级朗诵会 | | | |

## 【学习支架】

### 一、朗读技巧

朗读是通过有声语言，理解和传达书面语的重要信息或思想感情的阅读方式或艺术创造。

（一）基础准备

选材：根据自己的性格、朗诵风格和观众需求选择合适的材料。

理解作品：深入理解作品的内容、背景、主题和情感基调，确保在朗诵时能够准确传达作者的意图和情感。

（二）语言表达

发音与吐字：使用标准的普通话朗诵，避免方言和误读。发音要清晰准确，吐字要干净利落，不添字、不少字、不读破句。

语速与节奏：语速要适当，根据作品的内容和情感变化调整速度。节奏要流利和谐，缓急结合，以增强语言的韵律感和表现力。

语调与重音：语调要生动，分出轻重缓急，分清抑扬顿挫，以表达作品的思想感情。重音是指那些在表情达意上起重要作用的字、词或短语，在朗诵时要加以强调，以增强语言的感染力和说服力。

（三）情感表达

真挚情感：朗诵时要投入真挚的情感，用情感去感染听众。如果朗诵者自己都不能被打动，那么很难打动听众。

眼神交流：上台后注意与评委或观众进行眼神交流，面带微笑，传递自信和正气。如果不够自信，可以选择看着舞台中后方的局部区域，避免目光涣散。

表情与动作：根据作品的内容和情感变化调整表情和动作。表情要自然生动，动作要干净利落，不宜过多。如果不加动作，则要站姿挺拔，展现自信和正气。

（四）技巧运用

停顿：停顿是朗诵中常用的技巧之一，它不仅可以用于休息换气，更重要的是用于充分表达朗诵者的思想情感。停顿要合理自然，不要破坏句子的完整性和连贯性。

换气与补气：换气是用气过程的一部分，要根据作品的内容和情感变化采取不同的用气方法。补气可以通过偷气、抢气等方式进行，以保持声音的饱满和稳定。

声音变化：根据作品的需要调整声音的高低、强弱、快慢等变化以增强表现力。例如，使用气音、抽气、喷口、托气、笑语、颤音等技巧来渲染气氛、表达情感。

（五）综合表现

脱稿朗诵：上台朗诵时尽量脱稿，以增强自信和表现力。如果必须带稿上台，也要做到熟悉材料，避免频繁看稿。

模仿与创新：如果所诵读的内容有著名主播的诵读版本，可以学习其把握情感和断句的方式。同时要在模仿的基础上进行创新，形成自己的风格特点。

自信与从容：在朗诵过程中，要保持自信和从容的心态，不要过于紧张或拘谨。只有放松自己，才能更好地发挥朗诵技巧，展现自己的风采。

### 二、朗读符号表

| 语文朗读符号 | 表示的意义 |
|---|---|
| // | 较长时间的停顿，换气 |
| · | 表示重音，读的时候饱满有力 |
| ∧ | 朗读时声音的中断，用"∧"标示在词语之间，不限于标点，句中有时也有小停顿 |
| ⌒ | 朗读时声音的延续，用"⌒"标示在词语之间的上方，表明为了表达的需要，在此处需要一口气连贯地读下来，有标点也不停顿 |
| ∿ | 表示轻声，读的时候声音放慢、放低 |
| < | 渐强，读的时候声音逐渐增大、增强 |
| > | 渐弱，读的时候声音逐渐变小、减弱 |
| ↗ | 上扬音，表示由低平转为高昂 |
| ↘ | 下沉音，表示由高昂转为低平 |
| — | 尾音拉长 |

### 三、诗歌朗诵技巧

（一）诵好诗的停顿

一般是一个实词或一个词组停顿一次，如：

五言诗一般一句停顿2次："客路/青山/外，行舟/绿水/前。"

七言诗一般一句停顿3次："杨花/落尽/子规/啼，闻道/龙标/过/五溪。"

四言诗一般一句停顿1次：东临 / 碣石，以观 / 沧海。水何 / 澹澹，山岛 / 竦峙。

（二）诵出诗的旋律

读诗如品茶，都强调"出味"。古诗之味，在于韵律，即语调的腾挪跌宕、声音的强弱粗细、节奏的快慢变化。简单地说，就是要注意语调的平、升、降。

**示例**  枯藤老树昏鸦，（平）小桥流水人家，（稍升）

　　　　古道西风瘦马。（升）夕阳西下，断肠人在天涯。（降）

（三）诵出诗的意境

朗读者只有深入体会诗歌所蕴含的思想、诗人的情思，借助联想与想象，在头脑中再现诗人所描绘的画面，在心底与诗人产生共鸣，与诗人一起吟咏，才能使诗歌意境全出。

### 四、写景散文的赏析型批注角度

写景散文侧重于对文本中自然景观、环境氛围以及作者情感与景物交融之处的细致品味与解读。以下是一些具体的赏析型批注角度：

（一）景物描绘的细腻度

批注作者如何运用细腻的笔触描绘景物，如色彩、形状、质感、光影等细节，使读者仿佛身临其境。举例分析某一具体景物描写，如"晨光初破，金色的阳光洒在蜿蜒的小径上，露珠在嫩绿的叶尖闪烁"，评价其如何营造出清新、宁静的氛围。

（二）情感与景物的融合

探讨作者如何将个人情感融入景物描写之中，使景物成为情感的载体。批注中可指出哪些景物描写反映了作者的喜悦、宁静、忧伤等情感。分析情感与景物之间的相互作用，如"那片孤独的枫叶，在秋风中缓缓飘落，仿佛是我心中那份淡淡的哀愁"，评价这种融合如何增强了文章的艺术感染力。

（三）空间与时间的构建

批注作者如何通过景物描写构建出一个具有层次感和动态感的空间，以及如何通过时间线索（如晨昏变化、季节更迭）展现景物的变化之美。分析空间与时间的交织如何丰富了文章的内涵，使读者在阅读过程中感受到时间的流逝和空间的转换。

（四）修辞手法的运用

指出并评价作者在写景过程中使用的修辞手法，如比喻、拟人、排比、对偶等，这些手法如何增强了语言的生动性和表现力。分析修辞手法如何帮助读者更好地理解和感受景物的美，如"群山如黛，云雾缭绕，宛如一幅淡雅的水墨画"，评价其如何以诗意的语言描绘出山水的神韵。

（五）意境的营造

批注文章所营造的意境，即通过景物描写所传达出的整体氛围和情感体验。分析这种意境如何超越了具体的景物描写，成为文章的核心魅力所在。评价意境的深远与独特之处，以及它如何触动了读者的心灵，引发共鸣。

（六）观察与感悟的深刻性

赞赏作者对自然景物的敏锐观察和深刻感悟，批注中可指出作者如何通过对景物的细致观察，揭示出自然界中蕴含的哲理或人生启示。分析这些感悟如何丰富了文章的思想内涵，使读者在欣赏美景的同时，也能获得心灵的启迪和精神的升华。

**五、古诗散文化技巧**

古诗散文化技巧主要涉及在充分把握诗词内容和情感基调的基础上，通过创新思维和丰富的语言，对诗歌中含蓄凝练的形象进行再加工，使其以散文的形式展现出来。以下是一些具体的技巧：

（一）理解诗词内容与情感

深入解读：需要深入理解诗词的字面意思和深层含义，把握作者的情感表达和创作背景。

情感共鸣：体会诗词中的情感基调，是欢快、忧伤、激昂，还是淡泊？以便在散文化过程中保持情感的一致性。

（二）激发创新思维

想象与联想：在散文化过程中，要充分发挥想象力，将诗词中的意象和场景进行扩展和丰富，使其更加生动具体。

独特视角：尝试从不同的角度解读诗词，寻找新的切入点，使散文化的作品具有独特性。

（三）运用丰富语言

细致描写：用散文的语言对诗词中的景物、人物、情感等进行细致的描写，使其更加具体可感。

修辞手法：运用比喻、拟人、排比等修辞手法，增强散文的表现力和感染力。

自由表达：散文不受诗词格律的限制，可以自由表达作者的思想和情感，使作品更加自然流畅。

（四）具体改写步骤

找：明确诗词中的时间、地点、人物、景物等要素，为散文化提供基础框架。

补：补充诗词中的"空白"，如未明确描述的人物形象、心理活动等，使散文内容更加完整。

扩：发挥联想和想象能力，将诗词中的意象和场景进行扩展和丰富，使其更加生动具体。

连：根据诗词的时空转换顺序和逻辑结构，将散文化的各个部分连缀成篇，形成完整的散文作品。

（五）其他注意事项

保持情感一致性：在散文化过程中，要保持与诗词情感基调的一致性，避免出现情感偏离的情况。

避免简单翻译：散文化不等同于简单的翻译，需要在充分理解诗词的基础上进行创新性的再加工。

注重语言美感：散文化的作品同样需要注重语言的美感，通过生动的描写和恰当的修辞手法来增强作品的艺术感染力。

详细的步骤说明及示例：以《山居秋暝》（部编版五年级上册）为例。

理解：这首诗描绘的是雨后初晴的秋日傍晚，山中的清新与宁静，以及人与自然和谐共处的画面。诗人表达了对这种隐逸生活的向往和喜爱。

改写步骤：

1. 找：明确诗词中的时间、地点、人物、景物等要素。

时间：从"天气晚来秋"可以明确时间为秋日的傍晚，且是雨后初晴。

地点：整首诗围绕"山居"展开，描绘了山间居所及其周边的自然环境。

人物：虽然诗中未直接提及诗人自己，但可以理解为诗人在描绘并感受这一切，同时提到了"浣女"和"渔人"作为山间生活的代表。

景物：包括空山、新雨、明月、松树、清泉、石头、竹林、浣女、莲花、渔舟等。

2. 补：补充诗词中的"空白"。

人物形象补充：虽然诗中未详细描述浣女和渔人的外貌或具体行为，但可以在散文中补充他们的形象，如"几位身着朴素衣裳的浣女，手提着装满衣物的竹篮，脸上洋溢着满足的笑容，边走边聊，欢声笑语在山间回荡"。

心理活动补充：可以加入诗人自己的心理活动，如"我站在这里，心中充满了对这份宁静与美好的感激。远离尘嚣，与自然为伴，这样的生活何尝不是一种幸福呢"。

3. 扩：发挥联想和想象能力。

场景扩展：将诗词中的场景进行细致描绘和扩展，如"月光如细丝般穿透松林，洒在青石小径上，每一步都仿佛踏在了银色的绸缎上。清泉从山间石缝中潺潺流出，水声清脆悦耳，仿佛是大自然最悠扬的乐章，让人心旷神怡"。

意象丰富：通过联想和想象，为诗词中的意象增添更多细节和色彩，如"莲花在微风中轻轻摇曳，花瓣上的露珠闪烁着晶莹的光芒，仿佛是大自然最精致的珍珠"。

4. 连：以诗词的时空转换顺序和逻辑结构为依据。

时空转换：按照诗词中的时空转换顺序，即雨后的山间、傍晚的宁静、月光的照耀、清泉的流淌等，将散文化的各个部分有序地连接起来。

逻辑结构：保持散文的逻辑清晰，先描绘整体环境，再逐步深入具体场景和人物活动，最后表达诗人的情感和感悟。例如，可以先从雨后的清新空气和山间景色入手，再过渡到月光下的宁静场景，然后描绘浣女归家和渔舟晚归的画面，最后以诗人的内心独白和情感抒发作为结尾。

### 《山居秋暝》散文化

雨，悄无声息地停了，给这座空山披上了一层薄薄的轻纱。夕阳的余晖透过云层的缝隙，洒在湿润的大地上，宣告着傍晚的来临，也预示着秋日的脚步已悄然临近。我，一位隐居山林的诗人，站在居所前，深吸一口雨后清新的空气，心中涌动着难以言喻的宁静与喜悦。

随着夜幕的降临，一轮明月缓缓升起，它似乎也被这山间的清新所吸引，将柔和的银辉洒满了整个山谷。月光如细丝般穿透松林，斑驳地照在地上，为这宁静的夜晚增添了几分神秘与幽静。我踏着月光铺就的小径，漫步于松林间，耳边是清泉从山间石缝中潺潺流出的声音，清脆悦耳，如同天籁之音，让人心旷神怡。

不远处，竹林深处传来了阵阵喧闹声，那是浣女们结束了一天的劳作，正结伴而归。她们身着朴素的衣裳，手提着装满衣物的竹篮，脸上洋溢着满足和欢笑。月光下，她们的身影显得格外柔和与温馨，为这寂静的山间增添了几分生机与活力。

湖面上，几朵莲花在微风中轻轻摇曳，花瓣上的露珠闪烁着晶莹的光芒，宛如大自然最精致的珍珠。此时，一叶渔舟悄然划过水面，打破了湖面的平静。渔人熟练地操控着船只，满载而归的他脸上洋溢着丰收的喜悦。船上的灯火在湖面上摇曳生姿，与天上的明月遥相呼应，构成了一幅动人心魄的画面。

我站在这里，静静地欣赏着这一切。山间的宁静、月光的柔美、清泉的流淌、浣女的欢笑、渔舟的晚归……这一切的一切都让我感受到了生活的美好与和谐。我深深地感激这份宁静与自由，它让我远离了尘嚣与纷扰，让我得以在这片净土上寻找心灵的归宿。

此刻的我仿佛与这山、这水、这月、这风融为一体，成为大自然的一部分。我知道无论外面的世界如何喧嚣与繁华，这里总有属于我的一片净土，让我得以安放疲惫的心灵、享受那份难得的宁静与自由。

## 【课时教学设计】

子任务一：设计朗读脚本。阅读单元核心文本，通过朗读感受四季之美，品味写景抒情散文语言，为朗诵会的阅读文本分析做准备。

### 第一课时　《春》

‖ 学习目标 ‖

1. 能梳理文章结构、概括文章画面。

2. 通过品味优美语句、揣摩关键语句等，学习比喻等修辞手法，进行批注鉴赏。

‖ **学习过程** ‖

【学习环节一】寻"春"之美

1. 请你朗读课文，整体感知文章。根据每段的内容，思考课文可以分为哪三部分。

|  | 段落 | 内容概括 |
|---|---|---|
| 第一部分 |  |  |
| 第二部分 |  |  |
| 第三部分 |  |  |

2. 在作者的笔下，春天就像一幅幅美丽的图画。文章第二部分可以分为几幅画面？请你为每幅画起一个名字。

【学习环节二】赏"春"之美

**示例**　请从春景图中选择你最喜欢的一幅，对该片段进行鉴赏批注，要求批注出该片段所描写的主要景物以及如何描写这些景物的。

【春草图】小草偷偷地从土里钻出来，嫩嫩的，绿绿的。园子里，田野里，瞧去，一大片一大片满是的。坐着，躺着，打两个滚，踢几脚球，赛几趟跑，捉几回迷藏。风轻悄悄的，草软绵绵的。

赏析："偷偷地""钻"写春草的情态。"偷偷地"写出了不经意间，春草已悄然而出的情景。这样写赋予小草以感情和意识，富有情趣，惹人喜爱。"钻"字表现了生命力顽强，写出了春草破土而出的挤劲。

**课后作业**

用本节课学到的批注的方法，摘抄课文中另外的一个片段进行批注和赏析。

## 第二课时 《春》

‖ **学习目标** ‖

1. 有感情地朗读课文，把握重音和停连。

2. 能运用朗读符号和朗读技巧进行课文脚本设计，并有感情地朗读课文。

‖ **学习过程** ‖

【学习环节一】学技巧，会朗诵

1. 阅读"学习支架"朗读技巧及附录知识加油站，摘录朗读技巧的重点。

【附录】知识加油站

（1）朗读概说。

朗读，是通过有声语言，理解和传达书面语重要信息或思想感情的阅读方式或艺术创造。对读者自己而言，朗读是加深自己对文章感受与理解的重要阅读方式；对作品和听众而言，朗读又是一种在忠实传达作品内涵基础上的艺术再创造，可以增强作品的艺术魅力以及对听众的感染力。

朗读的基本要求是正确、流利，更高要求是"有感情"。

（2）朗读的技巧。

①重音。

朗读时，为适应传情达意的需要，对语句中的某些词或短语以重读的形式加以强调。重音是一句话中需要强调的词语，可以用加强或减弱音量、加快或放慢速度等方式，使需要强调的词语在声音感受上引人注意。一般可以用下加着重号表示重音。

②停连。

指朗读语流中声音的中断和延续。声音的中断即停顿，声音的延续即连接。无论停顿还是连接，都不是任意的，都要与文章思想感情的发展变化相适应。停顿（∧），犹如音乐中的休止符，停顿时间的长短可以营造不同的表达效果；停顿的地方，不限于有标点处，句子中间的停顿，有区分逻辑层次和制造表达效果的双重作用。为了表达的需要，有时在有标点处也不能停顿，而是要一口气读连贯，这就是"连接"（⌒）的技巧。

③语气。

语气，是朗读时运气发声的微妙技巧，如抑扬顿挫、以气带声等，不能用符号完全表示。我们可以先学会用↗、↘、—表示语调的上扬、下降和延长。

④节奏。

节奏，是朗读全篇时，抑扬顿挫、轻重缓急等声音形式的回环往复所构成的整体感。节奏要与全篇的逻辑思路、感情基调统一。

（3）朗读的感情基调。

感情基调，是指一篇文章整体的、基本的感情色彩和声音语调。朗读时，内心对文章的感情基调有一个明确的把握和提示，才能准确而充分地传达出恰如其分的感情。

2. 运用重音、停连、语调的知识，参考示例，对下面例句进行分析。

**示例**　小草偷偷地从土里钻出来，嫩嫩的，绿绿的。

分析：这句话运用拟人的修辞，赋予小草人的特征，其中将"偷偷地"和"钻"重读，突出春草的活泼与生命力。将"嫩嫩的"和"绿绿的"两个叠字形容词重读，更加凸显了春草的质地和色彩，突出了春草新鲜的特点。

**例句1**：红的像火，∧粉的像霞，∧白的像雪。

分析：_____

_____

_____

**例句2**：园子里，田野里，瞧去，一大片一大片满是的。坐着，∧躺着，∧打两个滚，踢几脚球，赛几趟跑，捉几回迷藏。风轻悄悄的，草软绵绵的。

分析：_____

_____

_____

**例句3**：桃树、↗杏树、↗梨树，你不让我，我不让你，都开满了花赶趟儿。

**分析**：_____

_____

_____

**【学习环节二】诵文章，悟情感**

熟悉朗读技巧，在第一课时批注的基础上，参照示例，用朗读符号进行朗读脚本设计。标出句中的重音（·）和停连（∧⌒），在小组和班级里朗读。

**朗读脚本示例**

符号标注："吹面不寒杨柳风"，不错的，像母亲的手∧抚摸着你。风里带来些新翻的泥土的气息，混着青草味儿，还有各种花的香，都在微微润湿的空气里酝酿。

解说："像母亲的手"和"抚摸着你"两个重音，可以读得语重情深，令人感觉温暖而舒坦，中间应该停顿，表示语气的舒缓。"泥土的气息"和"青草味儿"读重音，给人以嗅觉上的美感。在"手"与"抚摸"之间轻微地停顿，以突出比喻的转换，让听者能更清晰地感受到这种温柔的触感。"泥土的气息""青草味儿""花的香"之间，应该连读，以保持句子的流畅性。

**【学习环节三】小组合作，总结方法**

结合朗读和脚本创作环节，小组总结概括出朗读脚本的创作方法。

小结：能够针对朗读文本从修辞手法和表现手法两个角度进行赏析，依据内容和情感，准确判断重音、停连，独立创作出朗读脚本。

**课后作业（二选一）**

1. 修改课上设计的朗读脚本，读给同学或家长听，或者录制朗诵音频、视频。

2. 选择你喜欢的写景文章片段，进行朗读脚本设计，读给同学或家长听，或录制朗诵音频。

高阶任务：邀请家人一起录制诵读音频。

## 第三课时　《济南的冬天》

‖ **学习目标** ‖

1. 能朗读文章、梳理结构、概括画面、分析景物特点。

2. 能进行脚本设计，并有感情地朗读。

‖ 学习过程 ‖

【学习环节一】整体感知，梳理思路

1. 初步感受济南山水的特点，请你判断下面的两幅图片哪一幅是济南的山水，并简要说明理由。

理由：

2. 整体感知，梳理思路。

【学习环节二】描绘画面，设计脚本

以小组为单位，任选一幅图画，完成朗读脚本设计。

小组朗读任务单

| 小组名称 | 选段名称（自命名） | 朗读形式（齐读，错落读、二重读） | 朗读脚本（可用符号或文字说明） |
|---|---|---|---|
| 示例：天选之组 | 小山摇篮图（第三段） | 错落读 | 示例1：这样的温暖，今天夜里山草也许就绿起来了吧?"就是这点儿幻想不能一时实现，∧他们也并不着急，因为有这样慈善的冬天，干啥还希望别的呢！<br><br>朗读脚本："重读温暖"，强调当前环境的舒适与宜人。"绿起来"重读，表达对未来变化的期待与想象。"吧"字轻读，带有询问和不确定的温柔语气。在句子转折或意义转换处适当停顿，如"就是这点儿幻想不能一时实现"与"他们也并不着急"之间，通过短暂的停顿，让听众有时间消化前一句的信息，并期待后文的转折或进一步说明。<br><br>示例2：这一圈小山在冬天特别可爱，好像是把济南放在一个小摇篮里，他们全安静不动地低声地说："你们放心吧，这儿准保暖和。"<br><br>朗读脚本："放在""低声地说"都是人格化了的行为动作，应该重读且短暂停顿。"特别可爱"是作者对小山的评价，也应重读。"小摇篮"三个字，以及小山说出的令人安心且充满保护感的话，最能体现济南的山对济南城的呵护感情，要用轻柔的语气读出来 |

课后作业（三选一）

1. 根据课文内容，对教材中的插图进行评价。不少于100字。

2. 结合课上所学，为本文绘制一幅插图，并用50字简单说明绘制意图。

3. 设计朗读脚本，读给同学或家长听，或录制朗诵音频、视频。

## 第四课时　《济南的冬天》

‖学习目标‖

1. 能通过赏析批注，品味鉴赏语言。

2. 能结合拓展资料及文章，体会分析作者情感。

‖学习过程‖

【学习环节一】品味语言

细读3—6段，这些写景的语言有哪些妙处？批注在课本上。

提示：可以从修辞、用词、称呼、语调、色调、手法等角度思考。

【学习环节二】体会情感

"有感情地朗诵"具体应该是什么感情？为什么？

提示：结合老舍的经历及本文的写作背景思考。

【链接材料1】

济南市地处中纬度地带，属暖温带大陆性季风气候。其主要气候特征是：季风明显，四季分明；冬冷夏热，雨量集中。

冬季济南市受蒙古冷高压控制，盛吹寒冷的偏北风，一般6—8天有一次冷空气侵入，使气温不断降低。冬季最冷月平均气温在0℃以下，极端最低平均温度在-20℃以下。冬季日均最低气温-1℃。（北京冬天日均最低气温-23℃左右）

【链接材料2】

来到济南之前，老舍在伦敦教书五年，既没有获得丰厚的经济收入，也没有得到多少精神上的安慰。1929年夏，老舍乘轮船回国，可惜所剩的钱只够买票到新加坡，只好先到新加坡工作，逗留数月，靠教书才攒到回国的路费。初回北京也不够顺利，后来接到山东齐鲁大学的教职，来到济南，才终于可以安定地生活。在济南，老舍"努力地创作，快活地休息"，迎来了生命中的春天，对未来也充满希望。他自己说："时短情长，济南成了我的第二故乡。"老舍的长女在这里出生，直接以"济"命名。在济南的四年，老舍完成了四部长篇小说和一系列散文。

老舍并不是给济南写宣传文，而是写自己印象中的济南，那个给他带来安静平和的生活的济南，那个给他带来生活享受的济南。所以他选择了"小山""小雪""水墨画般的城外"和"水"，这些景物里无不浸透着老舍对济南的情感，正如他在字里行间透露出的济南给他的温情。

**课后作业**

1. 参照示例，请以"如果你要写济南冬天的水（山、雪、城……）"为开头，结合文章内容，写一首小诗。

提示：形式上可以改写文章原句，内容上可以围绕景物描写，也可以聚焦情感。

**示例**

如果你要写风，就不能只写风

你要写——

树梢的弯度，你要写湖面的波纹，

你要写树叶婆娑的声音和它落地的路径。

你要写云朵向哪走，

飞沙往哪飘，炊烟在哪散。

要写屋檐边悬挂的铃铛响，

要写轻舟与竹筏轻轻漾，秋千轻轻晃。

要写人们的不听话衣角和发梢，

写抓不住的气球和孩子手里转动的玩具风车。

写拨云见日的山，写卷起又落下的浪，

甚至是一场散了的大雾。

你要写雨，你就不能只写雨。

你要写湖畔湮没的礁石，

写荡起的涟漪。

你要写盛水欹斜的荷叶，

写带露珠的花，写一片新绿的树林。

你要写石板上的坑凼，

屋檐下的泠泠。

写覆了尘灰的杯盏再次被斟满，

写用旧了收不拢的一柄伞。

你要写秋天，就不能只写秋天。

要写无边落木，写落霞孤鹜。

写世间氐惆，写千顷素秋。

写银烛画屏，小扇扑流萤。

写枫叶荻花，江风送客情。

写枯藤老树，写秋生万户。

写湖光秋月，无言上西楼。

写山山黄叶，他乡登高处。

写卿已识愁，欲说还休。

再写两鬓如霜犹带雪，锦书难求。

罢笔之时，凭栏望秋。

只问人生在世多惆怅，万里悲秋诉衷肠。

清辉凝夜入梦窗。


2. 阅读《想北平》，画出作者抒发对北平情感的句子。比较老舍对济南、对北平的情感有何异同，写一篇200字左右的评读文章。

提示：北平是老舍的第一故乡，济南是老舍的第二故乡。《一些印象》中老舍写济南的文章很多，有济南的春天、秋天，甚至马车、洋车……但是，作为北平人，老舍对北平的感情却是复杂的，"可是我真爱北平。这个爱几乎是要说而说不出的"。

【附录】

# 想　北　平

## 老　舍

设若让我写一本小说，以北平作背景，我不至于害怕，因为我可以拣着我知道的写，而躲开我所不知道的。但要让我把北平——道来，我没办法。北平的地方那么大，事情那么多，我知道的真觉太少了，虽然我生在那里，一直到廿七岁才离开。以名胜说，我没到过陶然亭，这多可笑！以此类推，我所知道的那点儿只是"我的北平"，而我的北平大概等于牛的一毛。

可是我真爱北平。这个爱几乎是要说而说不出的。我爱我的母亲。怎样爱？我说不出。在我想做一件事讨她老人家喜欢的时候，我独自微微地笑着；在我想到她的健康而不放心的时候，我欲落泪。言语是不够表现我的心情的，只有独自微笑或落泪才足以把内心表达出来。我爱北平也近乎这个。夸奖这个古城的某一点是容易的，可是那就把北平看得太小了。我所爱的北平不是枝枝节节的一些什么，而是整个儿与我的心灵相黏合的一段历史，一大块地方，多少风景名胜，从雨后什刹海的蜻蜓一直到我梦里的玉泉山的塔影，都积凑到一块儿，每一细小的事件中有个我，我的每一思念中有个北平，这只有说不出而已。

真愿成为诗人，把一切好听好看的字都浸在自己的心血里，像杜鹃似的啼出北平的俊伟。但我不是诗人，我将永远道不出我的爱，一种像由音乐与图画所引起的爱。这不但辜负了北平，也对不住我自己，因为我的最初的知识与印象都得自北平，它是在我的血里，我的性格与脾气里有许多地方是这古城所赐给的。我不能爱上海与天津，因为我心中有个北平。可是我说不出来！

伦敦、巴黎、罗马与堪司坦丁堡，曾被称为欧洲的四大"历史的都城"。我知道一些伦敦的情形；巴黎与罗马只是到过而已；堪司坦丁堡根本没有去过。就伦敦、巴黎、罗马来说，巴黎更近似北平，不过，假使让我"家住巴黎"，我一定会和没有家一样感到寂苦。巴黎，据我看，还太热闹。虽然那里也有空旷静寂的地方，可是又未免太旷；不像北平那样既复杂又有个边际，使我能摸着——那长着红酸枣的老城墙！面向着积水潭，背后是城墙，坐在石上看水中的小蝌蚪或苇叶上的嫩蜻蜓，我可以快乐地坐一天，心中完全安适，无所求也无可怕，像小儿安睡在摇篮里。是的，北平也有热闹的地方，但是它和太极拳相似，动中有静。巴黎有许多地方使人疲乏，所以咖啡与酒是必要的，以便刺激；在北平，有温和的香片茶就够了。

虽说巴黎的布置已比伦敦罗马匀调得多了，可是比起北平来还差点儿事儿。北平在人为之中显出自然，既不挤得慌，又不太僻静，连最小的胡同里的房子也有院子与树；最空旷的地方也离买卖街与住宅区不远。北平的好处不在处处设备得完全，而在它处处有空儿，可以使人自由地喘气；不在有好些美丽的建筑，而在建筑的四围都有空闲的地方，使它们成为美景。每一个城楼，每一个牌楼，都可以从老远就看见。况且在街上还可以看见北山与西山呢！

好学的，爱古物的，人们自然喜欢北平，因为这里书多古物多。我不好学，也没钱买古物，但我却喜爱北平的花多菜多果子多。花草是种费钱的玩艺，可是此地的"草花儿"很便宜，而且家家有院子，可以花不多的钱而种一院子花。墙上的牵牛，墙根的靠山竹与草茉莉，省钱省事而且会招来翩翩的蝴蝶。至于青菜、白菜、扁豆、毛豆角、黄瓜、菠菜，等等，大多数是直接由城外担来而送到家门口的。雨后，韭菜叶儿上往往还带着雨时溅起的泥点儿。青菜摊子上的红红绿绿几乎有诗似的美丽。果子有不少是由西山与北山来的，西山的沙果、海棠，北山的黑枣、柿子，进了城还带着一层白霜儿，美国包着纸的橘子遇到北平的带霜儿的玉李，还不愧杀！

是的，北平是个都城，而能有好多自己产生的花、菜、水果，这就使人更接近了自然。从它里面说，它没有像伦敦的那些成天冒烟的工厂；从外面说，它紧连着园林，菜圃与农村。采菊东篱下，在这里，确是可以悠然见南山的。像我这样的一个贫寒的人，或者只有在北平能享受一点儿清福了。

好，不再说了吧；要落泪了，真想念北平呀！

（选自《老舍散文》，人民文学出版社2021年版。有改动）

## 第五课时　《古代诗歌四首》之"秋意无边"

‖ **学习目标** ‖

1. 通过分析诗歌所写的景物和情感特点，初步体会诗歌情景交融的特点。
2. 结合朗读展开想象，感受诗歌的艺术情境。

‖ 学习过程 ‖

**【学习环节一】疏通诗意，读懂景情**

读懂《观沧海》的景和情

| 原诗默写 | 翻译 | | 景物 | 景物特点 | 情感 |
|---|---|---|---|---|---|
| | | 眼前之景 | | | |
| | | | | | |
| | | | | | |
| | | | | | |
| | | 想象之景 | | | |
| | | | | | |
| | | | | | |
| | | | | | |

**【学习环节二】疏通诗意，读懂景情**

读懂《天净沙·秋思》的景和情

| 原词默写 | 翻译 | 景物 | 景物特点 | 情感 |
|---|---|---|---|---|
| | | | | |
| | | | | |
| | | | | |
| | | | | |

**【学习环节三】读出情感**

请参考"学习支架"诗歌朗读技巧，有感情地朗读《观沧海》和《天净沙·秋思》，小组内相互朗读，评出最优，在班级展示。

**课后作业（二选一）**

1. 参照"学习支架"古诗散文化技巧和范例，任选一首诗，将其改扩写成一篇写景抒情散文。

2. 任选一首诗中的一句或者几句，设计配图，并加上不少于150字的配图思路介绍。

高阶任务：根据自己的散文，设计朗读脚本，为朗诵比赛积累素材。

**示例** 《西江月·夜行黄沙道中》散文化

## 原文

明月别枝惊鹊，清风半夜鸣蝉。稻花香里说丰年，听取蛙声一片。

七八个星天外，两三点雨山前。旧时茅店社林边，路转溪桥忽见。

## 散文化

在那温柔的夜色中，一轮皎洁的明月悄然升起，它似乎不忍打扰枝头栖息的喜鹊，却又不经意间投下斑驳的光影，惊起了这些梦中鸟儿的轻盈飞舞。清风徐来，带着夜晚特有的凉爽与宁静，穿梭于林间，与不时响起的蝉鸣交织成一首夏夜的小夜曲。这风，似乎也带着几分惬意，轻轻拂过稻田，带来阵阵稻花的芬芳，那香气中蕴含着丰收的喜悦，仿佛连空气都在诉说着即将到来的丰年盛景。

此刻，田间地头，传来了一阵阵此起彼伏的蛙鸣，它们或高或低，或远或近，汇成了一片热闹非凡的自然交响乐。这蛙声，不仅是对夏夜的赞歌，更是对这片土地丰饶的颂扬。人们围坐在稻香四溢的田埂上，脸上洋溢着满足与期待，谈论着即将到来的丰收，那份喜悦与希望，在夜空中久久回荡。

抬头望向天际，只见稀疏的几颗星星点缀在遥远的夜空，闪烁着微弱而坚定的光芒，仿佛是遥远世界的守望者。而就在这时，天边突然飘起了几点细雨，轻轻拂过山前，为这夏夜增添了几分朦胧与诗意。雨丝细密而温柔，既不张扬也不急促，只是静静地滋润着大地，让这夏夜更加清新宜人。

沿着蜿蜒的小径继续前行，记忆中的那座旧时茅店渐渐在视线中清晰起来。它依旧静静地坐落在社林之边，岁月似乎并未在它身上留下太多痕迹。当小路突然一转，一座小桥横跨在潺潺溪流之上，而那座熟悉的茅店就在不远处静静守候，仿佛在等待着每一个归人的到来。这一刻，所有的疲惫与寻觅都在这一瞬间得到了释放与安慰，心灵也随之找到了归宿。

古诗散文化改、扩写量规

| 待改进 | 达标 | 优秀 |
|---|---|---|
| 1. 描写部分空洞，没有抓住相关景物特点<br>2. 在描写景物时没有融入相关情感<br>3. 没有使用修辞手法，没有展开适当的想象与联想<br>4. 字数不够 | 1. 抓住了景物的部分特点加以描绘<br>2. 能够在文字间体会到作者的情感，但多是直接抒情<br>3. 描写中使用了一定的修辞手法<br>4. 字数达标 | 1. 抓住了景物特点，共同致力表现季节的特点<br>2. 可以很好地做到融情于景，直接抒情与间接抒情相结合<br>3. 描写中恰当地使用了修辞手法，使景物具有鲜明的特点<br>4. 字数达标 |

## 第六课时 《古代诗歌四首》之"春日情怀"

‖ **学习目标** ‖

1. 读懂诗歌的景物和情感特点，初步体会诗歌情景交融的特点。

2. 结合朗读展开想象，感受诗歌的艺术情境。

‖ **学习过程** ‖

【学习环节一】疏通诗意，读懂景情

读懂《闻王昌龄左迁龙标遥有此寄》的景和情

| 原诗默写 | 翻译 | 意象 | 情感 |
|---|---|---|---|
|  |  |  |  |
|  |  |  |  |
|  |  |  |  |
|  |  |  |  |

**【学习环节二】疏通诗意，读懂景情**

读懂《次北固山下》的景和情

| 原诗默写 | 翻译 | 景物 | 景物特点 | 情感 |
|---|---|---|---|---|
|  |  |  |  |  |
|  |  |  |  |  |
|  |  |  |  |  |
|  |  |  |  |  |

**【学习环节三】读出情感**

请参考语文常用工具诗歌朗读技巧，有感情地朗读《闻王昌龄左迁龙标遥有此寄》和《次北固山下》，小组内相互朗读，评出最优，在班级展示。

诗歌阅读方法总结

四首都是写景抒情（言志）的古诗，阅读这类古诗需要：

**课后作业（二选一）**

1. 任选一首诗，改、扩写成一篇写景抒情散文。

2. 任选一首诗中的一句或者几句，设计配图，并加上不少于150字的配图思路介绍。

高阶任务：根据自己的散文，设计朗读脚本，为朗诵比赛积累素材。

**子任务二：书写自然美景。** 通过阅读拓展篇目，体会四季之美，学习描写大自然的优美，抒写对生活的热爱之情。读写结合，通过阅读和模仿，学会书写对自然美景的热爱，为朗诵会自创文本做准备。

### 第七课时　四季美文拓展阅读

‖**学习目标**‖

1. 联系生活拓展阅读，品析四季美文，感知四时变换、自然风物。

2. 通过拓展阅读，进一步提升朗读、鉴赏修辞、梳理文本思路等能力。

3. 通过拓展阅读，增强阅读积累。

‖ **学习过程** ‖

**【学习环节一】标注符号，朗诵展示**

阅读《雨的四季》，选一个你喜欢的季节，在书上相关文段标注重音和停连等朗诵技巧，有感情地朗诵展示。

**【学习环节二】群文阅读，细读批注**

参考"学习支架"赏析型批注撰写方法，阅读拓展篇目，从修辞赏析、景物特征、情感等方面进行批注。每篇文章至少批注3处，每处不少于20字。

**【学习环节三】设计脚本，朗诵展示**

从拓展文本中选择你最喜欢的两个片段，设计朗读脚本，并朗读给同学或者家长听，也可以制作朗读音频。

**拓展阅读**

批注区

### 1. 春满燕园

季羡林

燕园花事渐衰。桃花、杏花早已开谢。一度繁花满枝的榆叶梅现在已经长出了绿油油的叶子。连几天前还开得像一团锦绣一样的西府海棠也已落英缤纷，残红满地了。丁香虽然还在盛开，灿烂满园，香飘十里；便已显出疲惫的样子。北京的春天本来就是短的，"雨横风狂三月暮，门掩黄昏，无计留春住"。看来春天就要归去了。

但是人们心头的春天却方在繁荣滋长。这个春天，同在大自然里一样，也是万紫千红、风光旖旎的。但它却比大自然里的春天更美、更可爱、更真实、更持久。郑板桥有两句诗："闭门只是栽兰竹，留得春光过四时。"我们不栽兰，不种竹；我们就把春天栽在心中，它不但能过今年的四时，而且能过明年、后年不知道多少年的四时，它要常驻我们心中，成为永恒的春天了。

昨天晚上，我走过校园。四周一片寂静，只有远处的蛙鸣划破深夜的沉寂，黑暗仿佛凝结了起来，能摸得着，捉得住。我走着走着，蓦地看到远处有了灯光，是从一些宿舍的窗子里流出来的。我心里一愣，我的眼睛仿佛有了佛经上叫作天眼通的那种神力，透过墙壁，就看了进去。我看到一位年老的教师在那里伏案苦读。他仿佛正在写文章，想把几十年的研究心得写下来，丰富我们文化知识的宝库。他又仿佛是在备课，想把第二天要讲的东西整理得更深刻、更生动，让青年学生获得更多的滋养。他也可能是在看青年教师的论文，想给他们提些意见，共同切磋琢磨。他时而低头沉思，时而抬头微笑。对他说来，这时候，除了他自己和眼前的工作以外，宇宙万物都似乎不存在。他完完全全陶醉于自己的工作中了。

今天早晨，我又走过校园。这时候，晨光初露，晓风未起。浓绿的松柏，淡绿的杨柳，大叶的杨树，小叶的槐树，成行并列，相映成趣。未名湖绿水满盈，不见一条皱纹，宛如一面明镜。还看不到多少人走路，但从绿草湖畔，丁香丛中，杨柳树下，土山高头却传来一阵阵朗诵外语的声音。倾耳细听，俄语、英语、梵语、阿拉伯语，等等，依稀可辨。在很多地方，我只是闻声而不见人。但是仅仅从声音里也可以听出那种如饥如渴迫切吸收知识、学习技巧的炽热心情。这一群男女大孩子仿佛想把知识像清晨的空气和芬芳的花香那样一口气吸了下去。我走进大图书馆，又看到一群男女青年挤坐在里面，低头做数学或物理化学的习题。也都是全神贯注，鸦雀无声。

我很自然地就把昨天夜里的情景同眼前的情景联系了起来。年老的一代是那样，年轻的一代又是这样。还能有比这更动人的情景吗？我心里陡然充满了说不出的喜悦。我仿佛看到春天又回到园中：繁花满枝，一片锦绣。不但已经开过花的桃树和杏树又开出了粉红色的花朵，连根本不开花的榆树和杨柳也满树红花。未名湖中长出了车轮般的莲花。正在开花的藤萝颜色更显得格外鲜艳。丁香也是精神抖擞，一点也不显得疲惫。总之是万紫千红，春色满园。

这难道仅仅是我一个人的幻象吗？不是的，这是我心中那个春天的反映。我相信，住在这个园子里的绝大多数的教师和同学心中都有这样一个春天，眼前也都看到这样一个春天。这个春天是不怕时间的。即使到了金风送爽、霜林染醉的时候，到了大雪漫天、一片琼瑶的时候，它也会永留心中，永留园内，它是一个永恒的春天。

〔选自《中国二十世纪散文精品（季羡林卷）》，太白文艺出版社1996年版。有改动〕

## 2. 春 风

老 舍

济南与青岛是多么不相同的地方呢！一个设若比作穿肥袖马褂的老先生，那一个便应当是摩登的少女。可是这两处不无相似之点。拿气候说吧，济南的夏天可以热死人，而青岛是有名的避暑所在；冬天，济南也比青岛冷。但是，两地的春秋颇有点儿相同。济南的春天多风，青岛也是这样；济南的秋天是长而晴美，青岛亦然。

对于秋天，我不知应爱哪里的：济南的秋是在山上，青岛的是海边。济南是抱在小山里的；到了秋天，小山上的草色在黄绿之间，松是绿的，别的树叶差不多都是红与黄的。就是那没树木的山上，也增多了颜色——日影、草色、石层，三者能配合出种种的条纹，种种的影色。配上那光暖的蓝空，我觉到一种舒适安全，只想在山坡上似睡非睡地躺着，躺到永远。青岛的山——虽然怪秀美——不能与海相抗，秋海的波还是春样的绿，可是被清凉的蓝空给开拓出老远，平日看不见的小岛清楚地点在帆外。这远到天边的绿水使我不愿思想而不得不思想；一种无目的的思虑，要思虑而心中反倒空虚了些。济南的秋给我安全之感，青岛的秋引起我甜美的悲哀。我不知应当爱哪个。

两地的春可都被风给吹毁了。所谓春风，似乎应当温柔，轻吻着柳枝，微微吹皱了水面，偷偷地传送花香，同情地轻轻掀起禽鸟的羽毛。济南与青岛的春风都太粗猛。济南的风每每在丁香海棠开花的时候把天刮黄，什么也看不见，连花都埋在黄暗中；青岛的风少一些沙土，可是狡猾，在已很暖的时节忽然来一阵或一天的冷风，把一切都送回冬天去，棉衣不敢脱，花儿不敢开，海边翻着愁浪。

两地的风都有时候整天整夜地刮。春夜的微风送来雁叫，使人似乎多些希望。整夜的大风，门响窗户动，使人不英雄地把头埋在被子里；即使无害，也似乎不应该如此。对于我，特别觉得难堪。我生在北方，听惯了风，可也最怕风。听是听惯了，因为听惯才知道那个难受劲儿。它老使我坐卧不安，心中游游摸摸的，干什么不好，不干什么也不好。它常常打断我的希望：听见风响，我懒得出门，觉得寒冷，心中渺茫。春天仿佛应当有生气，应当有花草，这样的野风几乎是不可原谅的！我倒不是个弱不禁风的人，虽然身体不很足壮。我能受苦，只是受不住风。别种的苦处，多少是在一个地方，多少有个原因，多少可以设法减除；对风是干没办法。总不在一个地方，到处随时使我的脑子晃动，像怒海上的船。它使我说不出为什么苦痛，而且没法子避免。它自由地刮，我死受着苦。我不能和风去讲理或吵架。单单在春天刮这样的风！可是跟谁讲理去呢？苏杭的春天应当没有这不得人心的风吧？我不准知道，而希望如此。好有个地方去"避风"呀！

（选自《老舍散文》，人民文学出版社2021年版。有改动）

## 3. 绿

### 朱自清

我第二次到仙岩的时候，我惊诧于梅雨潭的绿了。

梅雨潭是一个瀑布潭。仙岩有三个瀑布，梅雨瀑最低。走到山边，便听见哗哗哗哗的声音；抬起头，镶在两条湿湿的黑边儿里的，一带白而发亮的水便呈现于眼前了。我们先到梅雨亭。梅雨亭正对着那条瀑布；坐在亭边，不必仰头，便可见它的全体了。亭下深深的便是梅雨潭。这个亭踞在突出的一角的岩石上，上下都空空儿的；仿佛一只苍鹰展着翼翅浮在天宇中一般。三面都是山，像半个环儿拥着；人如在井底了。这是一个秋季的薄阴的天气。微微的云在我们顶上流着；岩面与草丛都从润湿中透出几分油油的绿意。而瀑布也似乎分外地响了。那瀑布从上面冲下，仿佛已被扯成大小的几绺；不复是一幅整齐而平滑的布。岩上有许多棱角；瀑流经过时，作急剧的撞击，便飞花碎玉般乱溅着了。那溅着的水花，晶莹而多芒；远望去，像一朵朵小小的白梅，微雨似的纷纷落着。据说，这就是梅雨潭之所以得名了。但我觉得像杨花，格外确切些。轻风起来时，点点随风飘散，那更是杨花了。这时偶然有几点送入我们温暖的怀里，便倏地钻了进去，再也寻它不着。

梅雨潭闪闪的绿色招引着我们；我们开始追捉她那离合的神光了。揪着草，攀着乱石，小心探身下去，又鞠躬过了一个石穹门，便到了汪汪一碧的潭边了。瀑布在襟袖之间；但我的心中已没有瀑布了。我的心随潭水的绿而摇荡。那醉人的绿呀，仿佛一张极大极大的荷叶铺着，满是奇异的绿呀。我想张开两臂抱住她；但这是怎样一个妄想呀。站在水边，望到那面，居然觉着有些远呢！这平铺着，厚积着的绿，着实可爱。她松松地皱缬着，像少妇拖着的裙幅；她轻轻地摆弄着，像跳动的初恋的处女的心；她滑滑地明亮着，像涂了"明油"一般，有鸡蛋清那样软，那样嫩，令人想着所曾触过的最嫩的皮肤；她又不杂些儿尘滓，宛然一块温润的碧玉，只清清的一色——但你却看不透她！我曾见过北京什刹海拂地的绿杨，脱不了鹅黄的底子，似乎太淡了。我又曾见过杭州虎跑寺旁高峻而深密的"绿壁"，丛叠着无穷的碧草与绿叶的，那又似乎太浓了。其余呢，西湖的波太明了，秦淮河的水又太暗了。可爱的，我将什么来比拟你呢？我怎么比拟得出呢？大约潭是很深的，故能蕴蓄着这样奇异的绿；仿佛蔚蓝的天融了一块在里面似的，这才这般地鲜润呀。那醉人的绿呀！我若能裁你以为带，我将赠给那轻盈的舞女；她必能临风飘举了。我若能挹你以为眼，我将赠给那善歌的盲妹；她必明眸善睐了。我舍不得你；我怎舍得你呢？我用手拍着你，抚摩着你，如同一个十二三岁的小姑娘。我又掬你入口，便是吻着她了。我送你一个名字，我从此叫你"女儿绿"，好么？

我第二次到仙岩的时候，我不禁惊诧于梅雨潭的绿了。

（选自《朱自清散文集》，北方文艺出版社2018年版）

## 4.夏天的一条街道
### 苏 童

在阴雨天气里，期待明媚的夏天。

街上水果店的柜台是比较特别的，它们做成一个斜面，用木条隔成几个大小相同的框子，一些瘦小的桃子、一些青绿色的酸苹果躺在里面，就像躺在荒凉的山坡上。水果店的女店员是一个和善的长相清秀的年轻姑娘，她总是安静地守着她的岗位，但是谁会因为她人好就跑到水果店去买那些难以入口的水果呢？人们因此习惯性地忽略了水果在夏季里的意义，他们经过寂寞的水果店和寂寞的女店员，去的是桥边的糖果店。糖果店的三个中年妇女一年四季在柜台后面吵吵嚷嚷的，对人的态度也很蛮横，其中一个妇女的眉角上有一个难看的刀疤，孩子走进去时她用沙哑的声音问："买什么？"那个刀疤就也张大了"嘴"问："买什么？"但即使这样，糖果店在夏天仍然是孩子们热爱的地方。

糖果店的冷饮柜已经使用多年，每到夏季它就发出隆隆的欢叫声。一块黑板放在冷饮柜上,上面写着冷饮品种和价格:赤豆棒冰四分,奶油棒冰五分,冰砖一角,汽水(不连瓶)八分。女店员在夏季一次次怒气冲冲地打开冷饮柜的盖子,掀掉一块棉垫子,孩子就伸出脑袋去看棉垫子下面排放得整整齐齐的冷饮。他会看见赤豆棒冰已经寥寥无几,奶油棒冰和冰砖却剩下很多,它们令人艳羡地躲避着炎热,待在冰冷的雾气里。孩子也能理解这种现象,并不是奶油棒冰和冰砖不受欢迎,主要是它们的价格贵了几分钱。

孩子小心地揭开棒冰纸的一角,看棒冰的赤豆是否很多,挨了女店员一通训斥,她说:"看什么看?都是机器做出来的,谁还存心欺负你?一天到晚就知道吃棒冰,吃棒冰,吃得肚子都结冰!"孩子嘴里吮着一根棒冰,手里拿着一个饭盒,在炎热的午后的街道上拼命奔跑。饭盒里的棒冰哐哐地撞击着,毒辣的阳光威胁着棒冰脆弱的生命,所以孩子知道要尽快地跑回家,好让家里人享受一种完整的冰冷的快乐。

最炎热的日子里,整个街道的麻石路面蒸腾着热气。人在街上走,感觉到塑料凉鞋下面的路快要燃烧了,手碰到路边的房屋墙壁,墙也是热的。人在街上走,怀疑世上的人们都被热晕了,灼热的空气中有一种类似喘息的声音,若有若无的,飘荡在耳边。饶舌的、嗓音洪亮的、无事生非的居民们都闭上了嘴巴,他们躺在竹躺椅上与炎热斗争,因为炎热而忘了文明礼貌,一味地追求通风。他们四仰八叉地躺在面向大街的门边,张着大嘴巴打着时断时续的呼噜,手里的扇子掉在地上也不知道。有线广播一如既往地开着,说评弹的艺人字正腔圆,又说到了武松醉打蒋门神的精彩部分，可他们仍然呼呼地睡，把人家的好心当了驴肝肺。

太阳落山在夏季是那么艰难，但它毕竟是要落山的。放暑假的孩子关注太阳的动静，只是为了不失时机地早早跳到护城河里，享受夏季赐予的最大的快乐。黄昏时分驶过河面的各类船只小心谨慎，因为在这种时候，整个城市的码头、房顶、窗户和门洞里，都有可能有个男孩大叫一声，纵身跳进河水中。他们甚至要小心河面上漂浮的那些西瓜皮，因为有的西瓜皮是在河中游泳的孩子的泳帽，那些讨厌的孩子，他们头顶着半个西瓜皮，去抓来往船只的锚链。他们玩水还很爱惜力气，他们要求船家把他们带到河的上游或者下游去。于是站在石埠上洗涮的母亲看到了他们最担心的情景：他们的孩子手抓船锚，跟着驳船在河面上乘风破浪，一会儿就看不见了，母亲们喊破了嗓子，又有什么用？夜晚来临，人们把街道当成了露天的食堂，许多人家把晚餐的桌子搬到了街边，大人孩子坐在街上，嘴里塞满了食物，看着晚归的人们骑着自行车从自己身边经过。

天色渐渐地黑了，街上的居民们几乎都在街上。有的人家切开了西瓜，一家人的脑袋围拢在一只破脸盆上方，大家有秩序地向脸盆里吐出瓜子。有的人家的饭桌迟迟不撤，因为孩子还没回来；后来孩子就回来了，身上湿漉漉的。恼怒的父亲问儿子："去哪儿了？"孩子不耐烦地说："游泳啊，你不是知道的吗？"父亲就瞪着儿子处在发育中的身体，说："吊船吊到哪儿去了？"儿子说："里口。"

父亲的眼珠子愤怒得快爆出来了："让你不要吊船你又吊船，你找死啊？"就这样，当父亲的在街上赏了儿子一记响亮的耳光，左右邻居自然地围过来了。一些声音很愤怒，一些声音不知所云，一些声音语重心长，一些声音带着哀怨的哭腔，它们不可避免地交织起来，喧嚣起来，即使很远的地方也能听见这样丰富浑厚的声音。于是有人向这边匆匆跑来，有人手里还端着饭碗，他们这样跑着，炎热的夏季便在夜晚找到了它的生机。

（选自《夏天的一条街道》，山东画报出版社2019年版。有改动）

## 5. 夏 感
### 梁 衡

充满整个夏天的是一种紧张、热烈、急促的旋律。

好像炉子上的一锅水在逐渐泛泡、冒气而终于沸腾一样，山坡上的芊芊细草长成了一片密密的厚发，林带上的淡淡绿烟也凝成了一堵黛色长墙。轻飞曼舞的蜂蝶不见了，却换来烦人的蝉儿，潜在树叶间一声声地长鸣。火红的太阳烘烤着一片金黄的大地，麦浪翻滚着，扑打着远处的山，天上的云，扑打着公路上的汽车，像海浪涌着一艘艘舰船。金色主宰了世界上的一切，热风浮动着，飘过田野，吹送着已熟透了的麦子的香味。那春天的灵秀之气经过半年的积蓄，这时已酿成一种磅礴之势，在田野上滚动，在天地间升腾。夏天到了。

夏天的色彩是金黄的。按绘画的观点，这大约有其中的道理。春之色为冷的绿，如碧波，如嫩竹，贮满希望之情；秋之色为热的赤，如夕阳，如红叶，标志着事物的终极。夏正当春华秋实之间，自然应了这中性的黄色——收获之已有而希望还未尽，正是一个承前启后，生命交替的旺季。你看，麦子刚刚割过，田间那挑着七八片绿叶的棉苗，那朝天举着喇叭筒的高粱、玉米，那在地上匍匐前进的瓜秧，无不迸发出旺盛的活力。这时她们已不是在春风微雨中细滋慢长，而是在暑气的蒸腾下，蓬蓬勃发，向秋的终点做着最后的冲刺。

夏天的旋律是紧张的，人们的每一根神经都被绷紧。你看田间那些挥镰的农民，弯着腰，流着汗，只是想着快割，快割；麦子上场了，又想着快打，快打。他们早起晚睡亦够苦了，半夜醒来还要听听窗纸，可是起了风；看看窗外，天空可是遮上了云。麦子打完了，该松一口气了，又得赶快去给秋苗追肥、浇水。"田家少闲月，五月人倍忙"，他们的肩上挑着夏秋两季。

遗憾的是，历代文人不知写了多少春花秋月，却极少有夏的影子。大概，春日融融，秋波澹澹，而夏呢，总是浸在苦涩的汗水里。有闲情逸致的人，自然不喜欢这种紧张的旋律。我却要大声地赞美这个春与秋之间的黄金的夏季。

（选自《梁衡散文》，作家出版社2023年版）

## 6.夏天的旋律

杨德祥

### 立　夏

春天还未来得及用花环打个句号，夏天就用滚滚的雷声另起一行了。

这就是突如其来的春夏之交吗？

就像飘忽的柳絮一样，一切都那么突然和短暂。

只一夜工夫，就"红了樱桃，绿了芭蕉"！

不知青梅何日变圆的？

不知大麦何日变香的？

不知草莓何日变红的？

不知铜钱般大小的菱盘、荷叶何日露出水面的？

不知尺把长的豆藤、瓜藤何日爬上竹篱的？

任何人都无法在一瞬间观赏和品尝这么多的鲜美！

光是槐树花、樟树花和野蔷薇的清香，就把时间和空间挤得窄窄的了。

此时，只会用"绿色"二字来形容眼前的景观，肯定是无能为力的。那浓绿、深绿、墨绿、黛绿，已把远山近水染得严严实实的了。

孔雀正在开屏。大自然也在开屏。

快呀，快把《四季歌》的第二段唱起来，慢了，会合不上拍子的！

## 小　　满

小南风悠悠地吹起来了。

小麦穗儿被雪白的奶汁充满了。

油菜籽和豌豆的长长荚儿，被圆圆的喜欢装满了。

一块块新做的秧田，被稻谷吐出的绿云盖满了。

马尾松的新针和竹林的新叶，把山野的空隙挤满了。

新菖蒲、新茭白、新芦苇，把湖畔江滩的领地占满了。

金黄色的枇杷带着甜甜的诱惑，把园子里的枝枝杈杈挂满了。

忙着吐丝结茧的老蚕，用半透明的蠕动，把簇子上的方格布满了。

追赶花期的放蜂人，用嗡嗡嘤嘤的吟唱，把六角形的梦填满了。

黄瓜的绿藤、四季豆的青藤、葡萄的长藤，把瓜棚、豆架、篱笆爬满了。

"小荷才露尖尖角，早有蜻蜓立上头"的诗情，把江南溢满了……

哦，满了。满了。满了。

不过，这仅仅是小满。只是主旋律出现前的一个小小的引子。

真正的华彩乐章还在后面！

正像一位十七八岁的少女，正用日趋丰满的线条，孕育着成熟和丰收！

## 芒　　种

是"田家少闲月，五月人倍忙"的时节。不用任何人指令，收和种这两把梭子，日夜编着《田野又是青纱帐》的故事。

是梅子黄熟的时节。时断时续、时长时短的雨丝，弹拨着"道是无晴却有晴"的绝唱。在阳光疯长的日子里，太阳却显得十分金贵。

是龙舟竞渡的时节。箬叶、芦叶、芭蕉叶裹着一个多角形的传说，千家万户不约而同地祭祀着一个伟大的诗魂。

是艾蒿和菖蒲飘香的时节。被雄黄酒浸泡过的神话，活脱脱地游动着，愈发变得年轻、美貌了。

是栀子花打伞的时节啊，是江鲥上网的时节。

是酸杏和甜桃媲美的时节啊，是紫皮大蒜头与红苋菜联姻的时节。

是绿豆糕滴翠的时节啊，是咸鸭蛋冒油的时节。

是诗歌系着五彩丝线，佩着白兰花，蹦着跳着唱着欢度自己节日的时节啊……

### 夏　　至

日轮，容光焕发地行走在北回归线上。

北半球的人，站在夕阳的窗口前，一手送走一年中最长的一个白昼，一手迎来一年中最短的一个夜晚。

夏天的节日，终于来临了！

大蒲扇和大芭蕉扇呼哧一扇，夜空里长满了星座和故事。

在我的记忆里，故乡拂晓的那层薄膜，是出土的蝉在脱壳时顶破的。当白杨树和老柳树在"知了"的奏鸣曲里摇曳时，我的摇篮也晃动了。

当然，还有满树满树的米色女贞花，那诱人的清香，使我突然变得贪婪起来。

当然，还有满湖满湖微笑的芙蓉花，那动人的姿色，使我一辈子也忘不了"映日荷花别样红"的诗句。

还有满坡满坡合唱的蝈蝈儿，那迷人的音乐，使我童年的脚印里贮满了流连。

带阳电的云朵与带阴电的云朵，常常会在午后热吻。闪电，是它们的倩影；雷声，是它们的笑语；雨滴，是它们的情泪；彩虹，是它们的后代。

雨后，被打湿的蛙鼓变得脆亮起来。田野的风，飘来阵阵瓜香，飘来三两声看瓜人的民歌小调。

有人说，姑娘和孩子，是夏天里的活的花朵。我还要补充说，老人和小伙也是活的花朵。

### 小　　暑

每根晾衣绳都是一条攀缘的藤。

出梅。入伏。它终于紧紧攥住了火辣辣的光环。

于是，每条藤上都长满了叶子，开满了花朵，挂满了果子。

——沉静的是湖蓝，纯洁的是乳白，高贵的是米黄，活跃的是翠绿，热烈的是大红，典雅的是银灰，庄重的是墨黑……

在红红绿绿的氛围里，一年一度的瓜赛如期举行了。

每个人都是参赛者。每个人都是评判员。

"苏蜜"来了，"齐园"来了……

"芝麻酥"来了，"黄金坠"来了，"太阳红"来了……

路边，随时会亮出一个最高分，也随时会亮出一个最低分。

孩子们最感兴趣的，还是枫杨树上的云斑天牛，苞谷叶上的青翅刀螂，豇豆架上的虎纹蜻蜓。

一串一串的百日红和一束一束的美人蕉，总是开个没完没了。

不仅仅是芝麻开花节节高，指甲花也同样如此。

青玉米和韭菜薹来得正是时候，"伏缺"的餐桌上留着它们的席位哩。

只要你对苦瓜、丝瓜和冬瓜有一丝恋情，它们就会给你龟裂的思绪降下一片雨丝。

易旱又易涝的日子啊，有夜来香，也有向日葵。

### 大　暑

《四季歌》中的最高音。

荷叶托着的那枚晶莹，便是它的高音符。

大写意的一笔。跌宕起伏、酣畅淋漓的旋律从这里掀起！

挖马齿苋的小姑娘，收割着后羿射日的传说。

太阳镜、太阳帽、太阳伞制造着阴天，天边的浓云总是姗姗来迟。

温度计上的水银柱开始变得傲慢起来，头，老是昂得高高的。人们特别关心气象预报了。

曾诅咒过严冬的"蝙蝠衫"，现在坐在冷饮店里品尝着大冰砖，又思念起雪花纷飞的日子来了。

老农说，该冷就要冷，该热就要热，不冷不热，五谷不结啊！

乡村的孩子们，光着屁股——尽情地享受着炎热带来的欢乐：游泳、摸鱼、捉虾、采藕……一阵嬉笑声飘过，7月还童了！

哦，新稻登场了，棉花挂桃了，莲子应市了，葡萄变紫了……

"纺织娘"的织布机，夜半开始启动了。

蟋蟀们的音乐晚会，悄悄拉开帷幕了。

秋，即将分娩了。夜，不再寂寞……

（选自《小猕猴学习画刊·下半月》2014年第7期）

## 7. 秋天的况味
### 林语堂

秋天的黄昏，一人独坐在沙发上抽烟，看烟头白灰之下露出红光，微微透露出暖气，心头的情绪便跟着那蓝烟缭绕而上，一样的轻松，一样的自由。不转眼，缭烟变成缕缕的细丝，慢慢不见了，而那霎时，心上的情绪也跟着消沉于大千世界，所以也不讲那时的情绪，而只讲那时的情绪的况味。

待要再划一根洋火，再点起那已点过三四次的雪茄，却因白灰已积得太多而点不着，乃轻轻一弹，烟灰静悄悄地落在铜炉上，其静寂如同我此时用毛笔写在中纸上一样，一点的声息也没有。于是再点起来，一口一口地吞云吐雾，香气扑鼻，宛如偎红倚翠温香在抱情调。于是想到烟，想到这烟一股温煦的热气，想到室中缭绕暗淡的烟霞，想到秋天的意味。

这时才忆起，向来诗文上秋的含义，并不是这样的，使人联想的是肃杀，是凄凉，是秋扇，是红叶，是荒林，是萎草。然而秋确有另一意味，没有春天的阳气勃勃，也没有夏天的炎烈迫人，也不像冬天之全入于枯槁凋零。我所爱的是秋林古气磅礴气象。有人以老气横秋骂人，可见是不懂得秋林古色之滋味。在四时中，我于秋是有偏爱的，所以不妨说说。

秋是代表成熟，对于春天之明媚娇艳，夏日的茂密浓深，都是过来人，不足为奇了，所以其色淡，叶多黄，有古色苍茏之概，不单以葱翠争荣了。这是我所谓秋天的意味。大概我所爱的不是晚秋，是初秋，那时暄气初消，月正圆，蟹正肥，桂花皎洁，也未陷入凛冽萧瑟气态，这是最值得赏乐的。那时的温和，如我烟上的红灰，只是一股熏熟的温香罢了。或如文人已排脱下笔惊人的格调，而渐趋纯熟练达，宏毅坚实，其文读来有深长意味。这就是庄子所谓"正得秋而万宝成"结实的意义。在人生上最享乐的就是这一类的事。比如酒以醇以老为佳。烟也有和烈之辨。雪茄之佳者，远胜于香烟，因其味较和。倘是烧得得法，慢慢地吸完一支，看那红光炙发，有无穷的意味。鸦片吾不知，然看见人在烟灯上烧，听那微微哔剥的声音，也觉得有一种诗意。

大概凡是古老、纯熟、熏黄、熟练的事物，都使我得到同样的愉快。如一只熏黑的陶锅在烘炉上用慢火炖猪肉时所发出的锅中徐吟的声调，使我感到同看人烧大烟一样的兴味。或如一本用过二十年而尚未破烂的字典，或是一张用了半世的书桌，或如看见街上一块熏黑了老气横秋的招牌，或是看见书法大家苍劲雄浑的笔迹，都令人有相同的快乐。

人生世上如岁月之有四时，必须要经过这纯熟时期，如女人发育健全遭遇安顺的，亦必有一时徐娘半老的风韵，为二八佳人所不及者。使我最佩服的是邓肯的佳句："世人只会吟咏春天与恋爱，真无道理。须知秋天的景色，更华丽，更恢奇，而秋天的快乐有万倍的雄壮、惊奇、都丽。我真可怜那些妇女识见褊狭，使她们错过爱之秋天的宏大的赠赐。"若邓肯者，可谓识趣之人。

（选自《一世珍藏的美文130篇》，长江文艺出版社2006年版）

## 8. 秋　颂

〔英〕济慈

一

雾气洋溢，果实圆熟的秋，
你和成熟的太阳成为友伴；
你们密谋用累累的珠球
缀满茅檐下的葡萄藤蔓；
使屋前的老树背负着苹果，
让熟味透进果实的心中，
使葫芦胀大，鼓起了榛子壳，
好塞进甜核；又为了蜜蜂
一次一次开放过迟的花朵，

使它们以为日子将永远暖和，

因为夏季早填满它们黏巢。

二

谁不经常看见你伴着谷仓？

在田野里也可以把你找到，

你有时随意坐在打麦场上，

让发丝随着簸谷的风轻飘；

有时候，为罂粟花香所沉迷，

你倒卧在收割一半的田垄，

让镰刀歇在下一畦的花旁；

或者，像拾穗人越过小溪，

你昂首背着谷袋，投下倒影，

或者就在榨果架下坐几点钟，

你耐心地瞧着徐徐滴下的酒浆。

三

啊，春日的歌哪里去了？但不要

想这些吧，你也有你的音乐——

当波状的云把将逝的一天映照，

以胭红抹上残梗散碎的田野，

这时啊，河柳下的一群小飞虫

就同奏哀音，它们忽而飞高，

忽而下落，随着微风的起灭；

篱下的蟋蟀在歌唱；在园中

红胸的知更鸟就群起呼哨；

而群羊在山圈里高声默默咩叫；

丛飞的燕子在天空呢喃不歇。

（选自《英国诗选》，上海译文出版社2012

年版）

## 9. 一些印象（节选）

### 老 舍

济南的秋天是诗境的。设若你的幻想中有个中古的老城，有睡着了的大城楼，有狭窄的古石路，有宽厚的石城墙，环城流着一道清溪，倒映着山影，岸上蹲着红袍绿裤的小妞儿。你的幻想中要是这么个境界，那便是个济南。设若你幻想不出——许多人是不会幻想的——请到济南来看看吧。

请你在秋天来。那城，那河，那古路，那山影，是终年给你预备着的。可是，加上济南的秋色，济南由古朴的画境转入静美的诗境中了。这个诗意秋光秋色是济南独有的。上天把夏天的艺术赐给瑞士，把春天的赐给西湖，秋和冬的全赐给了济南。秋和冬是不好分开的，秋睡熟了一点儿便是冬，上天不愿意把它忽然唤醒，所以做个整人情，连秋带冬全给了济南。

诗的境界中必须有山有水。那么，请看济南吧。那颜色不同，方向不同，高矮不同的山，在秋色中便越发地不同了。以颜色说吧，山腰中的松树是青黑的，加上秋阳的斜射，那片青黑便多出些比灰色深，比黑色浅的颜色，把旁边的黄草盖成一层灰中透黄的阴影。山脚是镶着各色条子的，一层层的，有的黄，有的灰，有的绿，有的似乎是藕荷色儿。山顶上的色儿也随着太阳的转移而不同。山顶的颜色不同还不重要，山腰中的颜色不同才真叫人想作几句诗。山腰中的颜色是永远在那儿变动，特别是在秋天，那阳光能够忽然清凉一会儿，忽然又温暖一会儿，这个变动并不激烈，可是山上的颜色觉得出这个变化，而立刻随着变换。忽然黄色更真了一些，忽然又暗了一些，忽然像有层看不见的薄雾在那儿流动，忽然像有股细风替"自然"调和着彩色，轻轻地抹上一层各色俱全而全是淡美的色道儿。有这样的山，再配上那蓝的天，晴暖的阳光；蓝得像要由蓝变绿了，可又没完全绿了；晴暖得要发燥了，可是有点凉风，正像诗一样的温柔；这便是济南的秋。况且因为颜色的不同，那山的高低也更显然了。高的更高了些，低的更低了些，山的棱角曲线在晴空中更真了，更分明了，更瘦硬了。看山顶上那个塔！

再看水。以量说，以质说，以形式说，哪儿的水能比济南？有泉——到处是泉——有河，有湖，这是由形式上分。不管是泉是河是湖，全是那么清，全是那么甜，哎呀，济南是"自然"的情人吧？大明湖夏日的莲花，城河的绿柳，自然是美好的了。可是看水，是要看秋水的。济南有秋山，又有秋水，这个秋才算个秋，因为秋神是在济南住家的。先不用说别的，只说水中的绿藻吧。那份儿绿色，除了上天心中的绿色，恐怕没有别的东西能比拟的。这种鲜绿全借着水的清澄显露出来，好像美人借着镜子鉴赏自己的美。是的，这些绿藻是自己享受那水的甜美呢，不是为谁看的。它们知道它们那点儿绿的心事，它们终年在那儿吻着水皮，做着绿色的香梦。淘气的鸭子，用黄金的脚掌碰它们一两下。浣女的影儿，吻它们的绿叶一两下。只有这个，是它们的香甜的烦恼。羡慕死诗人呀！

在秋天，水和蓝天一样清凉。天上微微有些白云，水上微微有些波皱。天水之间，全是清明，温暖的空气，带着一点儿桂花的香味。山影儿也更真了，秋山秋水虚幻地吻着。山儿不动，水儿微响。

那中古的老城，带着这片秋色秋声，是济南，是诗。

要知济南的冬日如何，且听下回分解。

上次说了济南的秋天，这回该说冬天。

对于一个在北平住惯的人，像我，冬天要是不刮大风，便觉得是奇迹；济南的冬天是没有风声的。对于一个刚由伦敦回来的人，像我，冬天要能看得见日光，便觉得是怪事；济南的冬天是响晴的。自然，在热带的地方，日光是永远那么毒，响亮的天气反有点儿叫人害怕。可是，在中国北方的冬天，而能有温晴的天气，济南真得算个宝地。

设若单单是有阳光，那也算不了出奇。请闭上眼想：一个老城，有山有水，全在蓝天下很暖和安适地睡着；只等春风来把他们唤醒，这是不是个理想的境界？

小山整把济南围了个圈儿，只有北边缺着点儿口儿，这一圈小山在冬天特别可爱，好像是把济南放在一个小摇篮里，它们全安静不动地低声地说："你们放心吧，这儿准保暖和。"真的，济南的人们在冬天是面上含笑的。他们一看那些小山，心中便觉得有了着落，有了依靠。他们由天上看到山上，便不觉地想起："明天也许就是春天了吧？这样的温暖，今天夜里山草也许就绿起来了吧？"就是这点儿幻想不能一时实现，他们也并不着急，因为有这样慈善的冬天，干啥还希望别的呢！

最妙的是下点儿小雪呀。看吧，山上的矮松越发的青黑，树尖儿上顶着一髻儿白花，好像日本看护妇。山尖全白了，给蓝天镶上一道银边。山坡上有的地方雪厚点儿，有的地方草色还露着；这样，一道儿白，一道儿暗黄，给山们穿上一件带水纹的花衣；看着看着，这件花衣好像被风儿吹动，叫你希望看见一点儿更美的山的肌肤。等到快日落的时候，微黄的阳光斜射在山腰上，那点儿薄雪好像忽然害了羞，微微露出点儿粉色。就是下小雪吧，济南是受不住大雪的，那些小山太秀气！

古老的济南，城内那么狭窄，城外又那么宽敞，山坡上卧着些小村庄，小村庄的房顶上卧着点儿雪，对，这是张小水墨画，也许是唐代的名手画的吧。

那水呢，不但不结冰，反倒在绿藻上冒着点儿热气。水藻真绿，把终年贮蓄的绿色全拿出来了。天儿越晴，水藻越绿，就凭这些绿的精神，水也不忍得冻上；况且那长枝的垂柳还要在水里照个影儿呢。看吧，由澄清的河水慢慢往上看吧，空中，半空中，天上，自上而下全是那么清亮，那么蓝汪汪的，整个的是块空灵的蓝水晶。这块水晶里，包着红屋顶，黄草山，像地毯上的小团花的小灰色树影。

这就是冬天的济南。

树虽然没有叶儿，鸟儿可并不偷懒，看在日光下张着翅叫的百灵们。山东人是百灵鸟的崇拜者，济南是百灵的国。家家处处听得到它们的歌唱；自然，小黄鸟儿也不少，而且在百灵国内也很努力地唱。还有山喜鹊呢，成群地在树上啼，扯着浅蓝的尾巴飞。树上虽没有叶儿，有这些羽翎装饰着，也倒有点儿像西洋美女。坐在河岸上，看着它们在空中飞，听着溪水活活地流，要睡了，这是有催眠力的；不信你就试试；睡吧，绝冻不着你。

要知后事如何，我自己也不知道。

到了齐大，暑假还未曾完。除了太阳要落的时候，校园里不见一个人影儿。那几条白石凳，上面有枫树给张着伞，便成了我的临时书房。手里拿着本书，并不见得念；念地上的树影，比读书还有趣，我看着：细碎的绿影，夹着些小黄圈，不定都是圆的，叶儿稀的地方，光也有时候透出七棱八角的一小块儿。小黑驴似的蚂蚁，单喜欢在这些光圈上慌手忙脚地来往过。那边的白石凳上，也印着细碎的绿影，还落着个小蓝蝴蝶，抿着翅儿，好像要睡。一点儿风儿，把绿影儿吹醉，散乱起来；小蓝蝶醒了懒懒地飞，似乎是做着梦飞呢；飞了不远，落下了，抱住黄蜀菊的蕊儿。看着，老大半天，小蝶儿又飞了，来了个愣头磕脑的马蜂。

真静。往南看，千佛山懒懒地倚着一些白云，一声不出。往北看，围子墙根有时过一两个小驴，微微有点儿铃声。往东西看，只看见楼墙上的爬山虎。叶儿微动，像竖起的两面绿浪。往下看，四下都是绿草。往上看，看见几个红的楼尖。全不动。绿的，红的，上上下下的，像一张画，颜色固定，可是越看越好看。只有办公处的大钟的针儿，偷偷地移动，好似唯恐怕叫光阴知道似的，那么偷偷地动，从树隙里偶尔看见一个小女孩，花衣裳特别花哨，突然把这一片静的景物全刺激了一下；花儿也更红，叶儿也更绿了似的；好像她的花衣裳要带这一群颜色跳起舞来。小女孩看不见了，又安静起来。槐树上轻轻落下个豆瓣绿的小虫，在空中悬着，其余的全不动了。

园中就是缺少一点儿水呀！连小麻雀也似乎很关心这个，时常用小眼睛往四下找；假如园中，就是有一道小溪吧，那要多么出色。溪里再有些各色的鱼，有些荷花！哪怕是有个喷水池呢，水声，和着枫叶的轻响，在石台上睡一刻钟，要作出什么有声有色有香味的梦！花木够了，只缺一点儿水。

短松墙觉得有点死板，好在发着一些松香；若是上面绕着些密罗松，开着些血红的小花，也许能减少一些死板气儿。园外的几行洋槐很体面，似乎缺少一些小白石凳。可是继而一想，没有石凳也好，校园的全景，就妙在只有花木，没有多少人工做的点缀，砖砌的花池咧，绿竹篱咧，全没有；这样，没有人的时候，才真像没有人，连一点儿人工经营的痕迹也看不出；换句话说，这才不俗气。

啊，又快到夏天了！把去年的光景又想起来；也许是盼望快放暑假吧。快放暑假吧！把这个整个的校园，还交给蜂蝶与我吧！太自私了，谁说不是！可是我能念着树影，给诸位作首不十分好，也还说得过去的诗呢。

学校南边那块儿瓜地，想起来叫人口中出甜水；但是懒得动；在石凳上等着吧，等太阳落了，再去买几个瓜吧。自然，这还是去年的话；今年那块儿地还种瓜吗？管他种瓜还是种豆呢，反正白石凳还在那里，爬山虎也又绿起来；只等玫瑰开呀！玫瑰开，吃粽子，下雨，晴天，枫树底下，白石凳上，小蓝蝴蝶，绿槐树虫，哈，梦！再温习温习那个梦吧。

（选自《老舍散文》，人民文学出版社2021年版。有改动）

## 10. 冬 景
### 贾平凹

早晨起来，匆匆到河边去，一个人也没有，那些成了固定歇身的石凳儿，空落着，连烫烟锅磕烟留下的残热也不存，手一摸，冷得像烙铁一样地生疼。

有人从河堤上走来，手一直捂着耳朵，四周的白光刺着眼睛，眯眯地睁不开。天把石头当真冻硬了，瞅着一个小石块踢一脚，石块没有远去，脚被弹了回来，痛得"哎哟"一声，俯下身去。

堤下的渡口，小船儿依然系在柳树上，却不再悠悠晃动，横了身子，被冻固在河里。船夫没有出舱，吹着他的箫管，若续若断，似乎不时就被冻滞了。或者嘴唇不再软和，不能再吹下去，便在船下的冰上燃一堆柴火。烟长上来，细而端。什么时候，火堆不见了，冰面上出现一个黑色的窟窿，水咕嘟嘟冒上来。

一只狗，白茸茸的毛团儿，从冰层上跑过对岸，又跑回来，它在冰面上不再是白的，是灰黄的。后来就站在河边被砸开的一块冰前，冰里封冻了一条小鱼，一个生命的标本。狗便惊奇得汪汪大叫。

田野的小路上，驶过来一辆拉车。套辕的是头毛驴，样子很调皮，公羊般大的身子，耳朵上，身肚上长长的一层毛。主人坐在车上，脖子深深地缩在衣领里，不动也不响，一任毛驴跑着。落着厚霜的路上，驴蹄叩着，干而脆地响，鼻孔里喷出的热气，向后飘去，立即化成水珠，亮晶晶地挂在长毛上。

有拾粪的人在路上踽踽地走，用铲子捡驴粪，驴粪却冻住了。他立在那里，无声地笑笑，作出长久的沉默。有人在沙地里扫树叶，一个沙窝一堆叶子，全都涂着霜，很容易抓起来。扫叶人手已经僵硬，偶尔被树枝碰了，就伸着手指在嘴边，笑不出来，哭不出来，一副不能言传的表情，原地吸溜打转儿。

最安静的，是天上的一朵云，和云下的那棵

老树。

吃过早饭，雪又下起来了。没有风，雪落得很轻，很匀，很自由，在地上也不消融，虚虚地积起来，什么都掩盖了。天和地之间，已经没有了空间。

只有村口的井，没有被埋住，远远看见往上喷着蒸气。小媳妇们都喜欢来井边洗萝卜，手泡在水里，不忍提出来。

这家老婆婆，穿得臃臃肿肿，手上也戴上了蹄形手套，在炕上摇纺车。猫不再去恋爱了，蜷在身边，头尾相接，赶也赶不走。孩子们却醒得早，趴在玻璃窗上往外看。玻璃上一层水汽，擦开一块，看见院里的电线，差不多指头粗了：

"奶奶，电线肿了。"

"那是落了雪。"奶奶说。

"那你在纺雪吗，线穗子也肿了。"

他们就跑到屋外去，张着嘴，让雪花落进去，但那雪还未到嘴里，就总是化了。他们不怕冷，尤其是孩子，互相抓着雪，丢在脖子里，大呼大叫。

一声枪响，四野一个重重的惊悸，阴崖上的冰锥震掉了几个，哗啦啦地在沟底碎了，一只金黄色的狐狸倒在雪地里，殷红的血溅出一个扇形。冬天的狐皮质量好，正是村里年轻人捕猎的时候。

麦苗在厚厚的雪下，叶子没有长大，也没有死去，根须随着地气往下掘进。几个老态龙钟的农民站在地边，用手抓住雪，捏个团子，说："那雪，好雪，冬不冷，夏不热，五谷就不结了。"他们笑着，叫嚷着回去煨烧酒喝了。

雪还在下着，好大的雪。

一个人在雪地里默默地走着，观赏着冬景。前脚踏出一个脚印，后脚离起，脚印又被雪抹去。前无去者，后无来人，他觉得有些超尘，想起一首诗，又道不出来。

"你在干什么？"一个声音。

他回过头来，一棵树下靠着一个雪桩。他吓了一跳，那雪桩动起来，雪从身上落下去，像脱落掉的锈斑，是一个人。

"我在作诗。"他说。

"你就是一首诗。"那个人说。

"你在干什么？"

"看绿。"

"绿在哪儿？"

"绿在树杈上。"

树上早没有了叶子，一群小鸟栖在枝上，一动不动，是一树会唱的绿叶。

"还看到什么吗？"

"太阳，太阳的红光。"

"下雪天没有太阳的。"

"太阳难道会封冻吗？瞧你的脸，多红；太阳的光看不见了，却红了你的脸。"

他叫起来了：

"你这么喜欢冬天！"

"冬天是庄严的，静穆的，使每个人去沉思，而不再轻浮。"

"噢，冬天是四季中的一个句号。"

"不，是分号。"

"可惜冬天的白色那么单调……"

"哪里！白是一切色的最丰富的底色。"

"可是，冬天里，生命毕竟是强弩之末了。"

"正是起跑前的后退。"

"啊，冬天是个卫生日子啊！"

"是的，是在做分娩前准备的伟大的孕妇。"

"孕妇?!"

"不是孕育着春天吗?"

说完，两个人默默地笑了。

两个陌生人，在天地一色的雪地上观赏冬景，却也成为冬景里的奇景。

(选自《人间·名家经典散文书系》，山东文艺出版社2013年版)

## 11. 江南的冬景

### 郁达夫

凡在北国过过冬天的人，总都道围炉煮茗，或吃煊羊肉、剥花生米、饮白干的滋味。而有地炉、暖炕等设备的人家，不管它门外面是雪深几尺，或风大若雷，而躲在屋里过活的两三个月的生活，却是一年之中最有劲的一段蛰居异境；老年人不必说，就是顶喜欢活动的小孩子们，总也是个个在怀恋的，因为当这中间，有的是萝卜、雅儿梨等水果的闲食，还有大年夜，正月初一、元宵等热闹的节日。

但在江南，可又不同；冬至过后，大江以南的树叶，也不至于脱尽。寒风——西北风间或吹来，至多也不过冷了一日两日。到得灰云扫尽，落叶满街，晨霜白得像黑女脸上的脂粉似的。清早，太阳一上屋檐，鸟雀便又在吱叫，泥地里便又放出水蒸气来，老翁小孩就又可以上门前的隙地里去坐着曝背谈天，营屋外的生涯了；这一种江南的冬景，岂不也可爱得很吗?

我生长在江南，儿时所受的江南冬日的印象，铭刻特深；虽则渐入中年，又爱上了晚秋，以为秋天正是读读书、写写字的人的最惠季节，但对于江南的冬景，总觉得是可以抵得过北方夏夜的一种特殊情调，说得摩登<u>些</u>，便是一种明朗的情调。

我也曾到过闽粤，在那里过冬天，和暖原极和暖，有时候到了阴历的年边，说不定还不得不拿出纱衫来着；走过野人的篱落，更还看得见许多杂七杂八的秋花！一番阵雨雷鸣过后，凉冷一点；至多也只好换上一件夹衣，在闽粤之间，皮袍棉袄是绝对用不着的；这一种极南的气候异状，并不是我所说的江南的冬景，只能叫它作南国的长春，是春或秋的延长。

江南的地质丰腴而润泽，所以含得住热气，养得住植物；因而长江一带，芦花可以到冬至而不败，红叶也有时候会保持住三个月以上的生命。像钱塘江两岸的乌桕树，则红叶落后，还有雪白的桕子着在枝头，一点一<u>丛</u>，用照相机照将出来，可以乱梅花之真。草色顶多成了赭色，根边总带点绿意，非但野火烧不尽，就是寒风也吹不倒的。若遇到风和日暖的午后，你一个人肯上冬郊去走走，则青天碧落之下，你不但感不到岁时的肃杀，并且还可以饱觉着一种莫名其妙的含蓄在那里的生气；"若是冬天来了，春天也总马上会来"的诗人的名句，只有在江南的山野里，最容易体会得出。

说起了寒郊的散步，实在是江南的冬日，所给予江南居住者的一种特异的恩惠；在北方的冰天雪地里生长的人，是终他的一生，也绝不会有享受这一种清福的机会的。我不知道德国的冬天，比起我们江浙来如何，但从许多作家喜欢以 Spaziergang 一字来作他们的创造题目的一点看来，大约是德国南部地方，四季的变迁，总也和我们的江南差别不多。譬如说19世纪的那位乡土诗人洛在格（Peter

Rosegger，1843—1918）吧，他用这一个"散步"做题目的文章尤其写得多，而所写的情形，却又是大半可以拿到中国江浙的山区地方来适用的。

江南河港交流，且又地濒大海，湖沼特多，故空气里时含水分；到得冬天，不时也会下着微雨，而这微雨寒村里的冬霖景象，又是一种说不出的悠闲境界。你试想想，秋收过后，河流边三五家人家会聚在一道的一个小村子里，门对长桥，窗临远阜，这中间又多是树枝槎丫的杂木树林；在这一幅冬日农村的图上，再洒上一层细得同粉也似的白雨，加上一层淡得几不成墨的背景，你说还够不够悠闲？若再要点些景致进去，则门前可以泊一只乌篷小船，茅屋里可以添几个喧哗的酒客，天垂暮了，还可以加一味红黄，在茅屋窗中画上一圈暗示着灯光的月晕。人到了这一个境界，自然会变得胸襟洒脱起来，终至于得失俱亡，死生不问了；我们总该还记得唐朝那位诗人作的"暮雨潇潇江上村"的一首绝句吧？诗人到此，连对绿林豪客都客气起来，了，这不是江南冬景的迷人又是什么？

一提到雨，也就必然要想到雪："晚来天欲雪，能饮一杯无？"自然是江南日暮的雪景。"寒沙梅影路，微雪酒香村"，则雪月梅的冬宵三友，会合在一道，在调戏酒姑娘了。"柴门闻犬吠，风雪夜归人"，是江南雪夜，更深人静后的景况。"前村深雪里，昨夜一枝开"，又到了第二天的早晨，和狗一样喜欢弄雪的村童来报告村景了。诗人的诗句，也许不尽是在江南所写，而作这几句诗的诗人，也许不尽是江南人，但假了这几句诗来描写江南的雪景，岂不直截了当，比我这一支愚劣的笔所写的散文更美丽得多？

有几年，在江南也许会没有雨没有雪地过一个冬，到了春间阴历的正月底或二月初再冷一冷下一点春雪的；去年（一九三四）的冬天是如此，今年的冬天恐怕也不得不然，以节气推算起来，大约太冷的日子，将在一九三六年的二月尽头，最多也总不过是七八天的样子。像这样的冬天，乡下人叫作旱冬，对于麦的收成或者好些，但是人口却要受到损伤；旱得久了，白喉、流行性感冒等疾病自然容易上身，可是想恣意享受江南的冬景的人，在这一种冬天，倒只会感到快活一点，因为晴和的日子多了，上郊外去闲步逍遥的机会自然也多；日本人叫作 Hi-king，德国人叫作 Spaziergang 狂者，所最欢迎的也就是这样的冬天。

窗外的天气晴朗得像晚秋一样；晴空的高爽，日光的洋溢，引诱得使你在房间里坐不住，空言不如实践，这一种无聊的杂文，我也不再想写下去了，还是拿起手杖，搁下纸笔，上湖边散散步吧！

（选自《郁达夫散文》，人民文学出版社2022年版。有改动）

## 【学习环节四】对比阅读，总结技巧

对比阅读教材课文与拓展阅读文本，以你自己喜欢的形式总结梳理写景抒情散文的写作技巧。

**课后作业**

本单元我们欣赏了朱自清笔下生机烂漫的春天，苏童、梁衡笔下活力的夏天；跟随刘湛秋品尝了四季之雨的不同风情，老舍、郁达夫、贾平凹笔下不一样的冬天……自然的种种都令人心驰神往，你有哪一刻曾为大自然心动呢？请写下你眼中动人的自然之景。题目自拟，300字左右。

**子任务三：开展班级和年级"悦读四季"朗诵会。**

## 第八、九课时 "悦读四季"朗诵会

想象一下，春天的脚步悄然而至，万物复苏，嫩绿的芽儿破土而出，花儿争相绽放，那是大自然的生机与活力；炎炎夏日，阳光洒满大地，蝉鸣声声，我们仿佛能感受到那份热烈与激情；秋天的丰收季节，金黄的稻穗摇曳在风中，落叶飘零，我们沉浸在那份宁静与满足之中；而到了寒冷的冬天，白雪皑皑，银装素裹，我们又领略到了冰雪世界的纯净与美好。这个单元我们主要学习用朗读去展现汉语的声韵之美，邀请你参加年级举办的"悦读四季"朗诵会。

参赛篇目：第一单元的课文、拓展阅读篇目、原创写景抒情散文。

形式：可以是个人朗诵，也可以是多人合作朗诵；可以朗诵片段，也可以朗诵全文；可以是多个相关联的句子的串联朗诵，也可以是相关段落的组合朗诵。如果选择朗诵古诗，要注意其韵律和节奏。

内容：需要有符合朗读篇目的内容的开场白、PPT（须有图片背景、组员姓名、朗诵主题、朗读脚本）、解说赏析、朗诵、配乐。

活动流程：

1. 以班级单位进行初赛，选出最优秀的队伍，代表班级参加年级比赛。

2. 班级推选的优秀队伍在年级进行决赛，评委选出优胜小组。（参照单元"任务评估"）

**单元学习资源**

1. 教材：

《春》《济南的冬天》《雨的四季》《古代诗歌四首》

2. 补充课外阅读拓展篇目：

季羡林《春满燕园》、老舍《春风》、朱自清《绿》、苏童《夏天的一条街道》、梁衡《夏感》、杨德祥《夏天的旋律》、林语堂《秋天的况味》、济慈《秋颂》、老舍《一些印象（节选）》、贾平凹《冬景》、郁达夫《江南的冬景》

3. 视频资源：《朗读者》

# 第二单元

## 至爱亲情

单元导语

亲情是我们每个人来到这个世界后感受到的第一种温柔，然后终生享受其中，它的珍贵和动人并不会因为普遍存在而减损半分。本单元的课文向我们展示了亲情种种存在的方式，它是小心翼翼地询问，也是互相关爱的退让，还是暴风雨中的呵护，亦是平常日子中的亲昵与言传身教。

朗读是理解文章的重要方式之一。我们将指导学生通过朗读的方式深入理解课文。在第一单元朗读学习的基础上，继续指导学生运用语气、节奏这两项外部语音技能，同时加入对内部心理技能的教授，努力帮助学生通过"情景再现"和"把握情感基调"来提升朗读能力，实现对文本的深入解读。

在本单元的学习过程中，学生将跟随不同作家的视角去体味不同人生阶段的亲情，丰富和加深学生对于亲情的认知，培养学生对亲人的感恩之心，并体味出亲情故事中蕴含的人生道理。

## 【单元教学主题分析】

本单元的篇目，都是书写亲情的文学作品，包括散文、散文诗、文言散文几种文体，课程内容属于发展型学习任务群的"文学阅读与创意表达"，其中两篇文言散文的课程内容同时属于基础型学习任务群的"语言文字积累与梳理"。

《义务教育语文课程标准（2022年版）》第四学段的课程目标在"阅读与鉴赏"中，要求"欣赏文学作品，有自己的情感体验，初步领悟作品的内涵，从中获得对自然、社会、人生的有益启示。能对作品中感人的情境和形象说出自己的体验，品味作品中富于表现力的语言""能区分写实作品与虚构作品，了解诗歌、散文、小说、戏剧等文学样式""诵读古代诗词，阅读浅易文言文，能借助注释和工具书理解基本内容。注重积累、感悟和运用，提高自己的欣赏品位"。在"表达与交流"中，要求学生能够"多角度观察生活，发现生活的丰富多彩，能抓住事物的特征，为写作奠定基础。写作要有真情实感，表达自己对自然、社会、人生的感受、体验和思考，力求有创意"。

第四学段"学业质量描述"中要求学生"在阅读过程中能把握主要内容，并通过朗读、概括、讲述等方式，表达对作品的理解""能从多角度揣摩、品味经典作品中的重要词句和富有表现力的语言""能从作品中找出值得借鉴的地方，对照他人的语言表达反思自己的语言实践""能与他人分享自己获得的对自然、社会、人生的有益启示，能借鉴他人的经验调整自己的表达，能根据需要，运用积累的语言进行口头或书面表达"。

对单元的分析，我们还可从教材中获取准确的指导。第二单元导语从语文要素的角度提出应重视朗读，"通过朗读体会作者的情感，理解作品或直接或含蓄的表达"。本单元在第一单元朗读的基础上，加入了语气、节奏的要求，也加入了"内部心理技能"的要求，即把握不同类型文章的感情基调；从人文主题方面，要求通过阅读从不同角度记叙的亲情故事，"加深我们对亲情的感受和理解，丰富自己的情感体验"。

此外，解读单元还要看单元整体安排与每课时提出的相关学习要求。本单元的课文从文体上看有散文《秋天的怀念》《散步》，有散文诗《金色花》《荷叶·母亲》，还有文言志人小说《咏雪》《陈太丘与友期行》，这些课文从不同角度记叙了家人之间动人的故事。在课文学习的预习部分提到了联系自我感受、朗读、寻找抒情词句、借助注释等阅读方法，在课后"思考·探究·积累"中提出了解读课文题目、抓住文章细节、品味关键词句、朗读等要求。

学习课文之外还安排了多项学习内容。一是综合阅读实践，要求以亲情为主题，分享亲情故事，朗读经典文本，体会词语的语境义。二是专题学习活动"有朋自远方来"，以认识友谊为主题。三是写作实践，以"学会记事"为主题。

根据以上对课程标准相关内容和单元说明及课时学习要求等方面的分析，我们提炼出"亲情的表达"为本单元学习主题，单元核心问题确定为：如何通过品味关键词句、朗读、创作来表达对亲情的理解？

## 【单元教学内容分析】

本单元以"亲情的表达"为主题，精心选编了6篇各具特色的课文，旨在丰富和加深学生对亲情的认知。

《秋天的怀念》记叙了作家史铁生与母亲之间的故事，展现了特殊人生境况下亲情的模样；《散步》通过一件日常生活小事，写出了家人之间的关爱和中年人的责任；《金色花》从儿童的视角充分发挥想象，写了对母亲的依恋；《荷叶·母亲》既有写实又有联想，赞颂了为子女遮蔽风雨的伟大母爱；《咏雪》《陈太丘与友期行》两则文言文选自《世说新语》，分别呈现了古代儿童的聪慧及良好的家庭教养。

这些文章从不同角度呈现了亲情的丰富形态，在教学中教师应引导学生发掘并品味文章中的关键词句，体会亲情的深度内涵，并尝试用朗读和写作传达出自己对亲情的感受和感悟。

## 【学习者分析】

### 一、学习经验

在小学学习中，学生曾在五年级上学期学习了《慈母情深》《父爱之舟》

两篇书写亲情的文章，主题相对浅显易懂。七年级学生大多经历单纯，且相关阅读经验较少，对于亲情的认知也相对浅层，在深入理解本单元课文时需要更多的引导。

在小学阶段，学生朗读能力有初步的训练基础，但并未系统学习朗读的方法；在七年级上册第一单元，学生学习了重音、停连，在本单元中需要继续实践运用，并学习更多的朗读方法。

对于文言文的学习，学生在小学阶段并未系统涉足，需要教师教授学生借助注释和工具书疏通文意等文言学习的专业方法，并引导学生建立良好的文言学习习惯，如准确翻译，不可意译。

## 二、学习兴趣

七年级学生正处于由儿童向少年的过渡时期，年龄小、阅历少，对父母亲人充满着天然的依赖和信任，对亲情类的故事也充满兴趣。本单元的散文和散文诗书写的都是最日常的亲情故事，文字并不艰涩，但意蕴丰厚。除此之外，两篇选自《世说新语》的文言文篇幅短小，故事也饶有趣味。对于七年级的学生来说，本单元的课文读起来没有太多障碍，同时又有一些深度思考的空间，还有比较多样的文学样式，这些都能激发学生的学习兴趣，激活学生的思维。

## 三、学习障碍或困难

理解深度不足：七年级学生仍然有着孩童的天真、单纯，他们在理解部分文章时，可能较难通过对文章细节、关键词句的深入挖掘来解读文章深层的意蕴。

语言表达困难：在对文本关键词句进行品读时，可能对用准确的语言传达出其表达效果存在一定的障碍。

朗读困难：朗读时，学生因为没有学习过朗读语气、节奏的相关知识，对于第一单元的重音、停连的把握也可能不够准确；又因年龄、阅历、朗读经验所限，学生对课文深层情感的把握也可能不够精准。因此在设计朗读脚本和进行朗读实践时，学生可能存在不同程度的困难。

## 【单元学习目标】

本单元的能力训练点如下：一是训练朗读技能。本单元的导语强调了"朗读"这一学习方法，且在三篇教读课文的"思考·探究·积累"中以及单元"阅读综合实践"中设置了朗读活动。二是训练分析、运用不同抒情方式的能力。本单元的人文主题是亲情，现代文中都有大量抒情性的句子，各篇课文呈现了亲情多方面、多层次的内涵。三是训练有条理地记事的能力。本单元注重语言实践，教材中的写作任务为"学会记事"，并提供了一个记事模板"起因、出现矛盾、解决矛盾、结局"，该模板不仅为学生提供了写作思路，更能够帮助学生发掘生活中有关亲情的特殊事件。四是学会分析文本细节的能力。本单元还特别注重发掘文本细节，品读关键词句中蕴含的情感。

基于上述单元教学主题、教学内容、学习者及单元能力训练点的分析，确定本单元的学习目标如下：

1. 练习朗读技能，能够运用语气、节奏等外部语音技能和"情景再现""把握情感基调"等内部心理技能传达出对课文的理解。

2. 通过总结、对比各篇文章的抒情特点，把握不同的抒情方式。

3. 结合课文，学习有条理地记事。能发现并写出自己亲身经历的亲情事件。

4. 能抓住文中的关键词句，解读多层次的亲情内涵和其中蕴含的人生哲理。能抓住自己生活中的感人细节，并用恰当的词句表达出真情实感。

## 【单元任务分解及评估】

### 一、核心问题

如何通过品析、朗读、创作来表达对亲情的理解？

### 二、核心任务

本单元的核心任务是："中秋家书"小剧场展演。学生需在学习写作方法的基础上，完成课时分解写作任务；接着参照作文量规进行家书终稿创作，并将文章作为中秋家书赠给亲人，邀请亲人回信；最后学生在小组中交流彼此的中秋家书，每组选出最打动大家的一封家书，将其改编为剧本，表演出来，在全班进行展演。此任务旨在引导学生发现生活中亲人之间产生的矛盾背后的深情，锻炼其记事的能力，沟通亲子之间的感情，并与同学交流对亲情的认知。

任务情景如下：

中秋节在即，七年级语文组拟在每个班进行中秋家书小剧场展演，邀请同学们用表演的形式分享自己成长中的亲情故事。

### 三、任务分解

子任务一：深入理解亲情。走进课文和拓展阅读文本。

子任务二：发现和书写亲情故事。赠送给亲人，并在此基础上改编剧本。

子任务三：各班进行"中秋家书"小剧场展演，演故事，表现亲情。

### 四、任务评估

朗读量规

| 维度　标准　等级 | 朗读新人 | 朗读达人 | 朗读大师 |
|---|---|---|---|
| 重音 | 重音轻声不明显 | 有重音轻声 | 用恰当的重音、轻声准确传情 |
| 停连 | 停连位置不正确 | 有停连断句 | 词语、句子间停连恰当，准确传情 |
| 语气 | 全篇同一语气 | 语气变化较为清晰 | 语气变化明确，准确传情 |
| 节奏 | 节奏不准确，或没有节奏变化 | 节奏变化清晰，快慢适当 | 节奏变化清晰，快慢适当，准确传情 |
| 感情基调 | 把握不准 | 把握准确 | 把握准确，且读出了不同层次细微的变化 |
| 语气 | 把握不准 | 可以根据人物或感情的变化发生变化 | 可以根据人物、感情的变化发生变化，并展现出更加生动和富有感染力的效果 |

表演量规

| 维度\等级\标准 | 大咖演员 | 著名演员 | 龙套 |
|---|---|---|---|
| 台词 | 背记牢固，语气语调符合人物特点和具体情景 | 背记牢固，语气语调基本符合人物特点和具体情景 | 背记不牢，语气语调与人物特点和具体情景不太符合 |
| 表情 | 丰富，符合人物特点和具体情景 | 较为丰富，基本符合人物特点和具体情景 | 缺乏变化，不太符合人物特点和具体情景 |
| 肢体动作 | 丰富，且符合人物特点和具体情景 | 较为丰富，基本符合人物特点和具体情景 | 缺乏设计，不太符合人物特点和具体情景 |
| 服装道具 | 符合人物特点，还原场景 |  | 没有准备 |

## 【单元任务管理及课时安排】

第二单元是学生进入初中后学习的第一个思想情感比较深刻的单元。学习时，既要求学生做到整体感知文章，理解文中形象和作者的思想情感；又要求学生关注到文中的重要细节和关键词句；同时还能借助朗诵的方式传达出自己的理解。

本单元教学主要依托课文和拓展阅读文本来加深对亲情的理解并学习相应的记事写作方法。在《秋天的怀念》里，要学习体会母爱的深沉和无私。在《散步》中，要学习一家人之间的相互关爱和代际的传承。在《金色花》里要感受孩子对母亲天然又浓烈的依恋。在《荷叶·母亲》里要品味母爱的呵护和温暖。在《咏雪》和《陈太丘与友期行》中要理解家庭教育对孩子的影响。同时《秋天的怀念》《散步》也提供了一个记事范式。四篇现代文也提供了直接抒情和间接抒情的不同抒情范式。教学中要注意从读写两个方面入手，为学生完成核心任务提供更好的抓手。

本单元的教学思路是：围绕核心任务"中秋家书"小剧场展演，开展教学实施。第一课段，通过散文《秋天的怀念》《散步》及其拓展阅读文本，引导学生深入理解亲情的内涵并学习其中借景抒情的方法。第二课段，通过学习散文诗《金色花》《荷叶·母亲》，引导学生继续理解亲情的内涵，并学习更多抒情的方法；通过学习文言文《咏雪》和《陈太丘与友期行》，帮助学生认识和理解家庭教育对孩子的影响。第三课段，以读导写，通过写作指导课，学习并运用"起因—出现矛盾—解决矛盾—结局"的叙事结构和课文中出现的其他写作方法。第四课段，单元展示课，各班进行"中秋家书"小剧场展演，并进行生生互评。四个课段层层递进，逐步推进完成。

| 第一课时 | 第二课时 | 第三课时 | 第四课时 |
|---|---|---|---|
| 学习《秋天的怀念》，感受母爱的隐忍与无私 | 学习《秋天的怀念》，理解极端困境中母爱的伟大 | 学习《散步》，理解代际传承中的亲情 | 学习《金色花》《荷叶·母亲》，从孩子的视角理解母爱 |
| 第五课时 | 第六课时 | 第七课时 | 第八课时 |
| 学习《咏雪》，理解家庭教育对孩子成长的影响 | 学习《陈太丘与友期行》，理解家庭教育对孩子成长的影响 | 亲情故事拓展阅读会，了解更多亲情故事，启发学生发现自己生活中的亲情故事 | "中秋家书"写作指导课，书写亲情 |
| 第九课时 | | | |
| "中秋家书小剧场"，展演亲情 | | | |

# 【学习支架】

## 一、朗读的语气

语气，又叫语调，它是能够表达说话人思想感情的语句的声音形式，也就是说话的调子、味道。语气不仅能带来抑扬顿挫的效果，而且能传达一定的思想感情，调动听者的情绪，增强语言的表现力。

语气的确定和情感、人物都有关。

常见朗读语气

| 情感 | 对应的朗读语气 | 示例 |
| --- | --- | --- |
| 喜悦 | 气息饱满，吸足气息，声音高扬 | 公大笑乐。(《咏雪》) |
| 悲伤 | 气息舒缓，吐气缓慢，声音低沉 | 当一切恢复沉寂，她又悄悄地进来，眼边儿红红的，看着我。(《秋天的怀念》) |
| 赞美 | 气息平和，送气均匀，声音柔和 | 母亲啊！你是荷叶，我是红莲。心中的雨点来了，除了你，谁是我在无遮拦天空下的荫蔽?(《荷叶·母亲》) |
| 焦急 | 气息急促，用气断而不连，声音短促 | 母亲扑过来抓住我的手，忍住哭声说："咱娘儿俩在一块儿，好好儿活，好好儿活……"(《秋天的怀念》) |
| 愤恨 | 气息充足，声音铿锵 | 望着望着天上北归的雁阵，我会突然把面前的玻璃砸碎；听着听着李谷一甜美的歌声，我会猛地把手边的东西摔向四周的墙壁。(《秋天的怀念》) |
| 陶醉 | 气息舒缓，平稳稍慢，声音平静 | 傍晚时候，上灯了，一点点黄晕的光，烘托出一片安静而和平的夜。(《春》) |

## 二、朗读的节奏

朗读节奏

| 维度 | 节奏 | 示例 |
|---|---|---|
| 场面 | 急剧变化发展的场面宜用快读；平静、严肃、优美的场面宜用慢读 | 急剧变化的场面：《荷叶·母亲》中红莲遭到风雨打击的场面<br>平静的场面：《散步》中对南方初春的田野景象的描写 |
| 心情 | 紧张、焦急、慌乱、热烈、欢畅的心情宜用快读，沉重、悲痛、缅怀、悼念、失望的心情宜用慢读 | 欢畅的心情：《散步》中孩子突然开心地叫起来<br>缅怀的心情：《秋天的怀念》中和妹妹一起去看菊花时怀念母亲 |
| 对话 | 辩论、争吵、急呼宜用快读，闲谈、絮语宜用慢读 | 辩论：《陈太丘与友期行》中元方面对客人的无礼时，出口争辩<br>闲谈：《咏雪》中两人作诗的情景 |
| 性格 | 年轻、急躁、机警、泼辣的人物的言语、动作宜用快读，年老、稳重、温和、迟钝的人物的言语、动作宜用慢读 | 急躁：《秋天的怀念》中，"我可活什么劲儿"<br>年老：《散步》中，"但是春天总算来了。我的母亲又熬过一个严冬" |

### 三、朗读的感情基调

感情基调是指一篇文章整体的基本的感情色彩和声音语调。它可以是积极的、消极的、中性的，或者是复杂的情感组合。感情基调通常通过语气、节奏、重音、停连、音量等传达。常见的感情基调有：愉快、悲伤、愤怒、恐惧、惊讶、喜爱、厌恶、信任等。

每篇文章的感情基调是一个整体，是各个层次的具体感情的综合表露，但总体的感情基调并不否定不同段落有感情的起伏变化。如《散步》的感情基调是清新、明朗、愉悦、亲切、舒缓、从容。

# 【课时教学设计】

子任务一：深入理解亲情。学习课文和拓展阅读文本。

## 第一课时 《秋天的怀念》

‖ **学习目标** ‖

1. 整体感知文章，能按叙事范式"起因—出现矛盾—解决矛盾—结局"，理清文章结构。

2. 通过学习"情景再现""把握情感基调"以及语气、节奏等朗读技巧，反复朗读，表达出对文章情感主题的理解。

3. 通过品味细节和关键词语的情味，深入理解作者的复杂情感。

‖ **学习过程** ‖

**【学习环节一】理脉络**

阅读课文，围绕"我"和母亲之间发生的事情，梳理文章，用"起因—出现矛盾—解决矛盾—结局"的结构总结概括文章内容。

**【学习环节二】析形象**

作者的母亲是一位怎样的母亲？如果你要为她颁发奖章，你会在上面刻下哪些关键词？请说说你的理由。

**【学习环节三】赏细节**

课文平静的叙述中蕴含着感人的力量，主要体现在一些细节中。请以小组为单位，选择文章的一部分（至少六行），作为朗读的内容。然后，在组内分享你找到的细节，并运用第一单元已学习的重音、停连的方法。同时参照本单元"学习支架"中的朗读知识设计朗读脚本，小组合作并读给大家听，或者表演给大家看。

**示例** 又是秋天∧，妹妹∧推我去北海看了菊花∧。黄色的花淡雅∧（轻柔），白色的花高洁∧（敬意），紫红色的花热烈而深沉，泼泼洒洒（快速），秋风中∧正开得烂漫（上扬）。我懂得母亲没有说完的话（温柔、稍慢）。妹妹也懂（柔和、共鸣）。我俩在一块儿∧（语调坚定，充满希望、温馨），要好好儿活（慢读、坚定、情感升华）……

①_____

朗读感情基调（            ）语气（        ）节奏（        ）

②_____

朗读感情基调（            ）语气（        ）节奏（        ）

③_____

朗读感情基调（            ）语气（        ）节奏（        ）

**课后作业（二选一）**

1. 选择第1、2段，第3段，第4、5、6段中任意一部分，制作完整的朗读脚本。注意使用朗读符号，设计好整体的感情基调，对节奏、语气、重音、停连均有详细的说明。

2. 将选择的文段读给家人听，或录制成音频。

## 第二课时　《秋天的怀念》

‖ **学习目标** ‖

1. 通过小组合作，多角度深入理解文章主题，获得对母爱和生命的感悟。

2. 通过对比阅读，进一步认知史铁生其人和特殊生命经历中的母爱。

‖ 学习过程 ‖

【学习环节一】明主题

再次朗读课文，小组合作探讨解决以下问题。

1. 文章为什么取题为"秋天的怀念"？

2. 课文中两次出现"好好儿活"这个关键语句，联系上下文，谈谈你对这句话的理解。

---

【学习环节二】拓展阅读，知人论世

阅读《我与地坛（节选）》《合欢树（节选）》，回答后面的问题，进一步理解史铁生其人和母爱的伟大。

**拓展阅读**

作者简介：史铁生（1951—2010），中国作家、散文家。1951年出生于北京市。1967年毕业于清华大学附属中学，1969年去延安一带插队。因双腿瘫痪于1972年回到北京。后来又患肾病并发展到尿毒症，靠着每周3次透析维持生命。后历任中国作家协会全国委员会委员，北京作家协会副主席，中国残疾人联合会副主席。自称职业是生病，业余在写作。2010年12月31日凌晨3时46分因突发脑出血逝世，享年59岁。

## 1. 我与地坛（节选）

### 史铁生

批注区

现在我才想到，当年我总是独自跑到地坛去，曾经给母亲出了一个怎样的难题。

她不是那种光会疼爱儿子而不懂得理解儿子的母亲。她知道我心里的苦闷，知道不该阻止我出去走走，知道我要是老待在家里结果会更糟，但她又担心我一个人在那荒僻的园子里整天都想些什么。我那时脾气坏到极点，经常是发了疯一样地离开家，从那园子里回来又中了魔似的什么话都不说。母亲知道有些事不宜问，便犹犹豫豫地想问而终于不敢问，因为她自己心里也没有答案。她料想我不会愿意她跟我一同去，所以她从未这样要求过，她知道得给我一点独处的时间，得有这样一段过程。她只是不知道这过程得要多久，和这过程的尽头究竟是什么。每次我要动身时，她便无言地帮我准备，帮助我上了轮椅车，看着我摇车拐出小院；这以后她会怎样，当年我不曾想过。

有一回我摇车出了小院，想起一件什么事又返身回来，看见母亲仍站在原地，还是送我走时的姿势，望着我拐出小院去的那处墙角，对我的回来竟一时没有反应。待她再次送我出门的时候，她说："出去活动活动，去地坛看看书，我说这挺好。"许多年以后我才渐渐听出，母亲这话实际上是自我安慰，是暗自祷告，是给我的提示，是恳求与嘱咐。只是在她猝然去世之后，我才有余暇设想，当我不在家里的那些漫长的时间，她是怎样心神不定坐卧难宁，兼着痛苦、惊恐与一个母亲最低限度的祈求。现在我可以断定，以她的聪慧和坚忍，在那些空落的白天后的黑夜，在那不眠的黑夜后的白天，她思来想去最后准是对自己说："反正我不能不让他出去，未来的日子是他自己的，如果他真的要在那园子里出了什么事，这苦难也只好我来承担。"在那段日子里——那是好几年长的一段日子，我想我一定使母亲做过最坏的准备了，但她从来没有对我说过"你为我想想"。事实上我也真的没为她想过。那时她的儿子还太年轻，还来不及为母亲想，他被命运击昏了头，一心以为自己是世上最不幸的一个，不知道儿子的不幸在母亲那儿总是要加倍的。她有一个长到二十岁上忽然截瘫了的儿子，这是她唯一的儿子；她情愿截瘫的是自己而不是儿子，可这事无法代替；她想，只要儿子能活下去，哪怕自己去死呢也行，可她又确信一个人不能仅仅是活着，儿子得有一条路走向自己的幸福；而这条路呢，没有谁能保证她的儿子最终能找到。——这样一个母亲，注定是活得最苦的母亲。

有一次与一个作家朋友聊天，我问他学写作的最初动机是什么。他想了一会说："为我母亲。为了让她骄傲。"我心里一惊，良久无言。回想自己最初写小说的动机，虽不似这位朋友的那般单纯，但如他一样的愿望我也有，且一经细想，发现这愿望也在全部动机中占了很大比重。这位朋友说："我的动机太低俗了吧？"我光是摇头，心想低俗并不见得低俗，只怕是这愿望过于天真了。他又说："我那时真就是想出名，出了名让别人羡慕我母亲。"我想，他比我坦率。我想，他又比我幸福，因为他的母亲还活着。而且我想，他的母亲也比我的母亲运气好，他的母亲没有一个双腿残废的儿子，否则事情就不这么简单。

在我的头一篇小说发表的时候，在我的小说第一次获奖的那些日子里，我真是多么希望我的母亲还活着。我便又不能在家里待了，又整天整天独自跑到地坛去，心里是没头没尾的沉郁和哀怨，走遍整个园子却怎么也想不通：母亲为什么就不能再多活两年？为什么在她儿子就快要碰撞开一条路的时候，她却忽然熬不住了？莫非她来此世上只是为了替儿子担忧，却不该分享我的一点点快乐？她匆匆离我去时才只有四十九呀！有那么一会儿，我甚至对世界对上天充满了仇恨和厌恶。后来我在一篇题为"合欢树"的文章中写道："我坐在小公园安静的树林里，闭上眼睛，想，上天为什么早早地召母亲回去呢？很久很久，迷迷糊糊的我听见了回答：'她心里太苦了，上帝看她受不住了，就召她回去。'我似乎得了一点安慰，睁开眼睛，看见风正从树林里穿过。"小公园，指的也是地坛。只是到了这时候，纷纭的往事才在我眼前幻现得清晰，母亲的苦难与伟大才在我心中渗透得深彻。上天的考虑，也许是对的。

摇着轮椅在园中慢慢走，又是雾罩的清晨，又是骄阳高悬的白昼，我只想着一件事：母亲已经不在了。在老树旁停下，在草地上在颓墙边停下，又是处处虫鸣的午后，又是鸟儿归巢的傍晚，我心里只默念着一句话：可是母亲已经不在了。把椅背放倒，躺下，似睡非睡挨到日没，坐起来，心神恍惚，呆呆地直坐到古祭坛上落满黑暗然后再渐渐浮起月光，心里才有点明白，母亲不能再来这园中找我了。

曾有过好多回，我在这园子里待得太久了，母亲就来找我。她来找我又不想让我发觉，只要见我还好好地在这园子里，她就悄悄转身回去，我看见过几次她的背影。我也看见过几回她四处张望的情景，她视力不好，端着眼镜像在寻找海上的一条船，她没看见我时我已经看见她了，待我看见她也看见我了我就不去看她，过一会儿我再抬头看她就又看见她缓缓离去的背影。我更是无法知道有多少回她没有找到我。有一回我坐在矮树丛中，树丛很密，我看见她没有找到我；她一个人在园子里走，走过我的身旁，走过我经常待的一些地方，步履茫然又急迫。我不知道她已经找了多久还要找多久，我不知道为什么我决意不喊她——但这绝不是小时候的捉迷藏，这也许是出于长大了的男孩子的倔强或羞涩？但这倔强只留给我痛悔，丝毫也没有骄傲。我真想告诫所有长大了的男孩子，千万不要跟母亲来这套倔强，羞涩就更不必，我已经懂了，可我已经来不及了。

儿子想使母亲骄傲，这心情毕竟是太真实了，以致使"想出名"这一声名狼藉的念头也多少改变了一点形象。这是个复杂的问题，且不去管它了。随着小说获奖的激动逐日暗淡，我开始相信，至少有一点我是想错了：我用纸笔在报刊上碰撞开的一条路，并不就是母亲盼望我找到的那条路。年年月月我都到这园子里来，年年月月我都要想，母亲盼望我找到的那条路到底是什么。母亲生前没给我留下过什么隽永的哲言，或要我恪守的教诲，只是在她去世之后，她艰难的命运，坚忍的意志和毫不张扬的爱，随光阴流转，在我的印象中愈加鲜明深刻。

有一年，十月的风又翻动起安详的落叶，我在园中读书，听见两个散步的老人说："没想到这园子有这么大。"我放下书，想，这么大一座园子，要在其中找到她的儿子，母亲走过了多少焦灼的路。多年来我头一次意识到，这园中不单是处处都有过我的车辙，有过我的车辙的地方也都有过母亲的脚印。

（选自《史铁生散文选》，人民文学出版社2005年版。有改动）

阅读本文，从中找到"我"与母亲相处的小细节，请在文中用波浪线勾画出来。哪一处最令你感动，为什么？请批注在文章旁边。（试着联系自身生活思考）

## 2. 合欢树（节选）

### 史铁生

十岁那年，我在一次作文比赛中得了第一。母亲那时候还年轻，急着跟我说她自己，说她小时候的作文作得还要好，老师甚至不相信那么好的文章会是她写的。"老师找到家来问，是不是家里的大人帮了忙。我那时可能还不到十岁呢。"我听得扫兴，故意笑："可能？什么叫'可能还不到'？"她就解释。我装作根本不在意她的话，对着墙打乒乓球，把她气得够呛。不过我承认她聪明，承认她是世界上长得最好看的女的。她正给自己做一条蓝地白花的裙子。

二十岁时，我的两条腿残废了。除去给人家画彩蛋，我想我还应该再干点别的事，先后改变了几次主意，最后想学写作。母亲那时已不年轻，为了我的腿，她头上开始有了白发。医院已明确表示，我的病目前没办法治。母亲的全副心思却还放在给我治病上，到处找大夫，打听偏方，花了很多钱。她倒总能找来稀奇古怪的药，让我吃，让我喝，或是洗、敷、熏、灸。"别浪费时间啦，根本没用！"我说。我一心只想着写小说，仿佛那东西能把残废人救出困境。"再试一回，不试你怎么知道会没用？"她说，每一回都虔诚地抱着希望。然而对我的腿，有多少回希望就有多少回失望。最后一回，我的胯上被熏成烫伤。医院的大夫说，这实在太悬了，对于瘫痪病人，这差不多是要命的事。我倒没太害怕，心想死了也好，死了倒痛快。母亲惊惶了几个月，昼夜守着我，一换药就说："怎么会烫了呢？我还总是在留神呀！"幸亏伤口好起来，不然她非疯了不可。

后来她发现我在写小说。她跟我说："那就好好写吧。"我听出来，她对治好我的腿也终于绝望。"我年轻的时候也喜欢文学，跟你现在差不多大的时候，我也想过搞写作，你小时的作文不是得过第一吗？那就写着试试看。"她提醒我说。我们俩都尽力把我的腿忘掉。她到处去给我借书，顶着雨或冒着雪推我去看电影，像过去给我找大夫、打听偏方那样，抱了希望。

三十岁时，我的第一篇小说发表了，母亲却已不在人世。过了几年，我的另一篇小说也获了奖，母亲已离开我整整七年了。

获奖之后，登门采访的记者就多。大家都好心好意，认为我不容易。但是我只准备了一套话，说来说去就觉得心烦。我摇着车躲了出去，坐在小公园安静的树林里，想：上天为什么早早地召母亲回去呢？迷迷糊糊的，我听见回答："她心里太苦了。上天看她受不住了，就召她回去。"我的心得到一点安慰，睁开眼睛，看见风在树林里吹过。

我摇车离开那儿，在街上瞎逛，不想回家。

母亲去世后，我们搬了家。我很少再到母亲住过的那个小院儿去。小院儿在一个大院儿的尽里头，我偶尔摇车到大院儿去坐坐，但不愿意去那个小院儿，推说手摇车进去不方便。院子里的老太太们还都把我当儿孙看，尤其想到我又没了母亲，但都不说，光扯些闲话，怪我不常去。我坐在院子当中，喝东家的茶，吃西家的瓜。有一年，人们终于又提到母亲："到小院儿去看看吧，你妈种的那棵合欢树今年开花了！"我心里一阵抖，还是推说手摇车进出太不易。大伙就不再说，忙扯到别的，说起我们原来住的房子里现在住了小两口，女的刚生了个儿子，孩子不哭不闹，光是瞪着眼睛看窗户上的树影儿。

我没料到那棵树还活着。那年，母亲到劳动局去给我找工作，回来时在路边挖了一棵刚出土的绿苗，以为是含羞草，种在花盆里，竟是一棵合欢树。母亲从来喜欢那些东西，但当时心思全在别处。第二年合欢树没有发芽，母亲叹息了一回，还不舍得扔掉，依然让它留在瓦盆里。第三年，合欢树不但长出了叶子，而且还比较茂盛。母亲高兴了很多天，以为那是个好兆头，常去侍弄它，不敢太大意。又过了一年，她把合欢树移出盆，栽在窗前的地上，有时念叨，不知道这种树几年才开花。再过一年，我们搬了家，悲痛弄得我们都把那棵小树忘记了。

与其在街上瞎逛，我想，不如去看看那棵树吧。我也想再看看母亲住过的那间房。我老记着，那儿还有个刚来到世上的孩子，不哭不闹，瞪着眼睛看树影儿。是那棵合欢树的影子吗？小院儿里只有那棵树。

院子里的老太太们还是那么喜欢我，东屋倒茶，西屋点烟，送到我跟前。大伙都不知道我获奖的事，也许知道，但不觉得那很重要；还是都问我的腿，问我是否有了正式工作。这回，想摇车进小院儿真是不能了。家家门前的小厨房都扩大了，过道窄得一个人推自行车进出也要侧身。我问起那棵合欢树，大伙说，年年都开花，长到跟房子一样高了。这么说，我再看不见它了。我要是求人背我去看，倒也不是不行。我挺后悔前两年没有自己摇车进去看看。

我摇着车在街上慢慢走，不急着回家。人有时候只想独自静静地待一会儿。悲伤也成享受。

有那么一天，那个孩子长大了，会想起童年的事，会想起那些晃动的树影儿，会想起他自己的妈妈，他会跑去看看那棵树。但他不会知道那棵树是谁种的，是怎么种的。

（选自《平凡的生活也要过得闪闪发光》，北京联合出版公司2023年版。有改动）

阅读本文，从中找到"我"与母亲相处的小细节，请在文中用波浪线勾画出来。哪一处最令你感动，为什么？请批注在文章旁边。（试着联系自身生活思考）

**课后作业（二选一）**

1. 请你在课堂讨论的基础上，为史铁生的母亲写一首赞美诗。不少于15行。可以部分化用课文和拓展阅读中的句子。

2. 阅读以下拓展文本《我一个人思念我们仨》《多年父子成兄弟》，回答后面的问题。

## 1. 我一个人思念我们仨

### 杨 绛

批注区

自从迁居三里河寓所，我们好像跋涉长途之后，终于有了一个家，我们可以安顿下来了。

我们两人每天在起居室静静地各据一书桌，静静地读书工作。我们工作之余，就在附近各处"探险"，或在院子里来回散步。阿瑗回家，我们大家掏出一把又一把的"石子"把玩欣赏。阿瑗的石子最多。

我们仨，却不止三人。每个人摇身一变，可变成好几个人。例如阿瑗小时才五六岁的时候，我三姐就说："你们一家呀，圆圆头最大，锺书最小。"我的姐姐妹妹都认为三姐说得对。阿瑗长大了，会照顾我，像姐姐；会陪我，像妹妹；会管我，像妈妈。阿瑗常说："我和爸爸最'哥们儿'，我们是妈妈的两个顽童，爸爸还不配做我的哥哥，只配做弟弟。"我又变为最大的。锺书是我们的老师。我和阿瑗都是好学生，虽然近在咫尺，我们如有问题，问一声就能解决，可是我们决不打扰他，我们都勤查字典，到无法自己解决才发问。他可高大了。但是他穿衣吃饭，都需我们母女把他当孩子般照顾，他又很弱小。

他们两个会联成一帮向我造反，例如我出国期间，他们连床都不铺，预知我将回来，赶忙整理。我回家后，阿瑗轻声嘀咕："狗窠真舒服。"有时他们引经据典的淘气话，我一时拐不过弯，他们得意地说："妈妈有点笨哦！"我的确是最笨的一个。我和女儿也会联成一帮，笑爸爸是色盲，只识得红、绿、黑、白四种颜色。其实锺书的审美感远比我强，但他不会正确地说出什么颜色。我们会取笑锺书的种种笨拙。也有时我们夫妇联成一帮，说女儿是学究，是笨蛋，是傻瓜。

我们对女儿，实在很佩服。我说："她像谁呀？"锺书说："爱教书，像爷爷；刚正，像外公。"她在大会上发言，敢说自己的话。她刚做助教，因参与编《英汉小词典》（商务出版），当了代表，到外地开一个极"左"的全国性语言学大会。有人提出凡"女"字旁的字都不能用，大群左派都响应赞成。钱瑗是最小的小鬼，她说："那么，毛主席词'寂寞嫦娥舒广袖'怎么说呢？"这个会上被贬得一文不值的大学者如丁声树、郑易里等老先生都喜欢钱瑗。

一九八七年师大外语系与英国文化委员会合作

建立中英英语教学项目（TEFL），钱瑗是建立这个项目的人，也是负责人。在一般学校里，外国专家往往是权威。一次师大英语系新聘的英国专家对钱瑗说，某门课他打算如此这般教。钱瑗说不行，她指出该怎么做，那位专家不服。据阿瑗形容："他一双碧蓝的眼睛骨碌碌地看着我，像猫。"钱瑗带他到图书室去，把他该参考的书一一拿给他看。这位专家想不到师大图书馆竟有这些高深的专著。学期终了，他到我们家来，对钱瑗说："Yuan, you worked me hard."但是他承认"得益不浅"。师大外国专家的成绩是钱瑗评定的。

我们眼看着女儿在成长，有成就，心上得意。可是我们的"尖兵"每天超负荷地工作——据学校的评价，她的工作量是百分之二百，我觉得还不止。她为了爱护学生，无限量地加重负担。例如学生的毕业论文，她常常改了又责令重做。我常问她："能偷点儿懒吗？能别这么认真吗？"她总摇头。我只能暗暗地在旁心疼。

阿瑗是我生平杰作，锺书认为"可造之材"，我公公心目中的"读书种子"。她上高中学背粪桶，大学下乡下厂，毕业后又下放四清，九蒸九焙，却始终只是一粒种子，只发了一点芽芽。做父母的，心上不能舒坦。

锺书的小说改为电视剧，他一下子变成了名人。许多人慕名从远地来，要求一睹钱锺书的风采。他不愿做动物园里的稀奇怪兽，我只好守住门为他挡客。

他每天要收到许多不相识者的信。我曾请教一位大作家对读者来信是否回复。据说他每天收到大量的信，怎能一一回复呢。但锺书每天第一件事是写回信，他称"还债"。他下笔快，一会儿就把"债"还"清"。这是他对来信者一个礼貌性的答谢。但是债总还不清；今天还了，明天又欠。这些信也引起意外的麻烦。

他并不求名，却躲不了名人的烦扰和烦恼。假如他没有名，我们该多么清静！人世间不会有小说或童话故事那样的结局："从此，他们永远快快活活地一起过日子。"人间没有单纯的快乐。快乐总夹带着烦恼和忧虑。人间也没有永远。我们一生坎坷，暮年才有了一个可以安顿的居处。但老病相催，我们在人生道路上已走到尽头了。

锺书于一九九四年夏住进医院。我每天去看他，为他送饭，送菜，送汤汤水水。阿瑗于一九九五年冬住进医院，在西山脚下。我每晚和她通电话，每星期去看她。但医院相见，只能匆匆一面。三人分居三处，我还能做一个联络员，经常传递消息。

一九九七年早春，阿瑗去世。一九九八年岁末，锺书去世。我们三人就此失散了。就这么轻易地失散了。"世间好物不坚牢，彩云易散琉璃脆。"现在只剩下了我一人。

我清醒地看到以前当作"我们家"的寓所，只是旅途上的客栈而已。家在哪里，我不知道。我还在寻觅归途。

（选自《我们仨》，生活·读书·新知三联书店2015年版。有改动）

【导读】杨绛是著名作家、翻译家、外国文学研究家，被世人所熟知的另一个身份，是著名学者钱锺书先生的妻子。钱锺书、杨绛伉俪情深，其爱情婚姻被文学史传为佳话；夫妻俩与女儿钱瑗，一家人和睦温馨、事业有成。经杨绛《我们仨》一书描述，成为家和业兴的典范。然而，"世间好物不坚牢，彩云易散琉璃脆"，钱瑗、钱锺书先后去世，杨绛一人孤零零地做了世纪老人。尽管杨绛乐观积极地活着，耄耋之年，还整理了钱锺书大量著作、出版了多部作品，但对丈夫、女儿的思念却无时不在。

阅读杨绛《我一个人思念我们仨》，说一说文中哪些事情最打动你，为什么？不少于50字。

## 2. 多年父子成兄弟

### 汪曾祺

这是我父亲的一句名言。

父亲是个绝顶聪明的人。他是画家，会刻图章，画写意花卉。图章初宗浙派，中年后治汉印。他会摆弄各种乐器，弹琵琶，拉胡琴，笙箫管笛，无一不通。他认为乐器中最难的其实是胡琴，看起来简单，只有两根弦，但是变化很多，两手都要有功夫。他拉的是老派胡琴，弓子硬，松香滴得很厚——现在拉胡琴的松香都只滴了薄薄的一层。他的胡琴音色刚亮。胡琴码子都是他自己刻的，他认为买来的不中使。他养蟋蟀，养金铃子。他养过花，他养的一盆素心兰在我母亲病故那年死了，从此他就不再养花。我母亲死后，他亲手给她做了几箱子冥衣——我们那里有烧冥衣的风俗。按照母亲生前的喜好，选购了各种花素色纸作衣料，单夹皮棉，四时不缺。他做的皮衣能分得出小麦穗、羊羔、灰鼠、狐肷。

父亲是个很随和的人，我很少见他发脾气，对待子女，从无疾言厉色。他爱孩子，喜欢孩子，爱跟孩子玩，带着孩子玩。我的姑妈称他为"孩子头"。春天，不到清明，他领一群孩子到麦田里放风筝。放的是他自己糊的蜈蚣（我们那里叫"百脚"），是用染了色的绢糊的。放风筝的线是胡琴的老弦。老弦结实而轻，这样风筝可笔直地飞上去，没有"肚儿"。用胡琴弦放风筝，我还未见过第二人。清明节前，小麦还没有"起身"，是不怕践踏的，而且越踏会越长得旺。孩子们在屋里闷了一冬天，在春天的田野里奔跑跳跃，身心都极其畅快。他用钻石刀把玻璃裁成不同形状的小块，再一块一块斗拢，接缝处用胶水粘牢，做成小桥、小亭子、八角玲珑水晶球。桥、亭、球是中空的，里面养了金铃子。从外面可以看到金铃子在里面自在爬行，振翅鸣叫。他会做各种灯。用浅绿透明的"鱼鳞纸"扎了一只纺织娘，栩栩如生。用西洋红染了色，上深下浅，通草做花瓣，做了一个重瓣荷花灯，真是美极了。用小西瓜（这是拉秧的小瓜，因其小，不中吃，叫作"打瓜"或"笃瓜"）上开小口挖净瓜瓤，在瓜皮上雕镂出极细的花纹，做成西瓜灯。我们在这些灯里点了蜡烛，穿街过巷，邻居的孩子都跟过来看，非常羡慕。

父亲对我的学业是关心的，但不强求。我小时候，国文成绩一直是全班第一。我的作文，时得佳评，他就拿出去到处给人看。我的数学不好，他也不责怪，只要能及格，就行了。他画画，我小时也喜欢画画，但他从不指点我。他画画时，我在旁边看，其余时间由我自己乱翻画谱，瞎抹。我对写意花卉那时还不太会欣赏，只是画一些鲜艳的大桃子，或者我从来没有见过的瀑布。我小时字写得不错，他倒是给我出过一点主意。在我写过一阵《圭峰碑》和《多宝塔碑》以后，他建议我写写《张猛龙碑》。这建议是很好的，到现在我写的字还有"张猛龙"的影响。我初中时爱唱戏，唱青衣，我的嗓子很好，高亮甜润。在家里，他拉胡琴，我唱。我的同学有几个能唱戏的，学校开同乐会，他应我的邀请，到学校去伴奏。几个同学都只是清唱。有一个姓费的同学借到一顶纱帽，一件蓝官衣，扮起来唱《朱砂井》，但是没有配角，没有衙役，没有犯人，只是一个赵廉，摇着马鞭在台上走了两圈，唱了一段"郿坞县在马上心神不定"便完事下场。父亲那么大的人陪着几个孩子玩了一下午，还挺高兴。我十七岁初恋，暑假里，在家写情书，他在一旁瞎出主意。我十几岁就学会了抽烟喝酒。他喝酒，给我也倒一杯。抽烟，一次抽出两根，他一根我一根。他还总是先给我点上火。我们的这种关系，他人或以为怪。父亲说："我们是多年父子成兄弟。"

我和儿子的关系也是不错的。我戴了"右派分子"的帽子下放张家口农村劳动，他那时从幼儿园刚毕业，刚刚学会汉语拼音，用汉语拼音给我写了第一封信。我也只好赶紧学会汉语拼音，好给他写回信。"文化大革命"期间，我被打成"黑帮"，送进"牛棚"。偶尔回家，孩子们对我还是很亲热。我的老伴告诫他们"你们要和爸爸'划清界限'"，儿子反问母亲："那你怎么还给他打酒？"只有一件事，两代之间，曾有分歧。他下放山西忻县"插队落户"。按规定，春节可以回京探亲。我们等着他回来。不料他同时带回了一个同学。他这个同学的父亲是一位正受林彪迫害，搞得人囚家破的空军将领。这个同学在北京已经没有家，按照大队的规定是不能回北京的，但是这孩子很想回北京，在一伙同学的秘密帮助下，我的儿子就偷偷地把他带回来了。他连"临时户口"也不能上，是个"黑人"，我们留他在家住，等于"窝藏"了他。公安局随时可以来查户口，街道办事处的大妈也可能举报。当时人人自危，自顾不暇，儿子惹了这么一个麻烦，使我们非常为难。我和老伴把他叫到我们的卧室，对他的冒失行为表示很不满，我责备他："怎么事前也不和我们商量一下！"我的儿子哭了，哭得很委屈，很伤心。我们当时立刻明白了：他是对的，我们是错的。我们这种怕担干系的思想是庸俗的。我们对儿子和同学之间的义气缺乏理解，对他的感情不够尊重。他的同学在我们家一直住了四十多天，才离去。

对儿子的几次恋爱，我采取的态度是"闻而不问"。了解，但不干涉。我们相信他自己的选择，他的决定。最后，他悄悄和一个小学时期的女同学好上了，结了婚。有了一个女儿，已近七岁。我的孩子有时叫我"爸"，有时叫我"老头子"！连我的孙女也跟着叫。我的亲家母说这孩子"没大没小"。我觉得一个现代化的、充满人情味的家庭，首先必须做到"没大没小"。父母叫人敬畏，儿女"笔管条直"，最没有意思。

儿女是属于他们自己的。他们的现在，和他们的未来，都应由他们自己来设计。一个想用自己理想的模式塑造自己的孩子的父亲是愚蠢的，而且，可恶！另外作为一个父亲，应该尽量保持一点童心。

〔选自《慢煮生活（升级回馈版）》，江苏凤凰文艺出版社2021年版。有改动〕

【导读】汪曾祺（1920—1997），江苏高邮人，现代作家、散文家、文体家。早年毕业于西南联大，历任中学教师、北京市文联干部、《北京文艺》编辑、北京京剧院编辑。在短篇小说创作上颇有成就。著有小说集《邂逅集》，小说《受戒》《大淖记事》，散文集《蒲桥集》，大部分作品收录在《汪曾祺全集》中。

阅读汪曾祺的《多年父子成兄弟》，说说你渴望与父亲或母亲建立起怎样的亲子关系。

# 第三课时 《散步》

‖学习目标‖

1. 整体感知文章，能按叙事范式"起因—出现矛盾—解决矛盾—结局"，理清文章脉络，并把握文章线索。

2. 继续练习语气、节奏和"情景再现""把握情感基调"等朗读技能。传达出对文章情感主题的理解。

3. 能抓住文章"回环句""对称句"等关键词句，揣摩其含义，理解文章主旨。

‖学习过程‖

【学习环节一】理脉络

1. 朗读文章，把握朗读的感情基调，完成以下内容。

人物：_____ 地点：_____

时间：_____ 事件：_____

2. 梳理文章，用"起因—出现矛盾—解决矛盾—结局"的结构总结概括文章内容。

_____

_____

【学习环节二】品情感

选取你最喜欢的段落，参照《秋天的怀念》的范例和单元"学习支架"，做一个简单的朗读脚本，有感情地朗读出来，并分享你的理解。

请直接把朗读设计和你的理解批注在书上。

【学习环节三】明主题

文章以《散步》为题，为什么呢？如果换个角度拟题，你会给文章拟个什么题目？

**课后作业（二选一）**

1. 本文和《秋天的怀念》都讲了亲人之间矛盾化解的故事，你身上有没有发生这样的故事，请你将故事记录下来。不少于200字。

2. 本文和《秋天的怀念》都讲了亲人之间矛盾化解的故事，你身上有没有发生这样的故事，请你将故事记录下来，加入适当的细节。不少于300字。

## 第四课时 《散文诗二首》

‖ **学习目标** ‖

1. 整体感知两首散文诗，把握它们在思想内容、感情基调、构思角度、语言风格等方面的异同。

2. 运用朗读技能，通过反复朗读，感受作品的美好意境和语言风格。

3. 认识散文诗的文体，通过仿写，表达对亲人的情感。

‖ **学习过程** ‖

【学习环节一】自主阅读，分析文本

对比阅读两篇课文，以填写关键词的形式完成文本分析。

| 对比维度 | 相同点 | 不同点 | |
|---|---|---|---|
| | | 《金色花》 | 《荷叶·母亲》 |
| 思想感情 | | | |
| 艺术手法 | | | |
| 构思角度 | | | |
| 语言风格 | | | |
| 人物形象 | | | |

**【学习环节二】制作朗读脚本**

结合两篇诗歌的对比，选择两篇文章中你喜欢的一段话（不少于2行），参照《秋天的怀念》的范例和单元学习支架，制作朗读脚本，批注在书上，并进行展示、分享和评议。

**课后作业（二选一）**

1. 参照《秋天的怀念》的朗读脚本范例，选择两篇课文中连续的6行，为其制作朗读脚本。

2. 参照下列仿写量规，选择两篇课文中的一篇，进行仿写。不少于100字。

《金色花》仿写量规

| 维度 \ 等级标准 | 殿堂诗人 | 成名诗人 | 民间诗人 |
|---|---|---|---|
| 想象 | 能够想象自己化身为某个物象，且物象新鲜有趣，不落俗套 | | 能够想象自己化身为某个物象 |
| 细节 | 记叙事件时有多处细节 | 记叙事件时有一到两处细节 | 记叙事件时无任何细节 |
| 情感 | 情感表达细腻、充沛、动人，能够引起读者共鸣 | 情感表达比较细腻、充沛、动人 | 情感表达生硬，不能打动读者 |

（续表）

| 维度＼等级＼标准 | 殿堂诗人 | 成名诗人 | 民间诗人 |
|---|---|---|---|
| 体例 | 在模仿《金色花》体例的基础上，有一定的创新 | 能够仿照《金色花》体例进行创作 | 文章缺乏完整构思 |

《荷叶·母亲》仿写量规

| 维度＼等级＼标准 | 殿堂诗人 | 成名诗人 | 民间诗人 |
|---|---|---|---|
| 比喻 | 能够选择两种物象来分别比喻亲人和自己，且比喻新鲜有趣，不落俗套 | | 能够选择两种物象来分别比喻亲人和自己 |
| 细节 | 记叙事件时有多处细节 | 记叙事件时有一到两处细节 | 记叙事件时无任何细节 |
| 情感 | 情感表达细腻、充沛、动人，能够引起读者共鸣 | 情感表达比较细腻、充沛、动人 | 情感表达生硬，不能打动读者 |
| 体例 | 在模仿《荷叶·母亲》体例的基础上，有一定的创新 | 能够仿照《荷叶·母亲》体例进行创作 | 文章缺乏完整构思 |

## 第五课时 《咏雪》

‖ 学习目标 ‖

1. 通过查阅资料，了解名作《世说新语》。

2. 借助注释、工具书疏通文意，初步感知古今汉语的差别，通过朗读培养文言语感。

3. 通过思考分析，感受古人的生活情趣和文化修养，拉近与古人的心理距离。

‖ **学习过程** ‖

【**学习环节一**】**了解作品**

课前预习，了解《世说新语》，将查阅的资料摘录到方框中。

【**学习环节二**】**通译全文**

课前预习，借助注释、工具书疏通文意，解释加点字并翻译全文。

谢太傅寒雪日内集（　　　　），与儿女讲论文义。

_____

_____

俄而（　　）雪骤（　　），公欣然曰："白雪纷纷何所似（　　）?"

_____

兄子胡儿曰："撒盐空中差可拟（　　　）。"兄女曰："未若（　　　）柳絮因风起。"

_____

公大笑乐。即公大兄无奕女，左将军王凝之妻也。

_____

_____

【**学习环节三**】**朗读表演**

1. 仿照首句示例，为文章标记停顿符号。

2. 设计简单的朗读脚本，并以小组为单位表演这个故事。

谢太傅/寒雪日/内集，与儿女/讲论文义。俄而雪骤，公欣然曰："白雪纷纷何所似？"兄子胡儿曰："撒盐空中差可拟。"兄女曰："未若柳絮因风起。"公大笑乐。即公大兄无奕女，左将军王凝之妻也。

**【学习环节四】思考探究**

1. 下面是古人吟咏白雪时使用比喻的诗句，说说它们的妙处，并记在摘抄本上，标记对应页码。

| | |
|---|---|
| 忽如一夜春风来，千树万树梨花开。(岑参《白雪歌送武判官归京》) | |
| 燕山雪花大如席，片片吹落轩辕台。(李白《北风行》) | |
| 白雪却嫌春色晚，故穿庭树作飞花。(韩愈《春雪》) | |

2. 谢安认为"撒盐空中"和"柳絮因风起"哪个比喻更好？为什么？

_____

3. 《咏雪》透露出谢安家怎样的家庭生活情趣？（关注生活细节）

_____

**课后作业（二选一）**

1. 背诵默写全文，完成重点字词句练习题。

2. 背诵默写全文，运用字词对译的方法完成拓展阅读。

**拓展阅读**

世说新语·徐孺子赏月

**原文**

徐孺子年九岁，尝（　　　）月下戏。人语（　　　）之曰："若令（　　　）月中无物，当极明邪？"徐曰："不然（　　　），譬如人眼中有瞳子，无此必不明。"

**译文**

徐孺子九岁的时候，曾经在月光下玩耍。有人对他说："如果月亮里面什么也没有，会非常明亮吧？"徐孺子说："不是这样的，如同人眼中有瞳孔，没有它，眼睛就不明亮。"

（选自《世说新语》，崇文书局2023年版）

1. 在括号内解释加点字词。

2. 感悟：_____

_____

_____

## 第六课时　《陈太丘与友期行》

‖ **学习目标** ‖

1. 借助注释、工具书疏通文意，初步感知古今汉语的差别，通过朗读培养文言语感。

2. 通过思考分析，感受古代少年的聪慧和品行，拉近与古人的心理距离。

3. 了解"谦辞"和"敬辞"的概念，注意积累具有文言色彩的谦辞和敬辞，在言语交际中恰当使用，增强文化底蕴。

‖ **学习过程** ‖

**【学习环节一】通译全文**

课前预习，借助注释、工具书疏通文意，完成下列翻译。

陈太丘与友期行，期日中。过中不至，太丘舍去，去后乃至。

_____

_____

元方时年七岁，门外戏。客问元方："尊君在不？"答曰："待君久不至，已去。"

_____

_____

友人便怒曰："非人哉！与人期行，相委而去。"

_____

元方曰："君与家君期日中。日中不至，则是无信；对子骂父，则是无礼。"

友人惭，下车引之。元方入门不顾。

**【学习环节二】朗读表演**

1. 为文章标记停顿符号。

2. 设计简单的朗读脚本，并以小组为单位表演这个故事。

陈太丘与友期行，期日中。过中不至，太丘舍去，去后乃至。元方时年七岁，门外戏。客问元方："尊君在不？"答曰："待君久不至，已去。"友人便怒曰："非人哉！与人期行，相委而去。"元方曰："君与家君期日中。日中不至，则是无信；对子骂父，则是无礼。"友人惭，下车引之。元方入门不顾。

**【学习环节三】思考探究**

1. 《陈太丘与友期行》出自《方正》篇。方正，指人行为、品性正直，合乎道义。文中哪些地方能够体现出陈元方的"方正"？

2. 陈元方为什么会成长为一个方正的人？

3. 古人称谓有尊称和谦称。《陈太丘与友期行》中的"尊君"与"家君"，前者尊称对方的父亲，后者谦称自己的父亲。课后表格中列出了古代常见的敬辞与谦辞，其中包含尊称和谦称。读一读，说说它们分别用于称呼什么人。积累这些文言词，不熟悉的写在摘抄本上，并在言语表达中恰当使用。见教材《〈世说新语〉二则》后。

**课后作业（二选一）**

1. 背诵默写全文，完成重点字词句练习题。

2. 背诵默写全文，运用字词对译的方法，完成拓展阅读。

拓展阅读

## 世说新语·小时了了，大未必佳

**原文**

孔文举年十岁，随父到洛。时李元礼有盛名，为司隶校尉，诣（　　　）门者，皆俊才清称及中表亲戚，乃通。文举至门，谓吏曰："我是李府君亲。"既（　　　）通，前坐。元礼问曰："君与仆（　　　）有何亲？"对曰："昔先君仲尼与君先人伯阳，有师资之尊，是仆与君奕世为通好也。"元礼及宾客莫不奇之。太中大夫陈韪后至，人以其语语（　　　）之。韪曰："小时了了，大未必佳！"文举曰："想君小时，必当了了！"韪大踧踖。

（选自《世说新语》，崇文书局2023年版）

**译文**

孔融十岁的时候，跟随父亲到洛阳。那时李膺名气很大，担任司隶校尉的职务。到他家去的人，都是些才智出众的人、有名誉的人以及自己的亲戚才去通报。孔融到了他家门前，对看门的官吏说："我是李膺的亲戚。"通报了以后，上前坐下来。李膺问："您和我有什么亲戚关系？"孔融回答说："从前我的祖先孔子曾经拜您的祖先老子为师，所以我和您是世代通好。"李膺和他的那些宾客没有不对他的话感到惊奇的。太中大夫陈韪后来才到，别人就把孔融说的话告诉给他，陈韪说："小的时候很聪明，长大了未必很有才华。"孔融说："我猜想您小的时候一定很聪明吧。"陈韪听了感到局促不安。

1. 在括号内解释加粗字词。
2. 感悟：_____

_____

_____

## 第七课时　"至爱亲情"单元拓展阅读

‖ **学习目标** ‖

1. 通过阅读，了解更多亲情故事。
2. 通过批注、交流，抓住文章细节，深入理解亲情内涵。

‖ **学习过程** ‖

**【学习环节一】独立学习，阅读思考**

通读下面3篇文章，批注其中令你感动的细节或事件，每篇文章至少批注2处，每处不少于30字。批注时，应注意从细节描写、手法、情感、时代背景、联系自身生活、联系自身阅读经验等角度思考。

**拓展阅读**

### 1. 讲故事的人（节选）

**莫　言**

批注区

　　我母亲生于1922年，卒于1994年。她的骨灰，埋葬在村庄东边的桃园里。2011年，一条铁路要从那儿穿过，我们不得不将她的坟墓迁移到距离村子更远的地方。掘开坟墓后，我们看到，棺木已经腐朽，母亲的骨殖已经与泥土混为一体。我们只好象征性地挖起一些泥土，移到新的墓穴里。也就是从那一时刻起，我感到，我的母亲是大地的一部分，我站在大地上的诉说，就是对母亲的诉说。

　　我是我母亲最小的孩子。

　　我记忆中最早的一件事，是提着家里唯一的一把热水壶去公共食堂打开水。因为饥饿无力，失手将热水瓶打碎，我吓得要命，钻进草垛，一天没敢出来。傍晚的时候我听到母亲呼唤我的乳名，我从草垛里钻出来，以为会受到打骂，但母亲没有打我也没有骂我，只是抚摸着我的头，口中发出长长的叹息。

　　我记忆中最痛苦的一件事，就是跟着母亲去集体的地里捡麦穗，看守麦田的人来了，捡麦穗的人纷纷逃跑，我母亲是小脚，跑不快，被捉住，那个身材高大的看守人扇了她一个耳光，她摇晃着身体跌倒在地，看守人没收了我们捡到的麦穗，吹着口哨扬长而去。我母亲嘴角流血，坐在地上，脸上那种绝望的神情让我终生难忘。多年之后，当那个看守麦田的人成为一个白发苍苍的老人，在集市上与我相逢，我冲上去想找他报仇，母亲拉住了我，平静地对我说："儿子，那个打我的人，与这个老人，并不是一个人。"

我记得最深刻的一件事，是一个中秋节的中午，我们家难得包了一顿饺子，每人只有一碗。正当我们吃饺子时，一个乞讨的老人来到了我们家门口，我端起半碗红薯干打发他，他却愤愤不平地说："我是一个老人，你们吃饺子，却让我吃红薯干。你们的心是怎么长的？"我气急败坏地说："我们一年也吃不了几次饺子，一人一小碗，连半饱都吃不了！给你红薯干就不错了，你要就要，不要就滚！"母亲训斥了我，然后端起她那半碗饺子，倒进了老人碗里。

我最后悔的一件事，就是跟着母亲去卖白菜，有意无意地多算了一位买白菜的老人一毛钱。算完钱我就去了学校。当我放学回家时，看到很少流泪的母亲泪流满面。母亲并没有骂我，只是轻轻地说："儿子，你让娘丢了脸。"

我十几岁时，母亲患了严重的肺病，饥饿，病痛，劳累，使我们这个家庭陷入了困境，看不到光明和希望。我产生了一种强烈的不祥之兆，以为母亲随时都会自己寻短见。每当我劳动归来，一进大门就高喊母亲，听到她的回应，心中才感到一块石头落了地。如果一时听不到她的回应，我就心惊胆战，跑到厨房和磨坊里寻找。有一次找遍了所有的房间也没有见到母亲的身影，我便坐在了院子里大哭。这时母亲背着一捆柴草从外面走进来。她对我的哭很不满，但我又不能对她说出我的担忧。母亲看透我的心思，她说："孩子你放心，尽管我活着没有一点乐趣，但只要阎王爷不叫我，我是不会去的。"

我生来相貌丑陋，村子里很多人当面嘲笑我，学校里有几个性格霸蛮的同学甚至为此打我。我回家痛哭，母亲对我说："儿子，你不丑，你不缺鼻子不缺眼，四肢健全，丑在哪里？而且只要你心存善良，多做好事，即便是丑也能变美。"后来我进入城市，有一些很有文化的人依然在背后甚至当面嘲弄我的相貌，我想起了母亲的话，便心平气和地向他们道歉。

我母亲不识字，但对识字的人十分敬重。我们家生活困难，经常吃了上顿没下顿。但只要我对她提出买书买文具的要求，她总是会满足我。她是个勤劳的人，讨厌懒惰的孩子，但只要是我因为看书耽误了干活儿，她从来没批评过我。

有一段时间，集市上来了一个说书人。我偷偷地跑去听书，忘记了她分配给我的活儿。为此，母亲批评了我，晚上当她就着一盏小油灯为家人赶制棉衣时，我忍不住把白天从说书人那儿听来的故事复述给她听，起初她有些不耐烦，因为在她心目中说书人都是油嘴滑舌、不务正业的人，从他们嘴里冒不出好话来。但我复述的故事渐渐地吸引了她，以后每逢集日她便不再给我排活儿，默许我去集上听书。为了报答母亲的恩情，也为了向她炫耀我的记忆力，我会把白天听到的故事，绘声绘色地讲给她听。

很快地，我就不满足复述说书人讲的故事了，我在复述的过程中不断地添油加醋,我会投我母亲所好,编造一些情节,有时候甚至改变故事的结局。我的听众也不仅仅是我的母亲,连我的姐姐,我的婶婶,我的奶奶都成为我的听众。我母亲在听完我的故事后,有时会忧心忡忡地,像是对我说,又像是自言自语:"儿啊,你长大后会成为一个什么人呢?难道要靠耍贫嘴吃饭吗?"

我理解母亲的担忧,因为在村子里,一个贫嘴的孩子,是招人厌烦的,有时候还会给自己和家庭带来麻烦。我在小说《牛》里所写的那个因为话多被村子里厌恶的孩子,就有我童年时的影子。我母亲经常提醒我少说话,她希望我能做一个沉默寡言、安稳大方的孩子。但在我身上,却显露出极强的说话能力和极大的说话欲望,这无疑是极大的危险,但我说故事的能力,又带给了她愉悦,这使她陷入深深的矛盾之中。

俗话说"江山易改、本性难移",尽管有我父母亲的谆谆教导,但我并没有改掉我喜欢说话的天性,这使得我的名字"莫言",很像对自己的讽刺。

(选自2012年12月8日中国新闻网报道)

## 2. 卖白菜

莫 言

1967年冬天,我12岁那年,临近春节的一个早晨,母亲苦着脸,心事重重地在屋子里走来走去,时而揭开炕席的一角,掀动几下铺炕的麦草,时而拉开那张老桌子的抽屉,扒拉几下破布头烂线团。母亲叹息着,并不时把目光抬高,瞥一眼那三棵吊在墙上的白菜。最后,母亲的目光锁定在白菜上,端详着,终于下了决心似的,叫着我的乳名，说：

"社斗，去找个篓子来吧……"

"娘，"我悲伤地问，"您要把它们……"

"今天是大集。"母亲沉重地说。

"可是，您答应过的，这是我们留着过年的……"话没说完，我的眼泪就涌了出来。

母亲的眼睛湿漉漉的，但她没有哭，她有些恼怒地说："这么大的汉子了，动不动就抹眼泪，像什么样子?!"

"我们种了一百零四棵白菜，卖了一百零一棵，只剩下这三棵了……说好了留着过年的，说好了留着过年包饺子的……"我哽咽着说。

母亲靠近我，掀起衣襟，擦去了我脸上的泪水。我把脸伏在母亲的胸前，委屈地抽噎着。我感到母亲用粗糙的大手抚摸着我的头，我嗅到了她衣襟上那股揉烂了的白菜叶子的气味。

透过蒙眬的泪眼，我看到母亲把那棵最大的白菜从墙上钉着的木橛子上摘了下来。母亲又把那棵第二大的摘下来。最后，那棵最小的、形状圆圆像个和尚头的也脱离了木橛子，挤进了篓子里。我熟悉这棵白菜，就像熟悉自己的一根手指。因为它生长在最靠近路边那一行的拐角的位置上，小时被牛犊或是被孩子踩了一脚，所以它一直长得不旺，当别的白菜长到脸盆大时，它才有碗口大。发现了它的小和可怜，我们在浇水施肥时就对它格外照顾。我曾经背着母亲将一大把化肥撒在它的周围，但第二天它就打了蔫。母亲知道了真相后，赶紧将它周围的土换了，才使它死里逃生。后来，它尽管还是小，但卷得十分饱满，收获时母亲拍打着它感慨地对我说："你看看它，你看看它……"在那一瞬间，母亲的脸上洋溢着珍贵的欣喜表情，仿佛拍打着一个历经磨难终于长大成人的孩子。

集市在邻村，距离我们家有三里远。寒风凛冽，有太阳，很弱，仿佛随时都要熄灭的样子。不时有赶集的人从我们身边超过去。我的手很快就冻麻了，以至于当篓子跌落在地时我竟然不知道。篓子落地时发出了清脆的响声，篓底有几根蜡条跌断了，那棵最小的白菜从篓子里跳出来，滚到路边结着白冰的水沟里。母亲在我头上打了一巴掌，我知道闯了大祸，站在篓边，哭着说："我不是故意的，我真的不是故意的……"母亲将那棵白菜放进篓子，原本是十分生气的样子，但也许是看到我哭得真诚，也许是看到了我黑黢黢的手背上那些已经溃烂的冻疮，母亲的脸色缓和了，没有打我也没有再骂我，只是用一种让我感到温暖的腔调说："不中用，把饭吃到哪里去了？"然后母亲就蹲下身，将背篓的木棍搭上肩头，我在后边帮扶着，让她站直了身体。

终于挨到了集上。母亲让我走，去上学，我也想走，但我看到一个老太太朝着我们的白菜走了过来。她用细而沙哑的嗓音问白菜的价钱。母亲回答了她。她摇摇头，看样子是嫌贵。但是她没有走，而是蹲下，揭开那张破羊皮，翻动着我们的三棵白菜。她把那棵最小的白菜上那半截欲断未断的根拽了下来。然后她又逐棵地戳着我们的白菜，用弯曲的、枯柴一样的手指，她撇着嘴，说我们的白菜卷得不紧，母亲用忧伤的声音说："大婶子啊，这样的白菜您还嫌卷得不紧，那您就到市上去看看吧，看看哪里还能找到卷得更紧的吧。"

我对这个老太太充满了恶感，你拽断了我们的白菜根也就罢了，可你不该昧着良心说我们的白菜卷得不紧。我忍不住冒出了一句话："再紧就成了石头蛋子了！"老太太抬起头，惊讶地看着我，问母亲："这是谁？是你的儿子吗？""是老小，"母亲回答了老太太的问话，转回头批评我，"小小孩儿，说话没大没小的！"老太太将她胳膊上挎着的柳条筼筜放在地上，腾出手，撕扯着那棵最小的白菜上那层已经干枯的菜帮子。我十分恼火，便刺她："别撕了，你撕了让我们怎么卖？！"

"你这个小孩子，说话怎么就像吃了枪药一样呢？"老太太嘟哝着，但撕扯菜帮子的手却并不停止。

"大婶子，别撕了，放到这时候的白菜，老帮子脱了五六层，成了核了。"母亲劝说着她。

她终于还是将那层干菜帮子全部撕光，露出了鲜嫩的、洁白的菜帮。在清冽的寒风中，我们的白菜散发出甜丝丝的气味。这样的白菜，包成饺子，味道该有多么鲜美啊！老太太搬着白菜站起来，让母亲给她过秤。母亲用秤钩子挂住白菜根，将白菜提起来。老太太把她的脸几乎贴到秤杆上，仔细地打量着上面的秤星。我看着那棵被剥成了核的白菜，眼前出现了它在生长的各个阶段的模样，心中感到阵阵忧伤。

终于核准了重量，老太太说："俺可是不会算账。"

母亲因为偏头痛，算了一会儿也没算清，对我说："社斗，你算。"

我找了一根草棒，用我刚刚学过的乘法，在地上划算着。

我报出了一个数字，母亲重复了我报出的数字。

"没算错吧？"老太太用不信任的目光盯着我说。

"你自己算就是了。"我说。

"这孩子，说话真是暴躁。"老太太低声嘟哝着，从腰里摸出一个肮脏的手绢，层层地揭开，露出一沓纸票，然后将手指伸进嘴里，沾了唾沫，一张张地数着。

她终于将数好的钱交到母亲的手里。母亲也一张张地点……

等我放了学回家后，一进屋就看到母亲正坐在灶前发呆。那个蜡条篓子摆在她的身边，三棵白菜都在篓子里，那棵最小的因为被老太太剥去了干帮子，已经受了严重的冻伤。我的心猛地往下一沉，知道最坏的事情已经发生了。母亲抬起头，眼睛红红地看着我，过了许久，用一种让我终生难忘的声音说："孩子，你怎么能这样呢？你怎么能多算人家一毛钱呢？"

"娘，"我哭着说，"我……"

"你今天让娘丢了脸……"母亲说着，两行眼泪就挂在了腮上。

这是我看到坚强的母亲第一次流泪，想起，心中依然沉痛。

（选自《从前，购物证那些事儿》，甘肃人民出版社2019年版。有改动）

## 3. 奶奶的星星
### 史铁生

世界给我的第一个记忆是：我躺在奶奶怀里，拼命地哭，打着挺儿，也不知道是为了什么，哭得好伤心。窗外的山墙上剥落了一块灰皮，形状像个难看的老头儿。

奶奶搂着我，拍着我，"噢——，噢——"地哼着。我倒更觉得委屈起来。

"你听！"奶奶忽然说："你快听，听见了吗？"

我愣愣地听，不哭了，听见了一种美妙的声音，飘飘的、缓缓的……是鸽哨儿？是秋风？是落叶划过屋檐？或者，只是奶奶在轻轻地哼唱？直到现在我还是说不清。

"噢噢——睡觉吧，麻猴来了我打它……"那是奶奶的催眠曲。

屋顶上有一片晃动的光影，是水盆里的水反射的阳光。光影也那么飘飘的、缓缓的，变幻成和平的梦境，我在奶奶怀里安稳地睡熟……

我是奶奶带大的。不知有多少人当着我的面对奶奶说过："奶奶带起来的，长大了也忘不了奶奶。"

那时候我懂些事了，趴在奶奶膝头，用小眼睛瞪那些说话的人，心想：瞧你那讨厌样儿吧！翻译成孩子还不能掌握的语言就是：这话用你说吗？

奶奶紧紧地把我搂在怀里，笑笑："等不到那会儿哟！"仿佛已经满足了的样子。

"等不到哪会儿呀？"我问。

"等不到你孝敬奶奶一把铁蚕豆了。"

我笑个没完。我知道她不是真那么想。不过我总想不好，等我挣了钱给她买什么。

爸爸、大伯、叔叔给她买什么，她都是说："用不着花那么多钱买这个。"奶奶最喜欢的是我给她踩腰、踩背。

一到晚上，她常常腰疼、背疼，就叫我站到她身上去，来来回回地踩。

她趴在床上"哎哟哎哟"的，还一个劲夸我："小脚丫踩上去，软软乎乎的，真好受。"我可是最不耐烦干这个，她的腰和背可真是够漫长的。"行了吧?"我问。

"再踩两趟。"我大跨步地打了个来回:"行了吧?""唉，行了。"

我赶快下地，穿鞋，逃跑……于是我说:"长大了我给您踩腰。""哟，那还不把我踩死?"过了一会儿我又问:"您干吗等不到那会儿呀?"

"老了，还不死?"

"死了就怎么了?"

"那你就再也找不着奶奶了。"

我不嚷了，也不问了，老老实实依偎在奶奶怀里。那又是世界给我的第一个恐怖的印象。

一个冬天的下午，一觉醒来，不见了奶奶，我扒着窗台喊她，四处都是风和雪。"奶奶出门儿了，去看姨奶奶。"

我不信，奶奶去姨奶奶家总是带着我的;我整整哭喊了一个下午，妈妈、爸爸、邻居们谁也哄不住，直到晚上奶奶出我意料地回来。

这事大概没人记得住了，也没人知道我那时想到了什么。小时候，奶奶吓唬我的最好办法，就是说:"再不听话，奶奶就死了!"

夏夜，满天星斗。奶奶讲的故事与众不同，她不是说地上死一个人，天上就熄灭了一颗星星，而是说，地上死一个人，天上就又多了一颗星星。

"怎么呢?"

"人死了，就变成一颗星星。"

"干吗变成星星呀?"

"给走夜道儿的人照个亮儿……"

我们坐在庭院里，草茉莉都开了，各种颜色的小喇叭，掐一朵放在嘴上吹，有时候能吹响。

奶奶用大芭蕉扇给我轰蚊子。凉凉的风，蓝蓝的天，闪闪的星星。这感受永远留在我的记忆里。

那时候我还不懂得问，是不是每个人死了都可以变成星星，都能给活着的人把路照亮。

奶奶已经死了好多年。她带大的孙子忘不了她。

尽管我现在想起她讲的故事，知道那是神话，但到夏天的晚上，我却时常还像孩子那样，仰着脸，揣摸哪一颗星星是奶奶的……

我慢慢去想奶奶讲的那个神话，我慢慢相信，每一个活过的人，都能给后人的路途上添些光亮，也许是一颗巨星，也许是一把火炬，也许只是一支含泪的蜡烛……

[选自《爱的密码》（《读者》典藏书系·学生版），长江文艺出版社2017年版]

**【学习环节二】组内交流分享**

以小组为单位交流完善彼此的批注，并推荐小组代表就每篇文章本组最精彩的一处批注，进行全班交流。

**【学习环节三】全班交流分享**

小组代表进行全班交流，教师总结评议。

**课后作业（二选一）**

1. 摘抄文中你喜欢的句子，至少三行，并进行仿写。不少于100字。

2. 摘抄文中你喜欢的句子，至少六行，并进行仿写。不少于200字。

**子任务二：发现和书写亲情故事，赠送给亲人，并在此基础上改编剧本。**

## 第八课时 "中秋家书"作文写前指导

‖ 学习目标 ‖

1. 通过类文联读，联系课文，总结本单元的记事方法。

2. 通过写前指导，明确写作方法和写作重点。

3. 能运用所学方法进行写作。

‖ **学习流程** ‖

**【学习环节一】类文阅读，总结写作方法**

### 我父亲的音乐

〔美〕韦恩·卡林

我还记得那天，父亲豁出瘦小的身躯，第一次把那沉甸甸的手风琴拖上我们家的门廊，他把母亲和我召到客厅。打开箱子，好像那是个百宝箱似的，"给，"他说。"你一学会拉它，它就跟你终身做伴。"

我淡淡一笑。满不像他那么喜笑颜开，可那是因为我一直巴望着有一把吉他，或一架钢琴。当时是 1960 年，我迷上了在调频广播里收听德尔·珊农和查比·切克的音乐。手风琴在我这里根本排不上号，看着那白晃晃的琴键和奶油色的风箱，我都可以听到伙伴们嘲弄这玩意儿的声音。

后来的两个礼拜，手风琴一直搁在门厅的壁橱里。有天晚上，父亲宣布，下周起我开始上手风琴课。狐疑中我向母亲递眼色，求她帮忙。可她紧闭着嘴，就是说我这次倒了霉了。

花 300 元买架手风琴，每上一节课还得交 5 元，这可不合我父亲的性格。他向来都很讲究实际——这是他自小在宾夕法尼亚州的农场学来的。当时穿的、取暖的，有时候连吃的都很少。

我出生前，父母搬进了新泽西州西城外公外婆家居住。那是一幢二层小楼，我和父母住楼上，外公他们住楼下。父亲每天去长岛上班，来回要坐 3

批注区

个小时的车。他在那儿的一家飞机发动机维修公司做监督。周末他就在地窖里东修西补，不是把零星的胶合板拼成多用柜，就是找些零部件修理破玩具。他生性沉静腼腆，只有坐在工作凳上时才最为自在。

只有音乐可以使父亲陶醉，忘却他那个尽是工具和活计的天地。星期天只要一开车，他便打开收音机。遇见红灯，就见他的脚及时地轻轻打起拍子。他好像不放过每一个音符。

然而，我还是没有料到，有一次翻一个壁橱，竟发现一只盒子，我看像个小吉他盒。打开一看，却是把漂亮的小提琴，光滑锃亮的。"那是你父亲的，"母亲说，"他父母给他买的。怕是农场上太忙了吧，他压根就没顾上学。"我尽量想象父亲那双粗手在摆弄这把精巧的小提琴——可就是想象不出来。

不久，我在手风琴速成学校跟泽里先生上起课来了，那个学校夹在一家旧电影院和一家馅饼店之间。第一天，我肩上勒紧了两条皮带，怎么都觉得别扭。"他怎么样？"过后父亲问老师。"第一课嘛，还可以。"泽里先生说。父亲看有希望，神采奕奕。

按规定，我每天得练半小时琴，而我每天都设法躲过去。我看我的前途是在户外打球，不是待在屋里练很快就会遗忘的曲子，可父母逼着我练。

想不到我渐渐可以把各个音符串起来，两手配合着拉起简单的歌曲了。晚饭后，父亲常常要我拉上一两段曲子。他坐在安乐椅里，我就笨手笨脚地拉完《西班牙女郎》和《啤酒桶波尔卡》。

"很好，比上星期强。"他会说。于是我一口气拉下去，把他最喜欢的歌曲《红河谷》和《牧场上的家园》混在一起，于是他不知不觉地睡去，报纸还摊在膝上。他能在我的演奏感召之下，也轻松一下，算是对我的赞赏吧。

有年7月的一天傍晚，我正在拉《重返苏莲托》，几乎是无懈可击，父母把我叫到一扇窗口。一个上了年纪的邻居，很少见她出门，这时正倚在我家车旁，恍恍惚惚地跟着曲子哼着。我拉完了，她笑眯眯地喊道："我小时候在意大利就记得这首歌。好听，真好听。"

整个夏天，泽里先生的课越上越难，现在每次要花一个半星期才能学会。我一边学琴一边听到伙伴们在外面热火朝天玩棍球的声音，不时还听到他们对我抛来的一句嘲讽："喂！你那猴儿罐儿呢？"

不过，眼看秋季演奏会就要到来，这么糟践人也就不算个事了。我得在本地一家电影院上台独奏。我想赖掉这差事。一个星期天下午在车上，我们都动了感情，都发了火。

"我不想独奏。"我说。

"你就得独奏。"父亲答道。

"为啥？"我吼道，"就因为你小时候没能拉成小提琴？你不拉就行，我干吗就非得拉这笨乎乎的玩意儿？"

父亲刹住车，面对着我。

"就因为你可以给别人带来快乐。你可以打动他们的心。那是给人一份礼物，我不许你白扔了。"他又轻声说："总有一天你会有我从来没有的机会：你会给你的妻子儿女演奏美丽动听的音乐。那时候你就会明白你干吗要这么苦练了。"

我无言以对。我很少听到父亲说话这么动情，更何况是说的手风琴。从此我练琴不用父母逼了。

音乐会那天晚上，母亲戴上亮晶晶的耳环，脸上抹了香浓的粉底，从没见她这么打扮过。父亲早早就下了班，扎上领带，一身套装，头发用发油梳得溜光。他们提前一小时就打扮完了，我们便坐在客厅里紧张地聊天。这时我得到一个无言的启示：演奏这么一首歌是实现他俩的一个梦想。

在电影院，当我意识到我是真想使父母感到自豪时，简直紧张死了。终于轮到我上场了。我走向台上孤零零的椅子，演奏了《今晚你可寂寞》，没出一点儿错。一时掌声四起，落下后还有几个人在拍手。我高兴得轻飘飘的，总算熬到头了。

音乐会散场后，父亲和母亲来到后台。瞧他们走路那神气——昂首挺胸，红光满面——我就知道他们很高兴。母亲紧紧拥抱了我。父亲伸过一只胳臂搂住我不放。"你真是好样的！"他说。然后又握住我的手，久久不松开。

随着岁月的流逝，那架手风琴在我的生活中也渐渐隐退了。父亲只要我在家有节庆的时候拉一拉，课是不上了。我上大学，那琴就放在门厅的壁橱里，挨着父亲的小提琴。

我毕业一年后，父母搬到了附近一个镇上。父亲在51岁时终于有了自己的房子。搬家那天，我不忍心告诉他可以把手风琴卖了，于是我把它拿回我自己的家，放在阁楼上。

它就待在那儿，一件灰尘扑扑的纪念物，直到好几年后的一天下午，我的两个孩子偶然发现了它，司各特以为是个密藏的珍宝，荷里以为里头住了个精灵，他俩都讲对了。

我一打开箱子，他们就笑了，说道："拉拉，拉拉嘛。"我勉强套上琴的背带，拉了一些简单的歌曲。没想到我的琴法竟然没有荒疏。很快，孩子们就转着圈子跳呀笑个不停。连我妻子特丽也乐呵呵地和着节奏拍起手来。他们那兴高采烈的痛快劲儿真让我吃惊。

这时，父亲的话又回到我的脑海："总有一天你会有我从来没有的机会。那时你就会明白的。"

我终于明白了为他人努力工作和作出牺牲的意义。父亲始终是对的；打动你所爱的人的心才是最宝贵的礼物。

（选自《我的四季》人民教育出版社2016年版。有改动）

阅读韦恩·卡林的《我父亲的音乐》，仿照《秋天的怀念》和《散步》的结构梳理方式，梳理本文结构。每空不超过10个字。

| 起因 | |
|---|---|
| 出现矛盾 | |
| 解决矛盾1 | |
| 解决矛盾2 | |
| 结局 | |

**【学习环节二】写作指导**

1. 题目。

亲情是秋天里终于晓悟的深爱，是春日中共踏小径的欢声笑语。亲人间无法天然地互相理解，但可以努力地互相包容。随着年龄的增长，你是否也曾经有过与亲人之间的矛盾？这些矛盾是如何化解的？不妨用文字把其中一件事情记录下来，让它成为生命之书的一页。

请以《那一刻，我_____》为题，写一篇作文。

2. 写作方法回顾。

本单元同学们将写下初中阶段第一篇记事类文章，在写之前，一起回顾一些基本的方法吧。注意借助其中的范例来理解。

（1）详略。

| 分类 | 详写 | 略写 |
|------|------|------|
| 一件事 | 发展、高潮，对应本篇习作的"出现矛盾""解决矛盾" | 开头、结尾 |

（2）开头、结尾方法。

| 分类 | 范例 |
|------|------|
| 开头：开门见山 | 1. 抒情式<br>盼望着，盼望着，东风来了，春天的脚步近了。（朱自清《春》）<br>我喜欢雨，无论什么季节的雨，我都喜欢。她给我的形象和记忆，永远是美的。（刘湛秋《雨的四季》）<br>2. 对比式<br>对于一个在北平住惯的人，像我，冬天要是不刮大风，便觉得是奇迹；济南的冬天是没有风声的。对于一个刚由伦敦回来的人，像我，冬天要能看得见日光，便觉得是怪事；济南的冬天是响晴的。（老舍《济南的冬天》）<br>双腿瘫痪后，我的脾气变得暴怒无常。（史铁生《秋天的怀念》）<br>3. 回忆式<br>现在我才想到，当年我总是独自跑到地坛去，曾经给母亲出了一个怎样的难题。（史铁生《我与地坛》）<br>4. 点题式<br>我们在田野上散步：我，我的母亲，我的妻子和儿子。（莫怀戚《散步》） |
| 结尾：卒章显志 | 我懂得母亲没有说完的话。妹妹也懂。我俩在一块儿，要好好儿活……（史铁生《秋天的怀念》）<br>但我和妻子都是慢慢地，稳稳地，走得很仔细，好像我背上的同她背上的加起来，就是整个世界。（莫怀戚《散步》）<br>母亲啊！你是荷叶，我是红莲。心中的雨点来了，除了你，谁是我在无遮拦天空下的荫蔽？（冰心《荷叶·母亲》） |

（3）前后呼应。

| 定义 | 范例 |
|---|---|
| 文章中的前伏或交代与后文相呼应 | 题目与后文呼应：题目《秋天的怀念》与第三段窗外树叶飘落，及结尾"又是秋天"呼应 |
| | 前文与后文呼应：《秋天的怀念》第三段的菊花与最后一段的菊花 |

（4）高阶自选：加线索。请尝试在文章中加入一条明线。

| 暗线：作者的情感 | 每篇文章都有 | 线索的作用： |
|---|---|---|
| 明线：在文章的不同段落中都可见的词、句子等 | 可以是具体的事物，如菊花；也可以是抽象的内容，如"好好儿活" | 使文章条理清楚，如《秋天的怀念》写了两个秋天发生的事情，各出现一次"好好儿活"<br>中心突出，如《秋天的怀念》。第一个秋天我不理解"好好儿活"，第二个秋天我理解了，这背后是母亲深沉的爱 |

3. 写作要求。

基础要求：

（1）框架：用"起因—出现矛盾—解决矛盾—结局"这一框架组织叙事。

（2）手法：运用借景抒情的手法，让第一单元的景物描写成为本文的一部分。如果事件发生的时间不在夏秋，则还要注意修改景物描写，写出其季节特点。

| 例文 | 景物特点 | 情感 |
|---|---|---|
| 又是秋天，妹妹推我去北海看了菊花。黄色的花淡雅，白色的花高洁，紫红色的花热烈而深沉，泼泼洒洒，秋风中正开得烂漫。我懂得母亲没有说完的话。妹妹也懂。我俩在一块儿，要好好儿活……<br>（史铁生《秋天的怀念》） | 菊花不畏秋风，各有个性，热爱生命 | 我怀念、感恩母亲，我重拾生活的勇气 |

（续表）

| 例文 | 景物特点 | 情感 |
|---|---|---|
| 这南方的初春的田野！大块儿小块儿的新绿随意地铺着，有的浓，有的淡；树枝上的嫩芽儿也密了；田里的冬水也咕咕地起着水泡儿……这一切都使人想着一样东西——生命。<br>（莫怀戚《散步》） | 田野万物稚嫩、生机盎然 | 对生命的热爱和赞美 |

（3）修辞：运用比喻、拟人的手法。

| 课文（一、二单元）中典型且新鲜的比喻、拟人 | ①荷叶、红莲比作母亲、孩子 |
|---|---|
| | ② |
| | ③ |

（4）抒情：在记叙、描写的过程中，穿插抒情。

| 间接抒情 | 她正艰难地呼吸着，像她那一生艰难的生活。（史铁生《秋天的怀念》） | 间接写了我对母亲的愧疚和我内心的悔恨 |
|---|---|---|
| | 但是春天总算来了。（莫怀戚《散步》） | 间接写出母亲能又熬过一个严冬时，我思想上卸下负担，感到幸福 |
| 直抒胸臆 | 母亲啊！你是荷叶，我是红莲。心中的雨点来了，除了你，谁是我在无遮拦天空下的荫蔽？（冰心《荷叶·母亲》） | 直接写出了对无私母爱的感恩 |

（5）书写：不少于600字，字迹清晰，卷面整洁。

高阶任务：

（1）语言提升：语境义。尝试在文中利用语境给某些词以临时的意义，以获得陌生化效果，带来新鲜感。如你有这样的尝试，请完成作文后，将你的想法标注在词语旁边。

（2）语言陌生化：在叙写或陈述我们常见的事物或道理时，不用习惯的说法，而用一种新的表达，从而吸引人的注意，使人获得新鲜的体验。这就是陌生化的效果。

①春天来了。

②被细雨淋湿的鸟鸣跌落在河面上，江水微涨。微风拂来，夹岸的柳枝被风剪成丝缕，舞成一片婀娜。（董华翱《守望春天》）

两句话表达了同一个意思，就是春天来了。但后者更容易抓住读者的心，它通过抓住江水上涨、柳发新芽两个初春的景象，并加以细致的描写，从而更容易引发我们诗意的联想和想象，获得一种美的感受。

| 语境义：语境有时会赋予一个词以临时的意义 | 夏天的雨也有夏天的性格，热烈而又粗犷。（刘湛秋《雨的四季》） | "热烈"常用来形容人的情绪或环境气氛，指"情绪高昂""兴奋激动"，在这个语境中用来形容季节，带上了"强烈""热情四溢"的意味，这个临时的语境义使人有了陌生化的体验 |
|---|---|---|

4. 写前提纲。

（1）自主完成写前提纲。

（2）请至少一名同学和老师结合后面的"写作提纲评价量表"作出评价。

写作提纲与评价表（总分10分）

| 写作重点 | | 简要计划 | 同伴评价（打分+建议） | 教师评价（打分+建议） |
|---|---|---|---|---|
| 一句话梗概（2分） | 起因 | | | |
| | 出现矛盾 | | | |
| | 解决矛盾 | | | |
| | 结果 | | | |
| 借景抒情（2分） | 景物及其特点 | | | |

（续表）

| 写作重点 | | 简要计划 | 同伴评价（打分+建议） | 教师评价（打分+建议） |
|---|---|---|---|---|
| 抒情（1分） | 所寄托的情感 | | | |
| | 记叙中穿插抒情 | | | |
| 前后呼应（1分） | 前文 | | | |
| | 后文 | | | |
| 结尾（1分）（可写完后再次修改） | 结尾 | | | |
| 修辞（2分） | 比喻 | | | |
| | 拟人 | | | |
| 书写（1分） | 字迹、卷面 | | | |
| 高阶自选 | 线索（写前设置） | | | |
| | 语境义（写后分析） | | | |

"中秋家书"写作提纲评价量表

| 维度\\标准\\等级 | 大师 | 名家 | 萌新 |
|---|---|---|---|
| 梗概 | 清晰有波澜 | 清晰 | 不清晰 |
| 借景抒情（参考第一单元景物描写指导） | 景物符合季节，景物特点突出，且能够充分寄托情感，描写方法3种以上 | 景物符合季节，景物特点明确，且能够寄托情感，描写方法2种以上 | 景物不符合季节，缺乏特点，不能寄托情感，描写方法单一 |

（续表）

| 维度 \ 标准 \ 等级 | 大师 | 名家 | 萌新 |
|---|---|---|---|
| 前后呼应 | 前后呼应精彩 | 有前后呼应 | 无前后呼应 |
| 开头 | 开门见山且有文采 | 开门见山 | 开门没山 |
| 结尾 | 卒章显志且有文采 | 卒章显志 | 卒章无志 |
| 修辞 | 有精彩或新鲜的比喻、拟人 | 有比喻、拟人 | 无比喻、拟人 |
| 高阶自选：线索 | 有明确的线索，出现3次以上，且分布在文章四个层次中 | 有线索，出现2次，且不在文章同一层次中 | 无线索 |
| 高阶自选：语境义 | 有尝试，且有文采或理趣 | 有尝试，且正确 | 无 |

## "中秋家书"作文评价量表

| 维度 \ 标准 \ 等级 | 大师 | 名家 | 萌新 |
|---|---|---|---|
| 人物 | 个性突出，且有较多的细节支撑 | | 个性不突出 |
| 事件 | 四个部分齐全，写出波澜 | 四个部分齐全 | 四个部分不齐全 |
| 详略 | 详写发展和高潮 | | 详略不当 |
| 借景抒情 | 景物特点突出，与情感协调 | 景物特点较突出，与情感协调 | 景物特点不突出，与情感不协调 |
| 开头结尾 | 运用了本单元学到的方法，且精彩 | 运用了本单元学到的方法 | 没有用本单元学到的方法 |
| 其他手法 | 比喻、拟人精彩 | 有比喻、拟人 | 无比喻、拟人 |
| 高阶 | 线索清晰，且有语境义设计 | 线索清晰，或有语境义设计 | 均无 |

**课后作业（二选一）**

1. 完成写前提纲，并参照作文评价量表，完成作文。不少于600字。

2. 完成写前提纲，并参照作文评价量表，完成作文。不少于800字。

**子任务三：各班进行"中秋家书"小剧场展演，演故事，表现亲情。**

### 第九课时 "中秋家书"小剧场展演

‖ **学习目标** ‖

1. 能运用恰当的朗读技能，传达出对剧本中人物形象和情感的理解。

2. 通过展示、评价，继续加深对朗读技能的认识与应用。

3. 通过展示、评价，进一步发现生活中的亲情细节和亲情事件，并理解多层次的亲情内涵和其中蕴含的人生哲理。

‖ **学习过程** ‖

亲情是我们人生最早感受到的美好情感。它像阳光、空气、水、风一样让人习以为常，但又几乎无处不在。亲情大多很少有轰轰烈烈、石破天惊的剧情，有的只是平凡生活中的关爱、支持、包容……你一定在自己的文章中写到了家人某个相处的时刻，某件共同经历的小事。分享你的亲情片段，让大家一起感受与理解家人间的挚爱吧。

中秋节在即，七年级语文组拟在每个班进行"中秋家书"小剧场展演，邀请同学们用表演的形式分享自己成长中的亲情故事。

【学习环节一】课前准备

1. 所有同学将本单元大作文精心修改后，整齐地抄写在指定信纸上。

2. 将这封信交给相应的家人——文中的主人公。

3. 请家人阅读你的信件，并在信纸指定位置写下回信。

4. 阅读组内本单元的大作文，选择其中最打动人的一个作为表演剧本，如有需要适当改编；接着设计表演，并结合组员各自优势进行分工，人数不足时可以兼职。（参照单元"任务评估"）

其余中秋家书及回信，则悬挂在作业墙上，进行展示交流。

分工表

| 旁白<br>（1人） | 人物<br>（至少2人） | 背景、音乐<br>（1人） | 道具<br>（至少1人） | 导演<br>（1人） |
|---|---|---|---|---|
|  |  |  |  |  |

**【学习环节二】全班分享、评选**

学生根据"中秋家书"小剧场表演评价量规，选出最佳展示作品，颁发奖励，并在年级公众号进行表彰。

"中秋家书"小剧场表演评价量规

| 维度＼标准＼等级 | 大师 | 名角 | 萌新 |
|---|---|---|---|
| 剧本 | 剧本质量高 | 剧本质量较高 | 剧本质量一般 |
| 分工 | 分工合理，各司所长 | 人人有职责 | 有人未参与 |
| 旁白 | 口齿清晰，声音洪亮，富有情感，且情感表达符合剧本要求 | 口齿清晰，声音洪亮，较有情感，且情感表达基本符合剧本要求 | 口齿较清晰，声音洪亮，较有情感，情感表达不太符合剧本要求 |
| 人物 | 台词背记清楚，口齿清晰，声音洪亮，富有情感，且情感表达符合人物心理。动作、表情设计丰富，且符合人物特点和具体情景 | 台词背记清楚，口齿清晰，声音洪亮，较有情感，且情感表达基本符合人物心理。动作、表情设计较为丰富，且基本符合人物特点和具体情景 | 台词背记不清楚，口齿较清晰，声音洪亮，较有情感，但情感表达不太符合人物心理。缺乏动作、表情设计，或动作、表情设计不符合人物特点和具体情景 |

（续表）

| 维度 \ 标准 \ 等级 | 大师 | 名角 | 萌新 |
|---|---|---|---|
| 背景、音乐 | 符合情景，且美观、动听 | 符合情景 | 不符合情景 |
| 道具 | 丰富、美观 | 有必要道具 | 无道具 |
| 导演 | 表演整体流畅，环环相扣 | 表演整体较流畅 | 表演不流畅 |

**单元学习资源**

1. 教材：

《秋天的怀念》《散步》《金色花》《荷叶·母亲》《咏雪》《陈太丘与友期行》

2. 补充课外阅读拓展篇目：

史铁生《我与地坛》（节选）、史铁生《合欢树》（节选）、杨绛《我一个人思念我们仨》、汪曾祺《多年父子成兄弟》、莫言《讲故事的人》（节选）、莫言《卖白菜》、史铁生《奶奶的星星》、韦恩·卡林《我父亲的音乐》

# 第三单元

# 学习生活

　　跨越时空的桥梁，让我们一同探索不同时代少年儿童学习状况与成长经历的斑斓画卷。从古至今，每一代少年都承载着时代的印记，他们的学习之路与成长轨迹，如同历史长河中璀璨的星辰，各自闪耀，又相互映照。

　　通过学习本单元，我们将穿越时空的界限，深入了解各个时代少年儿童的求学之路、成长烦恼与梦想追求，感受那份跨越时代的共鸣与传承。"师者，所以传道授业解惑也。"在我们的成长路上，永远都少不了老师的身影。我们共读名家书写老师的文章，认识"老师"这个共同身份背后特性鲜明的个体。

　　本单元要注意引导学生做到不出声，不动唇，尽量做到指读，不回读。教师应注重对学生默读能力的训练。同时，曹文轩说过"写作是一支箭，阅读是把弓"，本单元突出强调"读"和"写"的核心能力，教师要引导学生注重读写结合。

## 【单元教学主题分析】

本单元的篇目，都是写人记事的文学作品，属于发展型学习任务群的"文学阅读与创意表达"。该任务群旨在引导学生在阅读文学作品的过程中，通过感受、理解、欣赏和评价，培养审美情趣和审美能力。同时，通过创意表达，学生能够将自己的阅读体验和感受转化为具体的文字或艺术作品，从而进一步提升他们的文学素养和表达能力。

《义务教育语文课程标准（2022年版）》第四学段的课程目标，在"阅读与鉴赏"中，要求"在通读课文的基础上，理清思路，理解、分析主要内容，体味和推敲重要词句在语言环境中的意义和作用""欣赏文学作品，有自己的情感体验，初步领悟作品的内涵，从中获得对自然、社会、人生的有益启示。能对作品中感人的情境和形象说出自己的体验，品味作品中富于表现力的语言""多角度观察生活，发现生活的丰富多彩，能抓住事物的特征，为写作奠定基础"。

本单元的选文均与"学习"这一主题相关，而且每篇文章都有与"老师"相关的内容，对于寿镜吾先生、莎莉文老师、国文老师的描写和塑造都非常生动，是学生学习写人物的范本。同时，本单元的写作安排是"如何突出中心"，要求根据中心确定选材，本单元的几篇课文都是围绕学习生活选取了不同方面的素材，所以可以本单元的文本为范例，围绕表达的中心进行选材。

根据以上对课程标准相关内容、单元学习篇目、单元说明等方面的分析，我们提炼出"学习生活"为本单元学习主题，基于这个主题提出的本单元学习基本问题是：如何抓住人物的特征，描绘鲜活的人物形象？

## 【单元教学内容分析】

这个单元围绕学习生活选取课文，各篇课文均与"学习"这一主题有所关联。《从百草园到三味书屋》讲述了鲁迅少年时在私塾里随寿镜吾先生学习的故事；《往事依依》是一篇饱含深情的回忆性文章，文中记叙的看山水画和《水浒传》插图，读《千家诗》、聆听诗歌朗诵等往事，从不同的角度体现了读书、求知、审美在成长中的重要意义；《再塑生命的人》记叙了身体严重残疾的海伦·凯勒，在老师的帮助下怎样一点点地开辟通往世界的道路；《〈论语〉十二章》是文言文，出自《论语》这部最重要的儒家典籍，这里所选的十二章大部分讲述学习和做人的道理。

《从百草园到三味书屋》《往事依依》和《〈论语〉十二章》为教读课文，《再塑生命的人》为自读课文。教读课文需要教师精讲，自读课文则可以安排学生根据课文的阅读提示和旁批进行探究式的自主阅读。

## 【学习者分析】

### 一、学习经验

《义务教育语文课程标准（2022年版）》第三学段"课程目标"中要求学生"体会作者的思想情感，初步领悟文章的基本表达方法"。在"文学阅读与创意表达"中要求学生"阅读散文等优秀文学作品，感受大自然的奇妙，体会人与自然和谐相处的意义；学习品味作品语言、欣赏艺术形象；学习运用细节描写等文学表现手法，描述自己成长中的故事"。由此可见学生在小学阶段就训练了体会情感、鉴赏作品和书写自己的成长故事等能力。

### 二、学习兴趣

学习生活是学生特别熟悉、感到亲近的内容。即便是他人的学习经历，也可以给学生带来共鸣。本单元的这几篇课文均为经典之作，涉及范围甚广，古今中外、文言白话，可谓内容丰富，题材多样，写法各异，共同点在于所写主题均与学习相关，学生们从中获得了关于学习的不同经验和体会。

### 三、学习障碍或困难

在阅读时部分学生习惯出声读或指读，这会影响阅读速度和阅读准确性。频繁回读或跳读会影响对文章的整体理解和把握。阅读速度过慢也会影响学生的阅读效率和兴趣，同时阻碍他们对文章内容的整体把握。在写作方面选材与立意困难，学生选取的事例通常没有典型性，塑造出来的人物形象往往过于完美，缺乏真实感。往往只对人物进行一般的叙述，没有进行细致的描写，导致人物形象模糊，不够生动。写作时会出现"形""神"脱节的问题，即只关注人物的外貌、语言、神态等外在表现，而忽视了对人物思想品质、内心感受的深入挖掘。

## 【单元学习目标】

本单元是部编版初中语文教材第一个训练默读的单元，重点在于引导学生养成一气呵成读完全文的习惯，避免停顿，保证阅读的完整性，以便整体感知文本的内容。本单元所选的现代文，篇幅比较长，文字优美，线索清晰，适合训练默读能力。

本单元学习思路：首先，学习默读，在保证一定速度的前提下，不出声，不动唇，不指读，不回看，一气呵成地贯通全文；然后整体感知，抓住标题、开头、结尾和关键语句，整体感知文章的基本内容；其次，精读文章，了解作者在主体感情的基调下，抓住特征、通过多角度描写刻画鲜活人物的精妙之法；最后，综合运用阅读方法完成自读篇目，观察现实生活，捕捉身边人形与神的特点，完成核心任务。

基于上述单元教学主题、教学内容、学习者及单元能力训练点的分析，确定本单元的学习目标如下：

1. 学习默读，在保证一定速度的前提下，不出声，不动唇，不指读，不回看，一气呵成地贯通全文。

2. 学会抓住标题、开头、结尾和关键语句，整体感知文章的基本内容。并能够综合运用阅读方法完成自读篇目。

3. 品味、揣摩关键语句，结合自己的生活体验，感受他人的学习生活，体会作者的丰富情感，获得人生启示。

4. 学习作者抓住人物形与神的特征、通过多角度描写刻画鲜活人物、恰当表达自己情感的写作手法。

## 【单元任务分解及评估】

### 一、核心问题

如何抓住人物的特征，描绘鲜活人物形象？

## 二、核心任务

本单元的选文主要围绕学习生活展开，老师作为学生在学习生活中重要的角色，可以成为他们很好的观察和书写的对象。本单元的现代文选文都塑造了非常生动的老师形象，可以从中学习和借鉴素材选择、人物描写、表达情感的方法和技巧，因此，设计单元核心任务是"为年级老师编撰'老师小像'集"。具体情境设置如下：

学校的感恩月即将来临，为了向辛勤付出的老师们表达我们深深的感激之情，七年级的同学们共同为年级老师撰写"老师小像"集，这本小像集将聚焦在每位同学心中最特别的一位老师身上，请大家用文字描绘出他们的形象，记录让你印象深刻的事，作为礼物赠送给相应的老师。

## 三、任务分解

子任务一：确定并观察写作对象。观察采访所选老师，用准确的词语概括老师的个性特征。

子任务二：积累"老师小像"素材。学习人物描写方法，学习选取恰当的典型事例表现人物特征，运用合适的人物描写、修辞、不同的表达方式等手法，明确表达自己的情感和受益。

子任务三：完成"老师小像"写作并设计制作"老师小像"集。通过阅读课文和阅读拓展文本，总结把人物形象写得鲜活的方法，完成一篇700字左右的"老师小像"文章写作，组织编辑"老师小像"集。

## 四、任务评估

### "老师小像"集量规

| 维度 \ 等级 标准 | 实习编辑 | 资深编辑 | 高级编辑 |
|---|---|---|---|
| 内容选择 | 没有对全年级所有描写所负责老师的文章按照标准进行审核 | 对全年级所有描写所负责老师的文章进行审核，所选文章按照编辑个人喜好，没有完全按照标准 | 对全年级所有描写所负责老师的文章进行审核，按照标准择优选择整篇、段落入集 |

（续表）

| 维度\等级标准 | 实习编辑 | 资深编辑 | 高级编辑 |
|---|---|---|---|
| 封面设计 | 没有封面设计，没有文集题目 | 作文题目只以老师名字命名，没有配图等设计 | 作文集的标题应醒目、简洁。图案简洁大方，能够体现作文集所写老师的特点 |
| 内页排版 | 字体格式不完全统一，有3处以上标点符号错误或错字。没有插图或者插图不适配 | 字体格式不完全统一，有3处以下标点符号错误或错字。没有插图或者插图不适配 | 字体格式统一，无标点符号错误或错字。插入与作文内容相关的图片或插图等 |
| 完成时间 | 未能在老师规定时间内完成 | 在老师规定时间内完成 | 在老师规定时间内完成 |

"老师小像"写作量规

| 维度\等级标准 | 菜鸟级 | 写手级 | 作家级 |
|---|---|---|---|
| 个性特征 | 平平无奇，泯然众人 | 有特点，有美的品质，但不够突出或典型 | 个性鲜明，令人印象深刻，有核心品质 |
| 事件选择 | 选取事件单一或者没有具体事件，不符合人物特征 | 能选取1—2个典型事件，恰当地体现人物特征 | 选取2—3个事件，多角度表现人物特征，事件典型具有代表性 |
| 具体描写 | 缺少描写 | 有描写，但较少或者不具体 | 描写生动细腻、集中且丰富 |

（续表）

| 维度 \ 标准 | 菜鸟级 | 写手级 | 作家级 |
|---|---|---|---|
| 表现手法 | 表现手法单一 | 有运用多种表现手法的意识，但不够丰富或者恰当 | 综合运用修辞、多种表达方式和写作技巧 |
| 情感表达 | 没有表达感情的词句 | 有表达感情的词句 | 有明确表达感情的词句，感情真挚且深厚 |

## 【单元任务管理及课时安排】

本单元的学习引导学生深入理解人物品质、成长历程，提升作文的写作技巧。从《论语》中汲取智慧，学习选定并采访描写对象；体会鲁迅在《从百草园到三味书屋》中的成长之路，并学习如何选择与运用素材。随后，通过《再塑生命的人》学习如何在素材中表达深切情感；进而在《往事依依》中学习如何塑造人物个性。拓展阅读多篇经典文章，丰富学生的视野，并完成"老师小像"的初稿。最后，通过初稿的展示与修改，以及年级单元的成果展示与鉴赏，指导学生在实践中提升写作能力，感受文学的魅力。

| 第一课时 | 第二课时 | 第三课时 | 第四课时 |
|---|---|---|---|
| 学习《论语》，感知人物的美好品质 | 学习《从百草园到三味书屋》，体会鲁迅的成长 | 学习《从百草园到三味书屋》，学会选择合适素材 | 学习《往事依依》，学会选取典型素材 |
| 第五课时 | 第六课时 | 第七课时 | 第八课时 |
| 学习《再塑生命的人》，学会表达深切的情感 | 拓展阅读，学习运用多种手法写出人物个性，完成写作 | "老师小像"任务初稿展示，互相修改 | 年级单元成果展示，品读鉴赏 |

# 【学习支架】

## 一、默读

### (一) 定义

默读，是读的一种重要方式，也是语文教学上训练阅读能力的重要方法。它指的是不出声地读书，省去了发音的动作，因此具有速度快、不互相影响、保证环境安静等优点，便于读者更集中地思考、理解读物的内容，并且不易疲劳，易于持久。默读的应用范围十分广泛，无论是读书报、查资料，还是看通知、布告、信件等，都会用到默读。

### (二) 要求

1. 不发声读，不动嘴唇：默读的核心是不出声，包括嘴唇的轻微动作也应尽量避免，以确保阅读过程的纯粹性和专注度。

2. 不用手指着读：默读时，应避免用手指或笔尖指着文字逐字逐句地阅读，这会影响阅读速度和注意力。

3. 边读边思考：默读不仅仅是看文字，更重要的是要理解文字背后的意思和内在联系，因此需要在阅读过程中积极思考。

4. 眼到、心到、手到：默读时要做到眼睛看清每一个字，心中理解每一个词句的意思，手上则可以适时地做笔记或标注，以提高阅读效果。

### (三) 方法

1. 一读：不出声，不动唇，不指读，不回看，一气读完，了解课文大意，如有生字、生词可暂时跳读。

2. 二读：联系文章标题、开头、结尾和关键点，边读边思考，边读边做笔记，在默读中进一步把握文章主要内容和基本结构。

3. 三读：重点读关键点，理清文章每一部分的内容及抒发的情感。

### (四) 其他注意事项

1. 注意阅读速度。默读时要保持适当的阅读速度，既不要过快导致理解不深入，也不要过慢导致阅读效率低下。

2. 减少眼睛停留时间和次数。默读时要尽量减少眼睛停留在某个字或词上的时间和次数，扩大视域范围，提高阅读速度。

3. 避免回视。默读时要尽量避免回视已经读过的内容，以免影响阅读速度和连贯性。

## 二、描写

### （一）定义

对人物的外貌、动作，事物的性质、形态和景物的状貌变化所做的具体刻画和生动描摹。描写的手法运用得好，能做到逼真传神、生动形象，使读者如见其人、如闻其声、如临其境，从中受到强烈的艺术感染。

### （二）分类

包括正面描写、侧面描写、人物描写（语言/动作/心理/神态）、环境描写。

| 表达方式 | 概念 | 作用 |
|---|---|---|
| 正面描写 | 用生动形象的语言，把人物或景物的状态直接具体地描绘出来 | 通过直接描写人物的特征，使人物形象更加鲜明、立体 |
| 侧面描写 | 通过对周围人物或环境的描绘来表现所要描写的对象 | 填补正面描写难以言说的空白，呈现描写对象难为人知的妙点、美点 |
| 人物描写 | （语言/动作/心理/神态）描写 | 揭示人物身份、内心，刻画人物性格，展示人物精神面貌 |
| 环境描写 | 对人物所处的具体的社会环境和自然环境的描写 | 服务于文章的主题并侧面推进对于人物的刻画，交代社会背景，揭示人物性格，增加文章真实性 |

### （三）人物描写范例

在一个风雨交加的夜晚，小镇的老街显得格外冷清。街灯昏黄的光晕在雨幕中摇曳，投下斑驳的影子。张强和李伟，两位多年的好友，此刻却站在街角，气氛紧张得几乎能听见彼此的心跳。雨势越来越大，豆大的雨点无情地砸在青石板上，溅起一朵朵水花，又迅速消失在积水中。寒风夹杂着雨水，肆意地穿梭在两人之间，似乎连空气都在颤抖。（环境描写）

张强的脸色铁青，双眼紧盯着李伟，双手紧握成拳，指节因用力而泛白。

他的胸膛剧烈起伏，每一次呼吸都像是从牙缝中挤出，透露出他内心的愤怒与不甘。（神态与动作）

周围的路人匆匆而过，没有人注意到这两个曾经形影不离的朋友之间正酝酿着一场风暴。偶尔投来的目光，也只是匆匆一瞥，便迅速被雨幕吞噬。（侧面描写）

张强的心中充满了矛盾与挣扎。他不敢相信，那个曾经与他同甘共苦、无话不谈的兄弟，竟会在关键时刻背叛他。愤怒、失望、伤心……各种情绪交织在一起，让他几乎窒息。但他也知道，一旦冲动行事，多年的友情将彻底毁于一旦。（心理描写）

"（张强心想）我们曾一起闯过多少难关，你怎么能这样对我？难道利益真的比友情还重要吗？"他的嘴唇微动，却最终没有说出这句话，只是将这份质问深埋心底。（语言描写）

李伟则是一脸复杂，他低下头，避开了张强那充满质问的目光。雨水顺着他的脸颊滑落，与泪水交织在一起，让人分不清哪儿是雨，哪儿是泪。他的双手也紧紧抓着衣角，似乎想要抓住些什么，却又什么都抓不住。（正面描写）

## 【课时教学设计】

**子任务一：** 确定并观察写作对象。观察采访所选老师，用准确的词语概括老师的个性特征。

### 第一课时 《论语》

‖ 学习目标 ‖

1. 借助注释和工具书，疏通文意。

2. 根据文中的关键词分类梳理孔子关于治学和修身的思想。

3. 用文中的做法反观自身，指导自己的读书与生活。

‖ 学习过程 ‖

【学习环节一】翻译句子，疏通文意

子曰："学而时习之，不亦说乎？有朋自远方来，不亦乐乎？人不知而不愠，不亦君子乎？"（《学而》）

　　曾子曰："吾日三省吾身：为人谋而不忠乎？与朋友交而不信乎？传不习乎？"（《学而》）

　　子曰："吾十有五而志于学，三十而立，四十而不惑，五十而知天命，六十而耳顺，七十而从心所欲，不逾矩。"（《为政》）

　　子曰："温故而知新，可以为师矣。"（《为政》）

　　子曰："学而不思则罔，思而不学则殆。"（《为政》）

　　子曰："贤哉，回也！一箪食，一瓢饮，在陋巷，人不堪其忧，回也不改其乐。贤哉，回也！"（《雍也》）

　　子曰："知之者不如好之者，好之者不如乐之者。"（《雍也》）

　　子曰："饭疏食，饮水，曲肱而枕之，乐亦在其中矣。不义而富且贵，于我如浮云。"（《述而》）

　　子曰："三人行，必有我师焉。择其善者而从之，其不善者而改之。"（《述而》）

子在川上曰："逝者如斯夫，不舍昼夜。"(《子罕》)

子曰："三军可夺帅也，匹夫不可夺志也。"(《子罕》)

子夏曰："博学而笃志，切问而近思，仁在其中矣。"(《子张》)

《论语十二章》中"而"的用法总结梳理。

**【学习环节二】研读词句，领悟真情**

1. 先朗读后默读，分别在课本上勾画出文中关于治学和修身的内容。

2. 小组交流圈点勾画的内容，总结《〈论语〉十二章》中涉及的治学之道与修身之道。借助关键词作小组展示。

**课后作业**

《论语》中记录了古人许多的优秀品质，你想选择的老师有什么吸引你的品质呢？注意观察，选定推荐对象，通过采访积累师生对话录，通过采访或者侧面了解，回忆梳理你和老师的故事，积累素材。

| 写前素材清单 | |
| --- | --- |
| 你的写作对象 | |
| 采访内容摘要 | |
| 你和这位老师的故事（或者你观察老师的记录） | |

（续表）

| 写前素材清单 | |
|---|---|
| 你想突出这位老师的何种精神品质 | |

子任务二：积累"老师小像"素材。学习人物描写方法，学习选取恰当的典型事例表现人物特征，运用合适的人物描写、修辞、不同的表达方式等手法，明确表达自己的情感和受益。

## 第二课时　《从百草园到三味书屋》

‖ **学习目标** ‖

1. 初次默读，能做到一气呵成，扫清阅读障碍。

2. 抓住关键词句，把握文章内容，欣赏美景乐事。

3. 通过关注题目和起止句，理清文章脉络。

‖ **学习过程** ‖

【学习环节一】默读课文，理清思路

文章主要写了儿时鲁迅在百草园和三味书屋的生活，请你分别找出这两部分的起止语句，用2—3个词语分别概括作者对百草园和三味书屋的情感，并结合文章具体阐释。

---

**【学习环节二】梳理文章内容，感悟童年生活**

鲁迅的童年生活五光十色、趣味盎然，阅读后哪些给你留下深刻印象？请结合课文内容，任选以下一个任务完成。

1. 童年景色。

百草园里什么让鲁迅觉得"有无限趣味"？三味书屋有怎样的布局？给同伴用图画描绘百草园或三味书屋。

2. 童年人物。

鲁迅的生活中有形形色色的人物，他们有什么故事？有怎样的性格特点？作者对他们是什么情感？用思维导图归纳出来。

3. 童年游戏。

鲁迅的童年生活丰富多彩，这跟他的各种游戏息息相关，找找看有哪几种游戏，如何玩？给同学们写一个游戏玩法说明书。

**课后作业（二选一）**

1. 完善"鲁迅童年生活"任务。

2. 在鲁迅的笔下，他的童年生活五光十色、趣味盎然，你的童年有什么让你难忘的故事呢？请你写一个童年生活的片段。不少于150字。

## 第三课时　《从百草园到三味书屋》

‖ **学习目标** ‖

1. 通过勾画表现力强的词句，从正侧面描写中理解寿镜吾先生的形象，深入体会鲁迅先生对三味书屋和先生的情感，感受鲁迅的成长。

2. 通过对比分析关于三味书屋生活和寿镜吾先生的其他材料，学习作者围绕文章主题选择写作素材的做法。

‖ **学习过程** ‖

【学习环节一】精读品析

百草园的一切，在少年鲁迅的心目中显得那样生机勃勃，情趣盎然。这一段描写景物，有近景，有远景；有动态，有静态；有视觉、听觉，还有味觉；有整体，有局部。

请你任选一两个角度，说说这段"妙"在何处。

**原文**

不必说碧绿的菜畦，光滑的石井栏，高大的皂荚树，紫红的桑椹；也不必说鸣蝉在树叶里长吟，肥胖的黄蜂伏在菜花上，轻捷的叫天子（云雀）忽然从草间直窜向云霄里去了。单是周围的短短的泥墙根一带，就有无限趣味。油蛉在这里低唱，蟋蟀们在这里弹琴。翻开断砖来，有时会遇见蜈蚣；还有斑蝥，倘若用手指按住它的脊梁，便会拍的一声，从后窍喷出一阵烟雾。何首乌藤和木莲藤缠络着，木莲有莲房一般的果实，何首乌有拥肿的根。有人说，何首乌根是有像人形的，吃了便可以成仙，我于是常常拔它起来，牵连不断地拔起来，也曾因此弄坏了泥墙，却从来没有见过有一块根像人样。如果不怕刺，还可以摘到覆盆子，像小珊瑚珠攒成的小球，又酸又甜，色味都比桑椹要好得远。

**批注**

_____

_____

_____

【学习环节二】对比阅读，体会选材特点

鲁迅写三味书屋的生活，是以一个人物形象贯穿起来的，这便是他的老师寿镜吾先生。课文中写了寿镜吾先生哪些事？小组合作，用10分钟的时间总结每个故事中寿镜吾先生的特点与作者的情感，画出思维导图。（可另附纸）

"每年春节前，鲁迅总是用'大红八行笺'给我祖父写'拜年信'，以'镜吾夫子大人函丈，敬禀者'开头，以'敬请福安'结尾，下具'受业周豫才顿首百拜'之类的话。"

——寿先生之孙寿宇

鲁迅对寿镜吾先生十分尊敬，念念不忘。而鲁迅与寿镜吾先生之间发生的事也是颇多。请结合前两个任务和补充资料《鲁迅和塾师寿镜吾》（见附录），说一说鲁迅先生为什么不把寿镜吾先生的这几个故事写入《从百草园到三味书屋》中。

追问：对你"老师小像"写作的选材有什么启示？

## 【附录】

### 鲁迅和塾师寿镜吾

#### 徐明华

鲁迅在《从百草园到三味书屋》一文中说道："出门向东，不上半里，走过一道石桥，便是我的先生的家了。"这是鲁迅12岁至17岁在三味书屋读书的地方，并在这里度过了少年时期的学习生活。

三味书屋塾师寿镜吾（1849—1930），名怀鉴，浙江绍兴人。曾考取会稽县的秀才，后因对现实的黑暗和官场的舞弊看不惯而厌恶功名，不再去参加乡试。开始在三味书屋勤勤恳恳、兢兢业业地坐馆教书60余年，把自己的一生献给了"传道、授业、解惑"的教育事业。

寿镜吾先生每年招收的学生不多，通常只有七八个学生，鲁迅是其中的一个。由于鲁迅聪明好学，求知欲旺盛，在三味书屋先后读完了《诗经》《九经》等经书，为日后成为著名作家打下了良好的汉文基础。

鲁迅很听寿镜吾先生的话，自觉遵守塾规。寿先生的儿子寿沫邻曾回忆说："鲁迅在塾，自视甚高，风度矜贵，从不违犯学规，对于同学，从无嬉戏谑浪的事，同学皆敬而畏之。"他初进三味书屋时，先生将他的书桌排在南边的墙下，这里距后园的小门很近，出去比较方便，鲁迅怕影响自己学习，推说这里有风，请求先生调换位置，而自己决不乱来，寿先生就把他移到东北边的墙下。平时，有些同学读书不专心，喜欢做小动作，尤其当先生讲解新书或布置读书时，他们就偷偷地玩起纸糊盔甲来，有时还硬拉鲁迅一起玩，为了防备同学的捣乱，鲁迅就在书桌左上角贴了一张三寸长、二寸宽的红纸条，上面写上"君子自重"四个正楷字。自己就专心一致、目不旁顾地读书写字。

鲁迅因是周家的长子长孙，经常要帮助家里做些家务，再加上父亲生病，他常常奔走于当铺与药店之间。因此，有一天早晨鲁迅上学迟到了，受到寿镜吾先生的责备，他追悔不已，觉得寿先生严格要求自己是对的。于是，暗暗下决心，以后要尽早上学，并在自己的课桌右上角深深地刻下了一个一寸见方的"早"字，来勉励自己，提醒自己，从此就再也没有迟到过。鲁迅这种严格要求自己，虚心听取老师的批评，知错就改的精神，受到了寿镜吾先生的赞美和同学们的钦佩。

寿镜吾先生很喜欢勤学、善思、好问的学生。平时读书时，鲁迅极力做到"口到、眼到、心到"。这"三到"的含文即是：不止会朗读、会背诵，而且必领掌握生字的笔画和写法，更重要的是要专心致志，力求理解。鲁迅把这"三到"作为自己读书的准则，并工整地做了一张书签，夹在自己的书中。在三味书屋的同学中，鲁迅读书不仅读得熟，而且记得牢，同时对书里的内容也理解得比较深。

另外，寿先生每次布置作业，鲁迅总是在规定的时间之前就完成交了上去。为此，书屋里的同学都很敬佩他，寿先生也十分器重他。在他的作业本上，寿先生"给每句以双圈，结尾是密圈，批语鼓励极多"，鲁迅从此用功愈勤。寿先生很喜爱书法，同时也把书法的基础课"习字"抓得很紧，严格要求，严格训练。鲁迅对这门功课是很重视的，每次写大字总是先用铜制的镇纸圈压在写字纸上，然后用笔蘸着铜墨盒的墨汁，一笔一画，一个字一个字认认真真写下去。他从不敷衍了事，写得工整有力，因此字写得最好。在同学中他是吃"红鸡蛋"（指红圈圈）最多的一个。就这样。寿先生用密圈来激励鲁迅，所以鲁迅在三味书屋练就了一手出色的毛笔字。正如郭沫若同志评价的："鲁迅无心成为一个书法家，然而却是一个杰出的书法家。"

有一次"对课"，寿先生出了个对子叫"独角兽"，不喜欢动脑筋的学生胡乱地诌了起来。有的对"两头蛇"，有的对"三脚蟾"，有的对"八脚虫"，有的对"九头鸟"，也有的对"四眼狗"，这使寿先生很生气。鲁迅平时很注意课外阅读，知识面广，而且能把学到的知识贯通起来，他根据《尔雅》这部辞书里的《释地篇》"东方有比目鱼焉，不比不行，其名谓之鲽"思索了一会儿，就对出了"比目鱼"，贴切而新颖。寿先生听后连连点头，把鲁迅大大地夸奖了一番，然后给学生们解释道："'独'不是数字，但含有'单'的意思；'比'也不是数字，却带有'双'的意味。可见是用了心思对出来的。"寿先生又出了个"陷兽入阵中"的五字课题，鲁迅思路敏捷，就根据《尚书·武成篇》"归马于华山之阳，放牛于桃村之野"，很快地对了个"放牛归村野"。每次对课，鲁迅都言必有据，对仗工整，因此经常得到寿先生的称赞。

通过对课，鲁迅留给寿镜吾先生的印象很深，寿先生根据鲁迅独特的智力条件，在所学的《九经》之外，又给他多学了三部经书。从这以后，寿先生让鲁迅"读的书渐渐加多，对课也渐渐地加上字去，从三言到五言，终于到七言"。这是鲁迅除了天资聪明外，在学习上他勤学、善思、好问的结果。后来，鲁迅常常运用儿时学过的对课方法命文题、定书名，增强文章的战斗性和幽默感。他在《南腔北调集·题记》中说："我在私塾里读书时，对过对，这积习至今没有洗干净，题目上有时就玩些什么《偶成》《漫与》《作文秘诀》《捣鬼新传》，这回却闹到书名上来了。"鲁迅就是这样，常常根据实际情况把儿时学得的知识灵活地运用到斗争的实践中去。

寿镜吾先生对教学认真负责，一丝不苟，他除了每年扫墓，端阳、中秋放几天假外，其余绝大部分时间都是领着学生们读书学习，真可谓专心致志，尽心尽力地扑在自己的"教书匠"行业上了，这给鲁迅留下深刻印象。

寿先生规定学生上午八时到书房，背诵昨天讲过的课文，学生背完书以后，就站在他的书桌周围听他讲新课，这是别的私塾所没有的，一次，寿镜吾先生给鲁迅讲陶渊明的《五柳先生传》时，指着课文中"好读书不求甚解"一句，讲了他的看法："'不求甚解'者，就是不去看注释，而只读本文的意思。"寿先生的这一教诲，鲁迅晚年仍记忆犹新，并专门写了《不求甚解》一文，收集在《伪自由书》里。由于受寿先生读书"求甚解"的影响，鲁迅在"泛读"时十分注意订正、校对书籍上的一些不正确、不全面或是错误的观点和提法。如"曝干为脯"改为"曝干作脯"，"深春开小白花"改为"春深开小白花"。再如关于"映山红"的移植，清代陈淏子在《花镜》一书中的原文上讲："山踯躅，俗名映山红，……以羊粪为肥，若欲移植家园，须以本山土雍始活。"可鲁迅经过自己亲自栽培实践后，却在书的后面加上了一条批注："按：花性喜燥，不宜多浇，即不以本山土栽亦活。"鲁迅"泛读"中的"求甚解"，不仅表现在自然读物上，而且对他所翻阅过的《野史》《笔记》也是这样。他很善于思索，并通过分析比较、鉴别，慢慢地明白了许多道理

鲁迅离开三味书屋后，还经常和寿镜吾先生保持联系。1898年至1901年，鲁迅在南京读书上学期间，每年放假回绍兴时，不论有多忙，总要抽空去看望寿先生，高兴地向他叙述自己在外面的所见、所闻、所感、所想。随着岁月的流逝，师生之间的感情仍深深地留在两人的记忆里，到后来竟成为亲切的怀念。这时候，"师道尊严"的影子虽然没有了，代之而来的敬重之感却越来越深。

鲁迅对寿镜吾先生一直是很关心的，1902年至1909年，鲁迅远涉重洋东渡日本留学，思想经历了重大的变化，但他仍缅怀着远在祖国绍兴的寿先生。当时，"校中功课大忙，日不得息"，可他还经常写信向寿先生汇报自己在异国日本的学习情况。而寿先生每次收到鲁迅从国外寄来的信件时，总是兴奋地戴上老花镜，连夜给鲁迅回信。

1906年6月，鲁迅奉母命从日本回绍兴和朱安结婚。因时间急促，在绍兴停留没几天，但他还是从百忙中脱出身来，冒着暑热，专程去探望了年逾花甲

的寿老先生，作为学生的鲁迅，他是十分了解寿先生寂寞、苦闷而忧患的心境，两人一见面就激情地促膝长谈起来。

1909年鲁迅从日本归国以后，先后在杭州、绍兴、北京从事教育工作。这期间他与寿先生仍时常通信，《鲁迅日记》1923年1月29日就记着"上午得镜吾先生信"，1923年2月9日又写道"寄镜吾先生信"。每次回绍兴，鲁迅总念念不忘地抽空去看望寿老先生。据寿先生的孙子寿积明追忆："鲁迅先生每次来时，祖父总是在三味书屋里接待他的，坐在八仙桌北首客椅上。我那时虽然年纪还小，不懂事，但看祖父和鲁迅先生总是那么亲昵，不时两人相互发出爽朗的笑声，一谈就是半天。"

1926年9月，鲁迅离开北京赴厦门大学报到不久，还未顾上很好地休整一下，就执笔写了回忆性散文《从百草园到三味书屋》。那时的寿老先生已将近八十高龄，鲁迅也年近半百，但鲁迅仍以优美动人的抒情笔触，重温了启蒙时代入塾读书前后的生活。他追述自己第一天到三味书屋入学时的情景："第二次行礼时，先生便和蔼地在一旁答礼。他是一个高而瘦的老人，须发都花白了，还戴着大眼镜。我对他很恭敬，因为我早听到，他是本城中极方正、质朴、博学的人。"这里可以看到鲁迅初次见到寿镜吾先生的第一个印象，并牢牢占据着鲁迅的幼小心灵。在少年的鲁迅的眼里，他的老师是多么和蔼慈祥，多么可亲可敬。其实关于描写寿先生的文字又何止是这一篇呢？鲁迅为了表达对这位"设校授德、专心一志""处之怡然""历久不渝"，终身从事教育事业的寿镜吾先生的尊敬，在他的日记、书信、著作中提到时，无一不是尊称为"寿师"或"镜吾先生"的。综上所述，我们可以看出鲁迅和寿镜吾先生之间，有着多么深厚的情谊啊！

（选自《渭南师专学报》1996年第3期。有改动）

## 课后作业

根据素材清单，完成下面写作提纲梳理。

1个特征：围绕该特征列举不同角度的事件。

2—3个特征：一个事件对应一个典型特征。

| 文章中心 | 人物特征 | 对应典型事件 | 人物描写手法 | 抒情议论句 |
|---|---|---|---|---|
| | 特征1 | | | |
| | 特征2 | | | |
| | 特征3 | | | |

## 第四课时　《往事依依》

‖ **学习目标** ‖

1. 通过默读文章，能梳理文章的内容，理解作者选材的意图。

2. 能学会运用人物的情态、心理描写等方法表现精神生活。

‖ **学习过程** ‖

【学习环节一】默读课文，整体感知

概括让作者"历历在目、记忆犹新"的往事有哪些？总结它们对作者的影响。

| 往事 | 对作者的影响 |
|---|---|
|  |  |
|  |  |
|  |  |

【学习环节二】重点分析，学习选材技巧

从选材与中心的角度分析作者为什么选择这几件往事来回忆。

_____

_____

_____

【学习环节三】词句鉴赏，学习写作手法

精读文中描写两位国文老师的语句，选取你认为精彩的句子进行鉴赏。并谈谈这对你完成"老师小像"作文的启示。

_____

_____

_____

**课后作业**

为自己的"老师小像"文章确立主题，围绕主题初步选择你要写的1—3个素材，完成至少200字的习作片段，注意运用多种人物描写手法，以突出人物特征。

## 第五课时 《再塑生命的人》

‖ **学习目标** ‖

1. 能通过默读课文，整体把握文章结构，理清文章思路，梳理再塑生命的历程。

2. 能深入研读课文，体验并理解作者对莎莉文老师的敬爱和感激之情。

‖ **学习过程** ‖

**【学习环节一】默读课文，整体感知**

默读文章，结合关键语句，梳理莎莉文到来前后"我"的变化。

此前，"我"_____，从_____（语句）读出。

此后，"我"_____，从_____（语句）读出。

**【学习环节二】梳理事件，体会情感**

默读文章，概括莎莉文老师为"我"做了哪些事，以及"我"的心理感受。

| 莎莉文老师为"我"做的事 | "我"的心理感受 |
|---|---|
| 示例：教"我"正确拼写doll单词 | 自豪、兴奋 |
|  |  |
|  |  |
|  |  |

**【学习环节三】深入鉴赏，学习技巧**

文章中虽然没有一句直接表达海伦·凯勒对莎莉文老师的感情，但字里行间流露的都是对莎莉文老师的无比敬爱和感激之情。请你结合文本，分析作者是如何表达自己的情感的。

_____

_____

_____

**【学习环节四】对比阅读，深化理解**

请你阅读链接材料，谈谈你对海伦·凯勒的精神多了哪些了解。

**【链接材料】**

## 假如给我三天光明（节选）

海伦·凯勒

### 第一天

第一天我肯定会很忙碌。我要把所有亲爱的朋友都叫到身边来，我会长久地注视他们的脸庞，我要把能展现他们内在美的外在证据都深深镌刻在脑海中。我要将目光长久地停留在婴儿的脸上，这样我便能够捕捉热切的、纯洁的美的模样，这种美是个体在尚未体验人生路上的诸多冲突之前才会拥有的。

我还要好好看看我的两只狗那一双双无比忠诚、无比信任的眼睛——沉稳又机灵的苏格兰小黑和健壮又懂事的大丹犬赫尔加。它们热情、温柔而又顽皮的陪伴带给了我巨大的慰藉。

在这繁忙的第一天，我还要看看我家里那些简单的陈设细节。我想看看脚下地毯的温暖色彩，想看看墙上挂画的美丽色调；还有那些把房子变成家的亲切的小摆件、小东西。我的目光要充满虔敬地停留在我曾读过的那些盲文书上，而且还会以更热切的目光停留在能看见的人所读的那些印刷书籍上。在我生命的漫漫长夜中，那些我读过的书，还有别人读给我的书，都凝铸成一座闪闪发光的巨大灯塔，向我展示出人类生命与人类精神的最深航道。

在获得光明的第一天的下午，我会花好长时间到树林里散步，听任我的目光陶醉在大自然如画的美景之中。我会用几个小时的时间，把全部身心沉浸在巨大而壮美的画卷中——这幅画卷对于能看见的人来说一直是展开的。在林中徜徉得心满意足之后，我会沿着农场旁边的小路回家，因为在那条路上，我也许能够看到温顺的马儿在田里耕种（或许我只会看到一台拖拉机！）以及亲近土地的人们脸上的安详与满足。我还会祈祷能够看到光辉灿烂的落日。

当夜幕降临，我会看到人造的灯将黑夜点亮，体验因此而获得的双倍的快乐。人类的天赋创造了这些光芒，在大自然步入黑暗时，这些光芒使人类的视力得以延展。

在得到光明的第一个夜晚，我肯定无法入睡，白天的记忆那么多，将脑海挤得满满的。

## 第二天

在获得光明的第二天，我将与黎明一起醒来，见证黑夜转为白昼的令人激动的奇迹。我会带着敬畏之心观赏太阳唤醒沉睡的大地，将光芒遍洒宇宙的壮观景象。

这一天，我要迅速但认真地了解这个世界，了解它的过去和现在。我想看看人类发展的壮美进程，想看看万花筒一样的时代变迁。这怎么能够压缩在一天内进行呢？当然是通过博物馆。我已经到纽约自然博物馆参观过好几次了，每次都是用手触摸陈列在那里的多种展品，可我多么渴望能够亲眼看看啊，那是地球发展的浓缩史和人类发展的浓缩史——被陈列在其原生环境中的各种动物和不同人种；在身材小巧的人类凭借强有力的大脑后来居上，征服动物王国之前的遥远年代，那些在地球上漫游的身形巨大的恐龙和乳齿象的骨架；对于动物发展进程、人类发展进程以及工具发展进程的逼真而生动的展示——人类正是使用这些工具在这个星球上为自己建造了安全的家园；以及，自然历史发展过程中其他方面的许多展品。

我不知道这篇文章的读者中，有多少人看过这发人深思的博物馆中展出的独具一格的生物全景图。有许多人肯定没有机会到那里去，但是我相信一定有许多人虽然有机会去，却没有好好利用。那里的确是使用眼睛的好地方。拥有视力的人在那里看上好几天，每天都会有满满的收获。可是在我的想象中，我只有三天的光明，因此只能匆匆一瞥，然后就此别过。

我的下一站是大都会艺术博物馆，就像自然历史博物馆展示了世界的物质方面，大都会博物馆展示的是人类精神多种面向的表现形式。在人类的历史进程中，艺术表达的冲动和欲望与人在食物、住所和繁衍方面的迫切需要一样强烈。在这里，在大都会博物馆宽敞的展厅中，出现在我面前的是用艺术手段所表达出来的古埃及、古希腊和古罗马的精神世界。通过双手的触摸，我对古尼罗河流域出土的诸神雕像有了比较详细的了解。我还触摸过帕特农神庙的浮雕的复制品，也感受过正在冲锋陷阵的雅典勇士的匀称和谐之美。阿波罗、维纳斯和有翅膀的萨莫雷斯胜利女神的雕像都是我指尖的朋友。而荷马那胡须浓密、满是节瘤的面部雕像则令我倍感亲切，因为他也知道做盲人是什么感觉。

我的手指在活灵活现的古罗马以及后世的那些大理石雕像上逗留过许久。

我的手曾掠过大英雄摩西塑像的石膏模，那是米开朗琪罗令人鼓舞的杰作；我还曾感受过罗丹雕塑的力量；我也对哥特式木刻所体现的献身热情感到敬畏。尽管这些艺术品本应观看，而非触摸，但是通过触摸，我同样能够感受到它们所表达的意义。不过，对于依然隐藏的那些只有通过视觉才能领悟的美妙，我就只能靠自己暗自揣度了。我对希腊花瓶的简洁线条赞叹无比，可是花瓶上的人物装饰画对我来说却遥不可及。

所以说，得到光明的第二天，我会通过人类的艺术去探究灵魂。原来那些通过触摸来了解的事情，我终于可以看到了。更加神奇和伟大的是，壮美无比的绘画世界会在我面前绽放开来。从充满宗教奉献精神和泰然气息的意大利早期绘画，到洋溢着狂热的梦幻风格的现代作品我将尽览无余。我要把拉斐尔、达·芬奇、提香和伦勃朗的油画作品仔细端详个够。我还会让我的眼睛饱享委罗内塞浓烈色彩的视觉盛宴，研究埃尔·格列柯的神秘风格，再从柯罗那里领略关于自然的崭新视角。啊，这些不同时代的艺术珍品中蕴含着多么丰富的意义和美感，等待着能看见的人去欣赏啊！

这是宏伟的艺术世界对你们开放的一个部分，而我在这座艺术殿堂的参观过程非常短暂，不可能有更深入的领会，我所得到的仅仅是表面的印象罢了。艺术家告诉我，要达成对艺术的深度理解和真正赏析，就必须训练眼力。要通过经验的积累学会对线条、构图、形态和色彩的衡量与鉴赏。如果我能够看到的话，我会多么幸福地投入到这迷人的研究与学习之中啊！可是，有人告诉我，对你们大多数能够看到的人来说，艺术世界是一片茫茫黑夜，从未开发，也从未点亮。

离开大都会博物馆时我将是那么恋恋不舍，那里蕴藏着开启美的钥匙，而这种美却普遍被忽略了。拥有视力的人并不非要去大都会博物馆才能找到这发现美的钥匙。同样的钥匙也蕴藏在更小些的博物馆中，甚至蕴藏在小型图书馆的藏书中，等待人们去发现。不过，对于我这个只能在想象的有限时间里获得短暂光明的人来说，我的选择自然是找到能让我在最短的时间内开启最伟大宝库的钥匙的所在。

我获得光明的第二天晚上，我会在剧院或者电影院度过。尽管我现在经常去欣赏戏剧表演，可是我需要同伴把剧情在我手上拼写出来。我是多么想亲眼看看哈姆雷特的迷人形象，或者是在伊丽莎白时期艳丽多彩的裙裾间穿梭飞奔的福斯塔夫啊！我是多么想用目光追随哈姆雷特的优雅举止，还有福斯塔夫那趾高气扬的滑稽模样啊！我肯定会陷入不知所措的窘境之中，因为我想看的戏剧太多了，有好几十部，可我只有时间看一部。拥有视力的人，可以尽情在戏剧海洋中徜徉。可我想知道，你们当中有多少人在凝神看戏，或者在看任何电影与演出的时候，会意识到自己的幸运？你们是否会因拥有神奇的视力并享受了色彩、优雅和动作的盛宴而心怀感激呢？

我能享受到的动作节奏之美仅局限在双手的触摸范围之内。尽管通过地板的震动，我能够感受到节拍，体会些许节奏的美妙，但是对于巴甫洛娃的优雅舞姿，我却只能通过模糊的想象去努力感受。在我的想象里，那样有节拍的动作一定是世界上最令人愉悦的场景之一。我用手指抚摸过大理石雕塑的线条，能够领略到其中的美妙。如果静态的优雅都如此可爱，那么动态的优雅会令人多么惊喜，多么激动啊！

我最珍贵的记忆之一是约瑟夫·杰弗逊一边表演他心爱的人物瑞普·凡·温克尔的对白与动作，一边让我触摸他的脸和手。我就这样获得了对戏剧世界的微弱一瞥，那片刻的欢乐我将终生铭记。不过，你们在戏剧表演的过程中，都能看到动作，听到声音，这会产生多么强烈的愉悦啊。与你们这些拥有视力的人相比，我错过的欢愉一定很多很多。如果我能够看一部戏剧该多好啊！那样，对于我曾经读过，或者说通过手语字母了解过的一百多部戏剧，我便明白如何在脑海中去勾勒它们的模样了。

就这样，这个在想象中获得了光明的第二个夜晚，戏剧文学中的那些伟大人物，将使我目不暇接，难以入睡。

## 第三天

接下来的早上，我再次迎接黎明，迫切地要去发现新的欢乐。我坚信，对那些眼睛看得到的人来说，每天的晨光都会展示一种崭新的美好，而且永不停歇。

根据我想象中的奇迹约定，这一天是我拥有光明的第三天，也是最后一天。我不能把时间浪费在后悔或者期待中。我把第一天献给了我的朋友们，包括有生命的和无生命的朋友。第二天我得以见识人类与自然的历史进程。今天，我要在当下的平凡世界中度过，让自己置身于忙碌工作的人流之中。哪里还能找到像纽约这样芸芸众生奔波忙碌的地方呢？所以，我就选定纽约了！

我从位于长岛森林小丘的郊区家里出发。那是一处极幽静的所在，那里的房屋都不大，但是非常漂亮，四周环绕着茵茵草木和美丽鲜花，妻子们和孩子们的欢声笑语回荡其间——这是在城中辛苦劳作的男人们得以休息的宁静天堂。我驱车驶过跨越伊斯特河的钢悬索桥，目睹人类头脑的威力与精妙，这全新的体验令我深为震撼。忙碌的船只在河中匆匆穿梭，发出阵阵轰鸣——有轻盈疾驰的快艇，还有缓慢喘息的拖船。如果我能拥有更多时日的光明，我要花很多的时间好好欣赏河上这番快乐的景象。

我向前望去，纽约高耸入云的大楼在我面前拔地而起，这真是一座从童话书中走出来的美妙城市。那景象多么令人敬畏，那些闪闪发光的尖顶，那钢筋水泥铸就的辉煌庞大的建筑群——就好像诸神为自己所建的雕像！这生机勃勃的景象是数百万人日常生活的组成部分。我想知道，有多少人曾对它多看一眼？恐怕几乎没有吧。只是因为太过熟悉，他们的眼睛便对如此壮观的景象视若无睹。

我匆匆来到这些巨大建筑物之一的顶端，也就是宏伟的帝国大厦上面。因为，就在不久之前，我在那里借助我助理的眼睛"看"到了下面的城市。我急着想把幻想与现实作一下比较。我确信在我眼前铺展开来的繁华的大千世界绝不会令我失望，因为对我来说，那完全是一个全新世界的景象。

随后我便开始环城之旅。首先，我站在街头的一个角落，只是静静地看着过往人群，希望通过观看他们来了解他们的生存境遇。看见微笑，我便开心；看到坚定的决心，我便骄傲；看到苦难，我便心生同情。

我在第五大街上漫步，不去刻意凝视，放眼环顾四周，川流不息的斑斓画卷如同万花筒般绚丽。我相信，身着五彩服装的女性摩肩接踵、你来我往的画面，一定是壮丽的奇观，令人百看不厌。不过，如果我有视力的话，我可能也会像大多数女性一样，对某件衣服的时尚款式和裁剪太过关注，而忽略了人群整体的绚烂色彩。我相信，我一定也会对橱窗的展品像上瘾一样喜爱，因为欣赏橱窗中多姿多彩的美丽商品，一定是件赏心悦目的乐事。

以第五大道为起点，我开始环游整个城市——到派克大道、到贫民窟、到工厂，再到孩子们玩耍的公园。我还要到外国人聚居区来一场不用出国的国外旅行。无论看到的景象是欢乐还是悲苦，我都会睁大眼睛仔细观看，这样我才能深入探究，才能对人们工作和生活的情况有深入的了解。我的心中充溢的都是人与事的各种形象。我的目光对任何微小的事物都不会轻易放过，力求触及并紧紧抓住目光所及的每个事物。有些景象是欢乐的，令人心生愉悦；有些景象则痛苦而悲惨。我不会有意避开痛苦悲惨的事情，因为这也是生活的一部分。对这些闭上眼睛，就等于关闭了心灵与思想。

我拥有光明的第三天也要慢慢地结束了。也许，在最后的几个小时中，还有许多严肃的事等着我去追寻，可是在最后一天的晚上，我恐怕又要逃到剧院中去了。我要去看一部滑稽而欢乐的喜剧，这样我也许能够欣赏到人类精神中喜剧的内涵。

到了午夜，我短暂的远离失明的日子就要结束了，永恒的黑夜再次向我逼近。当然，我不可能在这短短的三日看尽我所有想看的事情。可只有当黑暗再次降临到我身上时，我才明白我还有多少没看到的东西。不过，那么多灿烂美好的回忆充盈在脑海中，我都没有时间去后悔。此后，每当我触摸每件东西时，这些闪光的回忆都会让我想起这东西的模样。

我这篇简短的文章概述了假若我有三天光明，我将会如何度过，也许这与你们假若知道自己将要失明时会作出的安排不尽相同，不过，我坚信如果你真的面对同样的命运，那么你一定会睁大眼睛端详那些你过去从未见过的事物，你会为日后的漫漫长夜存储记忆。你会以前所未有的方式使用你的眼睛，看到的每个事物都变得珍贵起来。你的眼睛会触及并喜爱每一件视野范围内的事物，最后，你终于真的看清楚了，于是一个美丽的新世界在你面前铺展开来。

我是个盲人，我想给那些能看到的人一个提示，给想充分利用视力天赋的人一个忠告：好好使用你的眼睛，就像明天你会遭遇失明一样。这个方法对于其他各种官能也同样适用。倾听美妙的歌声、小鸟的歌唱、管弦乐队的恢宏旋律，就好像明天你会失聪一样；触摸你能触摸的每件物体，就好像明天你的触觉会消失一样；去闻每一朵鲜花的芬芳，品尝每一口食物的美味，就好像明天你的味觉和嗅觉会离你而去一样。要把所有感觉运用到极致：世上所有的欢乐与美好，通过自然赋予你的感觉方式向你展露的，都值得赞美。而在所有的感觉中，我相信，视觉是最令人愉悦的一种。

（选自《假如给我三天光明》，人民文学出版社2021年版。有改动）

**课后作业**

在"老师小像"作文写作片段的基础上，围绕主题和特征再增加1—2个素材，使其人物更加饱满真实，饱含个人情感，可加入典型细节，背景铺垫，我的情感、评价、受益等，300字左右。

子任务三：完成"老师小像"写作并设计制作"老师小像"集。通过阅读课文和阅读拓展文本，总结把人物形象写得鲜活的方法，完成一篇700字左右的"老师小像"文章写作，组织编辑"老师小像"集。

### 第六课时 单元拓展阅读课

‖ 学习目标 ‖

1. 通过学习示例，能总结批注的方法，并进行批注。
2. 通过阅读拓展文本，能总结把人物形象写得鲜活的方法。

‖ 学习过程 ‖

【学习环节一】学习示例，总结批注方法

**示例**

　　先生姓徐，名锦澄，我们给他取的绰号是"徐老虎"，因为他凶。‖他的**相貌很古怪**，他的脑袋的轮廓是有棱有角的，很容易成为漫画的对象。头很尖，秃秃的，亮亮的，脸形却是方方的，扁扁的，有些像《聊斋志异》绘图中的夜叉的模样。他的鼻子眼睛嘴好像是过分地集中在脸上很小的一块区域里。他戴一副墨晶眼镜，银丝小镜框，这两块黑色便成了他脸上最显著的特征。我常给他画漫画，勾一个轮廓，中间点上两块椭圆形的黑块，便惟妙惟肖。‖他的**身材高大**，但是两肩总是耸得高高的，鼻尖有一些红，像酒糟的，鼻孔里常藏着两桶清水鼻涕，不时地吸溜着，说一两句话就要用力地**吸溜**一声，有板有眼有节奏，也有时忘了吸溜，走了板眼，上唇上便亮晶晶地吊出两根"玉箸"，他用手背一抹。‖他常穿的是一件灰布长袍，好像是在给谁穿孝，袍子在整洁的阶段时我没有赶得上看见，我看见那袍子的时候即是**油渍斑斑**。‖他经

可怕的绰号。
古怪的相貌。

高大的身材。
吸溜鼻涕的习惯。
油渍斑斓的着装。

孤傲的仪态。
凶狞的情态。
　描写细腻，个性鲜明。

常是仰着头，迈着八字步，两眼望青天，嘴撇得瓢儿似的。‖我很难得看见他笑，如果笑起来，是狞笑，样子更凶。

……

老先生转过身来，冷笑两声，勃然大怒："题目还没有写完，写完了当然还要讲，没写完你为什么就要问？……"滔滔不绝地呕叫起来，大家都为之愕然。这时候我可按捺不住了。我一向是个上午捣乱下午安分的学生，我觉得现在受了无理的侮辱，我便挺身分辩了几句。这一下我可惹了祸，老先生把他的怒火都泼在我的头上了。他在讲台上来回地踱着，吸溜一下鼻涕，骂我一句，足足骂了我一个钟头，其中警句甚多，我至今还记得这样的一句："×××！你是什么东西？我一眼把你望到底！"

> 神态、动作、语言描写，先抑后扬。
>
> 富有表现力的用词。泼：用力把液体向外倒或向外洒，使散开。可见骂人铿锵有力，骂语之多，怒火之大。

## 【学习环节二】运用方法，进行批注

运用批注方法，对拓展文本进行批注，要求每篇文章批注不少于4处，而且既要有全文整体的批注，侧重理解老师的形象、"我"对老师的情感等，也要有经典片段的集中细致批注，侧重批注细致描摹的语句，体会写法。

**拓展阅读**                                            批注区

### 1. 我的一位国文老师

#### 梁实秋

我在十八九岁的时候，遇见一位国文先生，他给我的印象最深，使我受益也最多，我至今不能忘记他。

先生姓徐，名锦澄，我们给他取的绰号是"徐老虎"，因为他凶。他的相貌很古怪，他的脑袋的轮廓是有棱有角的，很容易成为漫画的对象。头很尖，秃秃的，亮亮的，脸形却是方方的，扁扁的，有些像《聊斋志异》绘图中的夜叉的模样。他的鼻子眼睛嘴好像是过分地集中在脸上很小的一块区域里。他戴一副墨晶眼镜，银丝小镜框，这两块黑色便成了他脸上最显著的特征。我常给他画漫画，勾一个轮廓，中间点上两块椭圆形的黑块，便惟妙惟肖。他的身材高大，但是两肩总是耸得高高的，鼻尖有一些红，像酒糟的，鼻孔里常藏着两桶清水鼻涕，不时地吸溜着，说一两句话就要用力地吸溜一声，有板有眼有节奏，也有时忘了吸溜，走了板眼，上唇上便亮晶晶地吊出两根"玉箸"，他用手背一抹。他常穿的是一件灰布长袍，好像是在给谁穿孝，袍子在整洁的阶段时我没有赶得上看见，我看见那袍子的时候即是油渍斑斑。他经常是仰着头，迈着八字步，两眼望青天，嘴撇得瓢儿似的。我很难得看见他笑，如果笑起来，是狞笑，样子更凶。

我的学校是很特殊的。上午的课全是用英语讲授，下午的课全是国语讲授。上午的课很严，三日一问，五日一考，不用功便被淘汰，下午的课稀松，成绩与毕业无关。所以每到下午上国文之类的课程，学生们便不踊跃，课堂上常是稀稀拉拉的不大上座，但教员用拿毛笔的姿势举着铅笔点名的时候，学生却个个都到了，因为一个学生不只答一声到。真到了的学生，一部分是从事午睡，微发鼾声，一部分看小说如《官场现形记》《玉梨魂》之类，一部分写"父母亲大人膝下"式的家书，一部分干脆瞪着大眼发呆，神游八表。有时候逗先生开玩笑。国文先生呢，大部分都是年高有德的，不是榜眼，就是探花，再不就是举人。他们授课不过是奉行故事，乐得敷敷衍衍。在这种糟糕的情形之下，徐老先生之所以凶，老是绷着脸，老是开口就骂人，我想大概是由于正当防卫吧。

有一天，先生大概是多喝了两盅，摇摇摆摆地进了课堂。这一堂是作文，他老先生拿起粉笔在黑板上写了两个字，题目尚未写完，当然照例要吸溜一下鼻涕，就在这吸溜之际，一位性急的同学发问了："这题目怎样讲呀？"老先生转过身来，冷笑两声，勃然大怒："题目还没有写完，写完了当然还要讲，没写完你为什么就要问？……"滔滔不绝地吼叫起来，大家都为之愕然。这时候我可按捺不住了。我一向是个上午捣乱下午安分的学生，我觉得现在受了无理的侮辱，我便挺身分辩了几句。这一下我可惹了祸，老先生把他的怒火都泼在我的头上了。他在讲台上来回地踱着，吸溜一下鼻涕，骂我一句，足足骂了我一个钟头，其中警句甚多，我至今还记得这样的一句："×××！你是什么东西？我一眼把你望到底！"

这一句颇为同学们所传诵。谁和我有点争论遇到纠缠不清的时候，都会引用这一句"你是什么东西？我一眼把你望到底"！当时我看形势不妙，也就没有再多说，让下课铃结束了先生的怒骂。

但是从这次起，徐先生算是认识我了。酒醒之后，他给我批改作文特别详尽。批改之不足，还特别地当面加以解释，我这一个"一眼望到底"的学生，居然成为一个受益最多的学生了。

徐先生自己选辑教材，有古文，有白话，油印分发给大家。《林琴南致蔡子民书》是他讲得最为眉飞色舞的一篇。此外如吴敬恒的《上下古今谈》，梁启超的《欧游心影录》，以及张东荪的《时事新报》社论，他也选了不少。这样新旧兼收的教材，在当时还是很难得的开通的榜样。我对于国文的兴趣因此而提高了不少。徐先生讲国文之前，先要介绍作者，而且介绍得很亲切，例如他讲张东荪的文字时，便说："张东荪这个人，我倒和他一桌上吃过饭……"这样的话是相当可以使学生们吃惊的，吃惊的是，我们的国文先生也许不是一个平凡的人吧，否则怎么能够和张东荪一桌上吃过饭？

徐先生于介绍作者之后，朗诵全文一遍。这一遍朗诵可很有意思。他打着江北的官腔，咬牙切齿地大声读一遍，不论是古文或白话，一字不苟地吟咏一番，好像是演员在背台词，他把文字里蕴藏着的意义好像都给宣泄出来了。他念得有腔有调，有板有眼，有情感，有气势，有抑扬顿挫，我们听了之后，好像是已经理会到原文意义的一半了。好文章掷地作金石声，那也许是过分夸张，但必须可以朗朗上口，那却是真的。

徐先生之最独到的地方是改作文。普通的批语"清通""尚可""气盛言宜"，他是不用的。他最擅长的是用大墨杠子大勾大抹，一行一行地抹，整页整页地勾；洋洋千余言的文章，经他勾抹之后，所余无几了。我初次经此打击，很灰心，很觉得气短，我掏心挖肝地好容易诌出来的句子，轻轻地被他几杠子就给抹了。但是他郑重地给我解释，他说："你拿了去细细地体味，你的原文是软趴趴的，冗长，懒啦咣唧的，我给你勾掉了一大半，你再读读看，原来的意思并没有失，但是笔笔都立起来了，虎虎有生气了。"我仔细一揣摩，果然。他的大墨杠子打得是地方，把虚泡囊肿的地方全削去了，剩下的全是筋骨。在这删削之间见出他的功夫。如果我以后写文章还能不多说废话，还能有一点点硬朗挺拔之气，还知道一点"割爱"的道理，就不能不归功于我这位老师的教诲。

徐先生教我许多作文的技巧。他告诉我："作文忌用过多的虚字。"该转的地方，硬转；该接的地方，硬接。文章便显着朴拙而有力。他告诉我，文章的起笔最难，要突兀矫健，要开门见山，要一针见血，才能引人入胜，不必兜圈子，不必说套语。他又告诉我，说理说至难解难分处，来一个譬喻，则一切纠缠不清的论难都迎刃而解了，何等经济，何等手腕！诸如此类的心得，他传授我不少，我至今受用。

我离开先生已将近五十年了，未曾与先生一通音讯，不知他云游何处，听说他已早归道山了。同学们偶尔还谈起"徐老虎"，我于回忆他的音容之余，不禁还怀着怅惘敬慕之意。

（选自《梁实秋散文集》，北方文艺出版社2018年版。有改动）

## 2. 王几何

马及时

从小学跨进初中校园，一切都是新鲜的，特别是几何那门全新的功课。所以，我们初一上第一节几何课时，大家睁圆了眼睛，认真而安静地坐在教室里，心中充满了好奇和渴望。

几何老师会是怎样一个人呢？

铃声一响，全班42双黑眼睛一齐望向教室门。须臾，一个头方耳大、矮胖结实的中年人夹着一本厚书和一个大圆规、一个大三角板挤进门，眨眼工夫就站到了讲台上。胖人能走这么快？全班同学大吃一惊，教室里更安静了，静得只听见周围深沉的呼吸。

可是，一分钟过去了，那矮胖老师一句话不说，像一尊笑面佛一样，只是站在讲台上哑笑。眉梢、眼角、鼻孔、嘴巴、耳朵，可以说，他脸上的每一个器官，每一条皱纹，甚至每一根头发都在微笑！

矮胖老师足足又哑笑了两分钟。

太神奇了，他该不是聋哑学校的老师吧？全班同学再也忍不住了，大家弯腰，摇头，挤眉，弄眼，一齐哄堂大笑！

矮胖老师依然不说一句话，却渐渐收起了笑容，用黑板刷轻轻敲击着讲台上的课桌，待全班同学安静下来，他突然面向课堂，反手在背后的黑板上徒手画了一个篮球大的圆，紧接着，又反手画了一个等边三角形。

那生动地站在黑板上的圆和等边三角形又标准，又好看，于是全班同学都呆呆地想：用圆规和三角板画，恐怕也不过如此吧。

矮胖老师站在讲台上，双目含笑，右嘴角微微斜翘，胖脸上一副得意扬扬的表情。待全班42双黑眼睛惊讶得每一双都放大半厘米后，他突然转过身去，面向黑板，挥手写下了排球大的三个字：王玉琳。

"这就是我的大名！"他说，声音出奇地洪亮。

全班男女同学被他那金属般的声音镇住了，大气也不敢出，一个个睁大双眼，屏息静听。

"上几届的同学，承蒙他们的特别关爱，私下里给本老师取了个绰号——"矮胖老师缓缓转过身去，挥手在黑板上优雅地又写了三个大字：王几何。

真是太幽默了，全班男生、女生哄堂大笑。

王老师却毫不理会满教室的笑声，继续用他那金属般的声音说："这就是那些老同学给我取的绰号。天哪，本人太喜欢这美妙的绰号了！可惜，从来没有一个同学当面喊我'王几何'……"

老师在黑板上公布自己的绰号，并且希望大家以绰号相称，在那些做什么事都严肃认真、呆板教条的年代，这样的稀奇事，不是太离谱了吗？但少年时代总是充满了叛逆，越离谱的事大家越喜欢，于是全班同学兴趣高涨，一个个洗耳恭听，这矮胖幽默的绰号叫"王几何"的老师到底还要说些什么有趣的话。

矮胖老师继续用黑板刷轻敲课桌，以镇住教室里的嘈杂声。"上几届有的同学说：'王老师你画的那圆圈有啥了不起？我们也会画！'"

胖得像弥勒佛一般的王老师，站在讲台上眉开眼笑："我就请同学们一个个上台来，用不着反手，只是正面徒手画圆和三角。"

简直要让人笑破了肚子，几何课竟变成了图画课！

如此喜剧的事，大家岂肯放过！转眼间，只见男女同学轮番走上讲台。

可是，大家哪里是用粉笔在黑板上画圆和画三角形。笑得双手发抖的同学们，一个个变得笨手笨脚，画的全是鸡蛋、鸭蛋、苹果、梨和丑陋的三角形！

人人都笑得满脸泪水，喉咙发肿。

几十年后。我依然可以对天发誓：这是我这辈子笑得最得意忘形、最舒畅、最厉害的一次。

几何老师在同学们快乐得泪流满面的大笑中结束了第一堂课。

　　王老师下课前的结束语是："请注意，我并不是要大家死板地学我画圆、画三角形。我教了20多年中学几何，是一个一辈子热爱几何教学的教书匠，我反手画圆，只是向大家说明一个简单朴素的道理——只要功夫深，铁杵磨成针！我要大家牢记的是一种热爱知识和持之以恒的学习精神……"

　　奇怪的是，王老师说这番话时，竟第一次严肃得面无一丝笑容，一时间满教室鸦雀无声。

　　同学们对王老师第一堂课的评价只有两个字：痛快！

　　这堂课的喜剧效果让42个中学生一辈子铭记在心，让42个少年永远记住他们的中学时代：有一位业务水平极高、人人都盼望他上课的幽默风趣的老师，他的名字叫作王玉琳，绰号叫作"王几何"。

　　（选自《童年旧事》，四川少年儿童出版社2008年版。有改动）

## 3. 我的老师

### 魏　巍

　　最使我难忘的，是我小学时候的女教师蔡芸芝先生。

　　现在回想起来，她那时有十八九岁。右边嘴角有榆钱大小一块黑痣。在我的记忆里，她是一个温柔和美丽的人。

　　她从来不打骂我们。仅仅有一次，她的教鞭好像要落下来，我用石板一迎，教鞭轻轻地敲在石板边上，大伙笑了，她也笑了。我用儿童的狡猾的眼光察觉，她爱我们，并没有存心要打的意思。孩子们是多么善于观察这一点啊。

在课外的时候，她教我们跳舞，我现在还记得她把我扮成女孩子表演跳舞的情景。

在假日里，她把我们带到她的家里和女朋友的家里。在她的女朋友的园子里，她还让我们观察蜜蜂，也是在那时候，我认识了蜂王，并且平生第一次吃了蜂蜜。

她爱诗，并且爱用歌唱的音调教我们读诗。直到现在我还记得她读诗的音调，还能背诵她教我们的诗：

圆天盖着大海，

黑水托着孤舟，

远看不见山，

那天边只有云头，

也看不见树，

那水上只有海鸥……

今天想来，她对我的接近文学和爱好文学，是有着多么有益的影响！

像这样的教师，我们怎么会不喜欢她，怎么会不愿意和她亲近呢？我们见了她不由得就围上去。即使她写字的时候，我们也默默地看着她，连她握铅笔的姿势都急于模仿。

有一件小事，我不知道还值不值得提它，但回想起来，在那时却占据过我的心灵。我父亲那时候在军阀部队里，好几年没有回来，我跟母亲非常牵挂他，不知道他的死活。我的母亲常常站在一张褪了色的神像面前焚起香来，把两个有象征记号的字条卷着埋在香炉里，然后磕了头，抽出一个来卜问吉凶。我虽不像母亲那样，也略略懂了些事。可是在孩子群中，我的那些小"反对派"们，常常在我的耳边猛喊："哎哟哟，你爹回不来了哟，他吃了炮子儿啰！"那时的我，真好像父亲死了似的那么悲伤。这时候蔡老师援助了我，批评了我的"反对派"们，还写了一封信劝慰我，说我是"心清如水的学生"。一个老师排除孩子世界里的一件小小的纠纷，是多么平常，可是回想起来，那时候我却觉得是给了我莫大的支持！在一个孩子的眼睛里，他的老师是多么慈爱，多么公平，多么伟大的人啊！

每逢放假的时候，我们就更不愿离开她。我还记得，放假前我默默地站在她的身边，看她收拾这样那样东西的情景。蔡老师！我不知道你当时是不是察觉，一个孩子站在那里，对你是多么的依恋！至于暑假，对于一个喜欢他的老师的孩子来说，又是多么漫长！记得在一个夏季的夜里，席子铺在当屋，旁边燃着蚊香，我睡熟了。不知道睡了多久，也不知道是夜里的什么时辰，我忽然爬起来，迷迷糊糊地往外就走。母亲喊住我：

"你要去干什么？"

"找蔡老师……"我模模糊糊地回答。

"不是放暑假了么？"

哦，我才醒了。看看那块席子，我已经走出六七尺远。母亲把我拉回来，劝说了一会儿，我才睡熟了。我是多么想念我的蔡老师啊！至今回想起来，我还觉得这是我记忆中的珍宝之一。一个孩子的纯真的心，就是那些在热恋中的人们也难比啊！什么时候，我能再见一见我的蔡老师呢？

可惜我没上完初小，就转到县立五小上学去了，从此，我就和蔡老师分别了。

（选自《散文名篇选析》，语文出版社1986年版）

## 4. 文章与前额并高

### 余光中

自从十三年前迁居香港以来，和梁实秋先生就很少见面了。屈指可数的几次，都是在颁奖的场合，最近的一次，却是从梁先生温厚的掌中接受《时报文学》的推荐奖。这一幕颇有象征的意义，因为我这一生的努力，无论是在文坛或学府，要是当初没有这只手的提掖，只怕难有今天。

所谓"当初"，已经是三十六年以前了。那时我刚从厦门大学转学来台，在台大读外文系三年级，同班同学蔡绍班把我的一叠诗稿拿去给梁先生评阅。不久他竟转来梁先生的一封信，对我的习作鼓励有加，却指出师承囿于浪漫主义，不妨拓宽视野，多读一点现代诗，例如哈代、豪斯曼、叶慈等人的作品。梁先生的挚友徐志摩虽然是浪漫诗人，他自己的文学思想却深受哈佛老师白璧德之教，主张古典的清明理性。他在信中所说的"现代"自然还未及现代主义，却也指点了我用功的方向，否则我在雪莱的西风里还会飘泊得更久。

直到今日我还记得，梁先生的这封信是用钢笔写在八行纸上，字大而圆，遇到英文人名，则横而书之，满满地写足两张。文艺青年捧在手里，惊喜自不待言。过了几天，在绍班的安排之下，我随他去德惠街一号梁先生的寓所登门拜访。德惠街在城北，与中山北路三段横交，至则巷静人稀，梁寓雅洁清幽，正是当时常见的日式独栋平房。梁师母引我们在小客厅坐定后，心仪已久的梁实秋很快就出现了。

那时梁先生正是知命之年，前半生的大风大雨，在大陆上已见过了……早已进入也无风雨也无晴的境界。他的谈吐，风趣中不失仁蔼，谐谑中自有分寸，十足中国文人的儒雅加上西方作家的机智，近于他散文的风格。他就坐在那里，悠闲而从容地和我们谈笑。我一面应对，一面仔细地打量主人。眼前这位文章巨公，用英文来说，体型"在胖的那一边"，予人厚重之感。由于发际线（hairline）有早退之象，他的前额显得十分宽坦，整个面相不愧天庭饱满，地阁方圆，加以长牙隆准，看来很是雍容。这一切，加上他白皙无斑的肤色，给我的印象颇为特殊。后来我在反省之余，才断定那是祥瑞之相，令人想起一头白象。

当时我才二十三岁，十足一个躁进的文艺青年，并不很懂观象，却颇热衷猎狮。这位文苑之狮，学府之师，被我纠缠不过，答应为我的第一本诗集写序。序言写好，原来是一首三段的格律诗，属于新月风格。不知天高地厚的躁进青年，竟然把诗拿回去，对梁先生抱怨说："您的诗，似乎没有特别针对我的集子而写。"

假设当日的写序人是今日的我，大概狮子一声怒吼，便把狂妄的青年逐出师门去了。但是梁先生眉头一抬，只淡淡地一笑，徐徐说道："那就别用得了……书出之后，再给你写评吧。"

量大而重诺的梁先生，在《舟子的悲歌》出版后不久，果然为我写了一篇书评，文长一千多字，刊于1952年4月16日的《自由中国》。那本诗集分为两辑，上辑的主题不一，下辑则尽为情诗。书评认为上辑优于下辑，跟评者反浪漫的主张也许有关。梁先生尤其欣赏《老牛》与《暴风雨》等几首，他甚至这么说："最出色的要算是《暴风雨》一首，用文字把暴风雨的那种排山倒海的气势都描写出来了，真可说是笔挟风雷。"在书评结论里有这样的句子：

作者是一位年轻人，他的艺术并不年轻，短短的《后记》透露出一点点写作的经过。他有旧诗的根底，然后得到英诗的启发。这是很值得我们思考的一条发展路线。我们写新诗，用的是中国文字，旧诗的技巧是一份必不可少的文学遗产，同时新诗是一个突然生出的东西，无依无靠，没有轨迹可循，外国诗正是一个最好的借镜。

在那么古早的岁月，我的青涩诗艺，根底之浅，启发之微，可想而知。梁先生溢美之词固然是出于鼓励，但他所提示的上承传统、旁汲西洋，却是我日后遵循的综合路线。

朝拜缪斯的长征，起步不久，就能得到前辈如此的奖掖，使我的信心大为坚定。同时，在梁府的座上，不期而遇，也结识了不少像陈之藩、何欣这样同辈的朋友，声应气求，更鼓动了创作的豪情壮志。我和诗人夏菁也就这么邂逅于梁府，而成了莫逆之交。不久我们就惯于一同去访梁公，有时也约王敬羲同行。不知为何，记忆里好像夏天的晚上去得最频。梁先生怕热，想是体胖的关系；有时他索性只穿短袖汗衫接见我们，一面笑谈，一面还要不时挥扇。我总觉得，梁先生虽然出身外文，气质却在儒道之间，进可为儒，退可为道。可以想见，好不容易把我们这些恭谨的晚辈打发走了之后，东窗也好，东床也罢，他是如何地坦腹自放。我说坦腹，因为他那时有点发福，腰围可观，纵然不到福尔斯塔夫的规模，也总有约翰逊或纪晓岚的分量，足证果然腹笥深广。据说，因此梁先生买腰带总嫌尺码不足，有一次，他索性走进中华路一家皮箱店，买下一个大皮箱，抽出皮带，留下箱子，扬长而去。这倒有点《世说新语》的味道了，是否谣言，却未向梁先生当面求证。

梁先生好客兼好吃，去梁府串门子，总有点心招待，想必是师母的手艺吧。他不但好吃，而且懂吃，两者孰因孰果，不得而知。只知他下笔论起珍馐名菜来，头头是道，就连既不好吃也不懂吃的我，也不禁食指欲动，馋肠若蠕。在糖尿病发作之前，梁先生的口福委实也饫足了。有时乘兴，他也会请我们浅酌一杯。我若推说不解饮酒，他就会作态佯怒，说什么"不烟不酒，所为何来？"引得我和夏菁发笑。有一次，他斟了白兰地飨客，夏菁勉强相陪。我那时真是不行，梁先生说"有了"，便从橱顶取来一瓶法国红葡萄酒，强调那是1842年产，朋友所赠。我总算喝了半盅，飘飘然回到家里，写下《饮1842年葡萄酒》一首。梁先生读而乐之，拿去刊在《自由中国》上，一时引人瞩目。其实这首诗学济慈而不类，空余浪漫的遐想；换了我中年来写，自然会联想到鸦片战争。

梁先生在台北搬过好几次家。我印象最深的两处梁宅，一在云和街，一在安乐街。我初入师大（那时还是省立师范学院）教大一英文，一年将满，又偕夏菁去云和街看梁先生。谈笑及半，他忽然问我："送你去美国读一趟书，你去吗？"那年我已三十，一半书呆，一半诗迷，几乎尚未阅世，更不论乘飞机离岛。对此一问，我真是惊多喜少。回家和我妻讨论，她是惊少而喜多，马上说："当然去！"这一来，里应外合势成。加上社会压力日增，父亲在晚餐桌上总是有意无意地报道："某伯伯家的老三也离台了!"我知道偏安之日已经不久。果然三个月后，我便文化充军，去了秋色满地的爱荷华城。

从美国回来，我便专任师大讲师。不久，梁先生从英语系主任变成了我们的文学院院长，但是我和夏菁去看他，仍然称他梁先生。这时他又迁至安东街，住进自己盖的新屋。稍后夏菁的新居在安东街落成，他便做了令我羡慕的梁府近邻，也从此，我去安东街，便成了福有双至，一举两得。安东街的梁宅，屋舍俨整，客厅尤其宽敞舒适，屋前有一片颇大的院子，花木修护得可称多姿，常见两老在花畦树径之间流连。比起德惠街与云和街的旧屋，这新居自然优越了许多，更不提广州的平山堂和北碚的雅舍了。可以感受得到，这新居的主人在"家外之家"，怀乡之余，该是何等快慰。

六十五岁那年，梁先生在师大提前退休，欢送的场面十分盛大。翌年，他的"终身大事"——《莎士比亚戏剧全集》之中译完成，朝野大设酒会庆祝盛举，并有一女中的学生列队颂歌。想来莎翁生前也没有这般殊荣。师大英语系的晚辈同事也设席祝贺，并赠他一座银盾，上面刻着我拟的两句赞词："文豪述诗豪，梁翁传莎翁。"莎翁退休之年是四十七岁，逝世之年也才五十二岁，其实还不能算翁。同时莎翁生前只出版了十八个剧本，梁翁却能把三十七本莎剧全部中译成书。对比之下，梁翁是有福多了。听了我这意见，梁翁不禁莞尔。

这已经是二十年前的事了。后来夏菁担任联合国农业专家，远去了牙买加。梁先生一度旅寄西雅图。我自己则先旅美两年，继而去了香港，十一年后才回台湾。高雄与台北之间虽然只是四小时的车程，毕竟不比厦门街到安东街那么方便了。青年时代夜访梁府的一幕一幕，皆已成为温馨的回忆，只能在深心重温，不能在眼前重演。其实不仅梁先生，就连晚他一辈的许多台北故人，也都已相见日稀。四小时的车程就可以回到台北，却无法回到我的台北时代。台北，已变成我的回声谷。那许多巷弄，每转一个弯，都会看见自己的背影。不能，我不能住在背影巷与回声谷里。每次回去台北，都有一番近乡情怯，怕卷入回声谷里那千重魔幻的旋涡。

在香港结交的旧友之中，有一人焉，竟能逆流而入那回声的旋涡，就是梁锡华。他是徐志摩专家，研究兼及闻一多，又是抒情与杂感兼擅的散文家，就凭这几点，已经可以跻列梁门，何况他对梁先生更已敬仰有素。1980年7月，法国人在巴黎举办抗战文学研讨会，有代表旧案重提，再谈梁实秋反对抗战文学。梁锡华即席澄清史实，一士谔谔，力辩其讹。夏志清一语双关，对锡华跷起大拇指，赞他"小梁挑大梁"！我如在场，这件事义不容辞，应该由我来做。锡华见义勇为，更难得事先覆按过资料，不但赢得梁先生的感激，也使我这受业弟子深深感动。

梁实秋的文学思想强调古典的纪律，反对浪漫的放纵。他认为革命文学也好，普罗文学也好，都只是把文学当作工具，眼中并无文学；但是在另一方面，他也不赞成为艺术而艺术，因为那样势必把艺术从人生中抽离。简而言之，他认为文学既非宣传，亦非游戏。他始终标举安诺德所说的，作家应该"沉静地观察人生，并观察其全貌"。因此他认为文学描写的充分对象是人生，而不仅是阶级性。

黎明版《梁实秋自选集》的小传，说作者"生平无所好，唯好交友、好读书、好议论"。季季在访问梁先生的记录《古典头脑，浪漫心肠》之中，把他的文学活动分成翻译、散文、编字典、编教科书四种。这当然是梁先生的台湾时代给人的印象。其实梁先生在大陆时代的笔耕，以量而言，最多产的是批评和翻译，至于《雅舍小品》，已经是四十岁以后所作，而在台湾出版的了。《梁实秋自选集》分为文学理论与散文二辑，前辑占 198 页，后辑占 162 页，分量约为 5 比 4，也可见梁先生对自己批评文章的强调。他在答季季问时说："我好议论，但是自从抗战军兴，无意再作任何讥评。"足证批评是梁先生早岁的经营，难怪台湾的读者印象已淡。

一提起梁实秋的贡献，无人不知莎翁全集的浩大译绩，这方面的声名几乎掩盖了他别的译书。其实翻译家梁实秋的成就，除了莎翁全集，尚有《织工马南传》《咆哮山庄》《百兽图》《西塞罗文录》等十三种。就算他一本莎剧也未译过，翻译家之名他仍当之无愧。

读者最多的当然是他的散文。《雅舍小品》初版于 1949 年，到 1975 年为止，二十六年间已经销了 32 版；到现在想必近 50 版了。我认为梁氏散文所以动人，大致是因为具备下列这几种特色：

首先是机智闪烁，谐趣迭生，时或滑稽突梯，却能适可而止，不堕俗趣。他的笔锋有如猫爪戏人而不伤人，即使讥讽，针对的也是众生的共相，而非私人，所以自有一种温柔的美感距离。其次是篇幅浓缩，不事铺张，而转折灵动，情思之起伏往往点到为止。此种笔法有点像画上的留白，让读者自己去补足空间。梁先生深信"简短乃机智之灵魂"，并且主张"文章要深，要远，就是不要长"。最后是文中常有引证，而中外逢源，古今无阻。这引经据典并不容易，不但要避免出处太过俗滥，显得腹笥寒酸，而且引文要来得自然，安得妥帖，与本文相得益彰，正是学者散文的所长。

最后的特色在文字。梁先生最恨西化的生硬和冗赘，他出身外文，却写得一手地道的中文。一般作家下笔，往往在白话、文言、西化之间徘徊歧路而莫知取舍，或因简而就陋，一白到底，一西不回；或弄巧而成拙，至于不文不白，不中不西。梁氏笔法一开始就逐走了西化，留下了文言。他认为文言并未死去，反之，要写好白话文，一定得读通文言文。他的散文里使用文言的成分颇高，但不是任其并列，而是加以调和。他自称文白夹杂，其实应该是文白融会。梁先生的散文在中岁的《雅舍小品》里已经形成了简洁而圆融的风格，这风格在台湾时代仍大致不变。证之近作，他的水准始终在那里，像他的前额一样高超。

（选自《隔水呼渡》，中国友谊出版公司2019年版。有改动）

## 5. 桃李情深——怀念一位"伯乐"老师

### 从维熙

多少年了，一直难忘我的文学启蒙老师。

1948年，我在通县师范学校附中读初二，开学之后，一位风风火火的老师走进了国文课堂。他的开场白便惊呆了所有的同学。他说，中国文学界有"三峰"，我就是其中之一"田秀峰"。

在我的学生生涯中，如此公开张扬个性的老师，还是第一次碰到。就是这位不拘小节的老师，给予了我文学的火种，让我义无反顾地走上了文学之路。田秀峰老师上作文课的时候，从来不出题目，而是让学生们自由命题。他觉得，学生们来自不同的生活领域，性格又各自相异，都在一个命题下行文，难以发现文学苗子。全班同学对这位老师充满了好奇。有人说他标新立异，还有的同学给他起了个"巫师"的绰号。弦外之音，意在针砭田秀峰老师离开了国文教学的常规。

当时，语文的通称为"国文"。学生们虽然已经不再穿长袍马褂，但思想还处于绝对的封闭状态。过去教语文的老师，虽然嘴上不再挂着"之乎者也"，但除去让学生背诵课文之外，几乎难以对学生的文学修养有所启迪。因而，我对这位不守常规的国文老师，内心颇为欣赏。为了摸清他是不是"狗掀门帘子——只凭一张嘴"的巫师，便自动承担起福尔摩斯的任务。

当时，我是学校里的住宿生，去他的宿舍十分方便。一天下课之后，敲开老师宿舍的屋门，借口是来补交课堂上没能完成的一篇作文。就在这天，我在他的书架上有了发现：一本题为《一串念珠》的书皮上，印有田秀峰的名字。对我来说，这个发现无异于一声惊雷。在我的学生时代，这是第一次看见有个人著作出版的国文老师。尽管那本书开本很小，书页也不太厚，但还是激起我对这位老师的崇敬。

接下来的事情，更出乎我的意料。上作文课的时候，他兴冲冲地在全班同学面前，朗读了我那篇补交上去的作文。记得，那篇作文题为《青青的河边》，是记载我们几位同学，星期天去通县西门外一个叫小闸的水塘里玩水的趣事。其中一个家在白洋淀名叫陈景文的同学，堪称"水中超人"，在游泳比赛中如水中蛟龙，把所有参加游泳比赛的同学，远远地甩在了后边。在文章里，我把他誉为《水浒传》中的"浪里白跳"——张顺。

田老师在朗读我的作文时，全然没有了老师之尊，一会儿摇头晃脑，一会儿停步凝思，犹如一名"顽童"与全班的同学嬉戏。此举，顿时拉近了他与同学们的距离，同学们有的笑，有的叫——唯有我的心跳如同擂鼓。此时此刻，同学们的目光都抛向了我——从小学到初中，虽然作文也曾受到过老师的表扬，但没有被老师朗读过。多少年后，我感到从那一刻起，已然决定了我一生从文的归宿，我的文学潜能，在那一刻被田老师激活了。

第二件难忘的事，还是缘于作文。有一次，在自由命题作文时，我写了一篇题为《桃花盛开的时候》的作文。文中叙述了我童年时，与山村的小伙伴在遍山的桃花丛中叠垒石塔的悲怆记忆：一个绰号叫"小马驹子"的童年伙伴，是我们中间的头头。他不仅臂力过人，还曾骑一匹没有马鞍的马，驰骋过家乡的北山，到山后一个村镇去看皮影戏。可是，用石头垒起一个个石塔后，悲剧降临到了他的头上——他脖子上长了一个疔疮，没过三天就去世了。我那时年纪小，再看满山桃花时，感到那些艳丽的花瓣如同浸染了鲜血。

对于这篇作文，田秀峰老师没有像上次那样在班上诵读，而是拿着我的作文，找到了我的叔父——从荫芬。叔父毕业于北平辅仁大学国文系，曾在当时的天津《大公报》副刊上，以"陆人"为笔名，发表过模仿莎士比亚的诗作。当时，叔父在学校任教导主任，他把我叫到了他的办公室，并把我写的作文从抽屉里拿了出来，问我说：

"这真是你写的吗？"

我答："叔叔，你该知道咱们村'小马驹子'这个人呐。

"他真死了？"

"长疗毒，死了。"

叔父告诉我："这篇作文是田老师送来的。他认为，你身上蕴藏着有待开发的文学细胞。我看了你的作文之后，也抱有这种看法。以后，要多向田老师请教，他是个有见识的国文老师。"

从此，田秀峰老师的宿舍，成了我常去的地方。他一边用拳头敲击着木桌，一边激励我要多读多写。他说，虽然自己不是算命先生，依旧能管窥到我的未来，此外，还包括与文学结缘的人生。我仔细地搜索过他的书架，想看看这位老师有没有其他的著作，找了许久，还是只看见那本《一串念珠》。尽管这位老师的文学成就难以与名家相比，但他还是在我少年的心田播下了文学的种子。从那时起，我几乎迷恋上了文学名著，每天下课后就去图书馆，成了一名地地道道的"书虫"。可惜，他只执教一年，就调往天津任教了。

一年之后，我到北京师范学校求学，并于1951年在报刊上发表了处女作。20世纪90年代，我接受记者采访时，曾提到了这段往事。不料，这篇报道被一个认识田秀峰老师的人转给了他。田秀峰老师给我写来一封长信，并在信中问我："我能算上识别千里马的当代伯乐吗？"

我立刻复信说："田老师，您是一个杰出的教师，凡是好的老师，都是识马的伯乐；但您在我眼里，是伯乐中的伯乐。之所以这么说，因为我不是千里马，而是一匹只会拉车的笨马，您把一匹'笨马'，调教成一匹'奔马'，不是需要更多的智慧吗？"

可惜，在20世纪之尾，田老师走完了他的人生旅途，匆匆闭合上了人生大幕。我曾寄去一纸真情的悼文，以示深深的怀念。烛光之火，桃李情深，我向天堂中的伯乐——田秀峰老师，遥遥地挥手问候。

〔选自《河北教育（教学版）》2009年第9期。有改动〕

## 6. 怀李叔同先生
### 丰子恺

距今二十九年前，我十七岁的时候，最初在杭州的浙江省立第一师范学校里见到李叔同先生，即后来的弘一法师。那时我是预科生，他是我们的音乐教师。

我们上他的音乐课时，有一种特殊的感觉：严肃。摇过预备铃，我们走向音乐教室，推门进去，先吃一惊：李先生早已端坐在讲台上。以为先生总要迟到而嘴里随便唱着、喊着，或笑着、骂着而推门进去的同学，吃惊更是不小。他们的唱声、喊声、笑声、骂声以门槛为界限而忽然消灭。接着是低着头，红着脸，去端坐在自己的位子里。端坐在自己的位子里偷偷地仰起头来看看，看见李先生的高高的瘦削的上半身穿着整洁的黑布马褂，露出在讲桌上，宽广得可以走马的前额，细长的凤眼，隆正的鼻梁，形成威严的表情。扁平而阔的嘴唇两端常有深涡，显示和蔼的表情。这副相貌，用"温而厉"三个字来描写，大概差不多了。

讲桌上放着点名簿、讲义，以及他的教课笔记簿、粉笔。钢琴衣解开着，琴盖开着，谱表摆着，琴头上又放着一只时表，闪闪的金光直射到我们的眼中。黑板上早已清楚地写好本课内所应写的东西。在这样布置的讲台上，李先生端坐着。坐到上课铃响出（后来我们知道他这脾气，上音乐课必早到。故上课铃响时，同学早已到齐），他站起身来，深深地一鞠躬，课就开始了。这样上课，空气严肃得很。

有一个人上音乐课时不唱歌而看别的书，有一个人上音乐课时吐痰在地板上，以为李先生看不见的，其实他都知道。但他不立刻责备，等到下课后，他用很轻而严肃的声音郑重地说："某某等一等出去。"于是这位某某同学只得站着。等到别的同学都出去了，他又用轻而严肃的声音向这某某同学和气地说："下次上课时不要看别的书。"或者："下次痰不要吐在地板上。"说过之后他微微一鞠躬，表示你出去吧。出来的人大都脸上发红。又有一次下音乐课，最后出去的人无心把门一拉，碰得太重，发出很大的声音。他走了数十步之后，李先生走出门来，满面和气地叫他转来。等他到了，李先生又叫他进教室来。进了教室，李先生用很轻而严肃的声音向他和气地说："下次走出教室，轻轻地关门。"然后对他一鞠躬，送他出门，自己轻轻地把门关了。不易忘却的，是有一次上弹琴课的时候。我们是师范生，每人都要学弹琴，全校有五六十架风琴及两架钢琴。风琴每室两架，给学生练习用；钢琴一架放在唱歌教室里，一架放在弹琴教室里。上弹琴课时，十数人为一组，环立在琴旁，看李先生范奏。有一次正在范奏的时候，有一个同学放了一个屁，没有声音，却是很臭。钢琴及李先生、十数同学全部沉浸在亚莫尼亚气体中。同学大都掩鼻或发出讨厌的声音。李先生眉头一皱，管自弹琴（我想他一定屏息着）。弹到后来，亚莫尼亚气散光了，他的眉头方才舒展。教完以后，下课铃响了。李先生立起来一鞠躬，表示散课。散课以后，同学还未出门，李先生又郑重地宣告："大家等一等去，还有一句话。"大家又肃立了。李先生又用很轻而严肃的声音和气地说："以后放屁，到门外去，不要放在室内。"接着又一鞠躬，表示叫我们出去。同学都忍着笑，一出门来，大家快跑，跑到远处去大笑一顿。

李先生用这样的态度来教我们音乐，因此我们上音乐课时，觉得比上其他一切课更严肃。同时对于音乐教师李叔同先生，比对其他教师更敬仰。那时的学校，首重的是所谓"英、国、算"，即英文、国文和算学。在别的学校里，这三门功课的教师最有权威；而在我们这师范学校里，音乐教师最有权威，因为他是李叔同先生的缘故。

李叔同先生为什么能有这种权威呢？不仅为了他学问好，不仅为了他音乐好，主要的还是为了他态度认真。李先生一生的最大特点是"认真"。他对于一件事，不做则已，要做就非做得彻底不可。

他出身于富裕之家，他的父亲是天津有名的银行家。他是第五位姨太太所生。他父亲生他时，年已七十二岁。他坠地后就遭父丧，又逢家庭之变，青年时就陪着他的生母南迁上海。在上海南洋公学读书奉母时，他是一个翩翩公子。当时上海文坛有著名的沪学会，李先生应沪学会征文，名字屡列第一。从此他就为沪上名人所器重，而交游日广，终以才子驰名于当时的上海。

所以后来他母亲死了，他赴日本留学的时候，作一首《金缕曲》，词曰："披发佯狂走。莽中原，暮鸦啼彻，几株衰柳。破碎河山谁收拾？零落西风依旧。便惹得离人消瘦。行矣临流重太息，说相思刻骨双红豆。愁黯黯，浓于酒。漾情不断淞波溜。恨年年絮飘萍泊，遮难回首。二十文章惊海内，毕竟空谈何有！听匣底苍龙狂吼。长夜西风眠不得，度群生那惜心肝剖。是祖国，忍辜负？"读这首词，可想见他当时豪气满胸，爱国热情炽盛。他出家时把过去的照片统统送我，我曾在照片中看见过当时在上海的他：丝绒碗帽，正中缀一方白玉，曲襟背心，花缎袍子，后面挂着胖辫子，底下缀带扎脚管，双梁厚底鞋子，头抬得很高，英俊之气，流露于眉目间。真是当时上海一等的翩翩公子。这是最初表示的他的特性：凡事认真。他立意要做翩翩公子，就彻底地做一个翩翩公子。

后来他到日本，看见明治维新的文化，就渴慕西洋文明。他立刻放弃了翩翩公子的态度，改做一个留学生。他入东京美术学校，同时又入音乐学校。这些学校都是模仿西洋的，所教的都是西洋画和西洋音乐。李先生在南洋公学时英文学得很好；到了日本，就买了许多西洋文学书。他出家时曾送我一部残缺的原本《莎士比亚全集》，他对我说："这书我从前细读过，有许多笔记在上面，虽然不全，也是纪念物。"由此可想见他在日本时，对于西洋艺术全面进攻，绘画、音乐、文学、戏剧都有研究。后来他在日本创办春柳剧社，纠集留学同志，共演当时西洋著名的悲剧《茶花女》。他自己把腰束小，扮作茶花女，粉墨登场。这照片，他出家时也送给我，一向归我保藏，直到抗战时为兵火所毁。

现在我还记得这照片：鬖发，白的上衣，白的长裙拖着地面，腰身小到一把，两手举起托着后头，头向右歪侧，眉峰紧蹙，眼波斜睇，正是茶花女自伤命薄的神情。另外还有许多演剧的照片，不可胜记。这春柳剧社后来迁回中国，李先生就脱身而出，由另一班人去办，便是中国最初的话剧社。由此可以想见，李先生在日本时，是彻头彻尾的一个留学生。我见过他当时的照片：高帽子、硬领、硬袖、燕尾服、史的克、尖头皮鞋，加之长身、高鼻，没有脚的眼镜夹在鼻梁上，竟活像一个西洋人。这是第二次表示他的特性：凡事认真。学一样，像一样。要做留学生，就彻底地做一个留学生。

他回国后，在上海太平洋报社当编辑。不久，就被南京高等师范请去教图画、音乐。后来又应杭州师范之聘，同时兼任两个学校的课，每月中半个月住南京，半个月住杭州。两校都请助教，他不在时由助教代课。我就是杭州师范的学生。这时候，李先生已由留学生变为教师。这一变，变得真彻底：漂亮的洋装不穿了，却换上灰色粗布袍子、黑布马褂、布底鞋子。金丝边眼镜也换成了黑的钢丝边眼镜。他是一个修养很深的美术家，所以对于仪表很讲究。虽然布衣，却很衬身，常常整洁。他穿布衣，全无穷相，而另具一种朴素的美。你可想见，他是扮过茶花女的，身材生得非常窈窕。穿了布衣，仍是一个美男子。"淡妆浓抹总相宜"，这诗句原是描写西子的，但拿来形容我们的李先生的仪表，也很适用。今人侈谈"生活艺术化"，大都好奇立异，非艺术的。李先生的服装，才真可称为生活的艺术化。他一时代的服装，表出着一时代的思想与生活。各时代的思想与生活判然不同，各时代的服装也判然不同。布衣布鞋的李先生，与洋装时代的李先生、曲襟背心时代的李先生，判若三人。这是第三次表示他的特性：认真。

我二年级时，图画归李先生教。他教我们木炭石膏模型写生。同学一向描惯临画，起初无从着手。四十余人中，竟没有一个人描得像样的。后来他范画给我们看，画毕把范画贴在黑板上，同学们大都看着黑板临摹。只有我和少数同学，依他的方法从石膏模型写生。我对于写生，从这时候开始发生兴味。我到此时，恍然大悟：那些粉本原是别人看了实物而写生出来的。我们也应该直接从实物写生入手，何必临摹他人，依样画葫芦呢？于是我的画进步起来。此后李先生与我接近的机会更多。因为我常去请他教画，又教日本文，以后的李先生的生活，我所知道的较为详细。

他本来常读性理的书，后来忽然信了道教，案头常常放着道藏。那时我还是一个毛头青年，谈不到宗教。李先生除绘事外，并不对我谈道。但我发现他的生活日渐收敛起来，仿佛一个人就要动身赴远方时的模样。他常把自己不用的东西送给我。

有一天，他决定入大慈山去断食，我有课事，不能陪去，由校工闻玉陪去。数日之后，我去望他。见他躺在床上，面容消瘦，但精神很好，对我讲话，同平时差不多。他断食共十七日，由闻玉扶起来，摄一个影，影片上端由闻玉题字："李息翁先生断食后之像，侍子闻玉题。"这照片后来制成明信片分送朋友。像的下面用铅字排印着："某年月日，入大慈山断食十七日，身心灵化，欢乐康强——欣欣道人记。"李先生这时候已由教师一变而为道人了。学道就断食十七日，也是他凡事认真的表示。

但他学道的时候很短。断食以后，不久他就学佛。他自己对我说，他的学佛是受马一浮先生指示的。出家前数日，他同我到西湖玉泉去看一位程中和先生。这程先生原来是当军人的，现在退伍，住在玉泉，正想出家为僧。李先生同他谈得很久。此后不久，我陪大野隆德到玉泉去投宿，看见一个和尚坐着，正是这位程先生。我想称他"程先生"，觉得不合。想称他法师，又不知道他的法名（后来知道是弘伞）。一时周章得很。我回去对李先生讲了，李先生告诉我，他不久也要出家为僧，就做弘伞的师弟。我愕然不知所对。过了几天，他果然辞职，要去出家。出家的前晚，他叫我和同学叶天瑞、李增庸三人到他的房间里，把房间里所有的东西送给我们三人。第二天，我们三人送他到虎跑。我们回来分得了他的"遗产"，再去望他时，他已光着头皮，穿着僧衣，俨然一位清癯的法师了。我从此改口，称他为法师。

法师的僧腊二十四年。这二十四年中，我颠沛流离，他一贯到底，而且修行功夫愈进愈深。当初修净土宗，后来又修律宗。律宗是讲究戒律的，一举一动，都有规律，严肃认真之极。这是佛门中最难修的一宗。数百年来，传统断绝，直到弘一法师方才复兴，所以佛门中称他为"重兴南山律宗第十一代祖师"。他的生活非常认真。举一例说：有一次我寄一卷宣纸去，请弘一法师写佛号。宣纸多了些，他就来信问我，余多的宣纸如何处置？又有一次，我寄回件邮票去，多了几分。他把多的几分寄还我。以后我寄纸或邮票，就预先声明：余多的送与法师。有一次他到我家，我请他到藤椅子里坐。他把藤椅子轻轻摇动，然后慢慢地坐下去。起先我不敢问。后来看他每次都如此，我就启问。法师回答我说："这椅子里头，两根藤之间，也许有小虫伏着。突然坐下去，要把它们压死，所以先摇动一下，慢慢地坐下去，好让它们走避。"读者听到这话，也许要笑。但这正是做人极度认真的表示。

如上所述，弘一法师由翩翩公子一变而为留学生，又变而为教师，三变而为道人，四变而为和尚。每做一种人，都做得十分像样。好比全能的优伶：起青衣像个青衣，起老生像个老生，起大面又像个大面……都是认真的缘故。

现在弘一法师在福建泉州圆寂了。噩耗传到贵州遵义的时候，我正在束装，正迁居重庆。我发愿到重庆后替法师画像一百帧，分送各地信善，刻石供养。现在画像已经如愿了。我和李先生在世间的师徒尘缘已经结束，然而他的遗训——认真——永远铭刻在我心头。

（选自《人生的滋味，我慢慢尝》，湖南少年儿童出版社2021年版。有改动）

**【学习环节三】分析"鲜活"，总结方法**

结合拓展阅读，用思维导图的形式总结把人物形象写得鲜活的方法。

总结：作者是如何把人物形象写得鲜活的？

**课后作业**

学校的感恩月即将来临，为了向辛勤付出的老师们表达我们深深的感激之情，七年级的同学们共同为年级老师撰写"老师小像"集，这本小像集将聚焦在每位同学心中最特别的一位老师身上，请大家用文字描绘出他们的形象，记录让你印象深刻的事，作为礼物赠送给相应老师。请根据之前的观察、记录和片段写作，完成你的"老师小像"，写一篇不少于700字的作文。

## 第七课时　"老师小像"集班级互评

‖ **学习目标** ‖

1. 能按照作文评价量表对同学的作品进行评价。

2. 通过阅读班级优秀作品，加深对量规的理解，修改完善自己的作品。

‖ **学习过程** ‖

**【学习环节一】阅读量表，互相评价**

全年级选择同一位老师的同学集结组成该老师后援会，阅读下面的量表，分小组对同学的作品进行评价打分，选出班级最好的三篇。

### 作文评价量表

| 等级　　　标准　　　维度 | 大师 | 名家 | 萌新 |
|---|---|---|---|
| 人物 | 特征突出，形象鲜活 | 特征和形象较为突出 | 特征不突出 |
| 事件 | 事件能凸显人物特征 | 事件与人物特征有关系 | 事件与人物特征关系不大 |
| 抒情议论 | 议论符合人物特征，抒情与情感协调 | 景情特点较突出，与情感协调 | 景物特点不突出，与情感不协调 |
| 开头结尾 | 运用了本单元学到的方法，且精彩 | 运用了本单元学到的方法 | 没有用本单元学到的方法 |

（续表）

| 维度<br>标准<br>等级 | 大师 | 名家 | 萌新 |
|---|---|---|---|
| 人物描写手法 | 有至少6处、4种人物描写手法 | 有至少4处、2种人物描写手法 | 无人物描写手法或者很少 |

**【学习环节二】结合量表，自我评价**

按照下面的格式，进行自我评价。

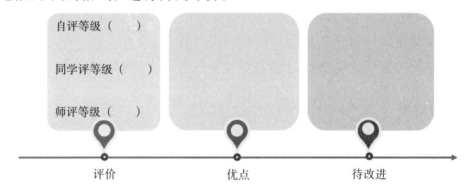

课后作业

班级最优三篇的作者成为该老师的经纪人，成立编辑团队，参考"老师小像"集量规为该老师编辑最终的小像集。

## 第八课时　"老师小像"年级优秀作品品鉴会

‖ 学习目标 ‖

1. 阅读年级优秀作品，通过鉴赏优秀作品的写作手法，掌握写人、记事散文写作技巧。

2. 通过写作手法的学习和借鉴，修改自己的文章，提升写作能力。

3. 通过评价"老师小像"作品集，提升自己的鉴赏能力。

‖ 学习过程 ‖

**【学习环节一】作品展示与品鉴**

分组阅读年级优秀作品，每组分发不同的优秀作品，要求在规定时间内阅读并讨论作品的特点和亮点。每组选派一名代表，从内容选择（人物刻画、情感表达、写作手法）、封面设计、内页排版等方面，分享他们组所读作品的优点。（参照单元"任务评估"）

**【学习环节二】学习借鉴与修改**

回顾品鉴的优秀作品，思考其中值得学习和借鉴的地方，对自己的"老师小像"作文进行修改和完善。修改之后，组内相互交换作文，进行小组内的互助修改，提出建设性的意见和建议。

**课后作业**

1. 完成"老师小像"修改。

2. 编辑小组对"老师小像"集进行优化。

# 第四单元

# 人生之舟

单元导语

人的一生如何过得充实而有意义？每一代人都有自己的回答。但总有一些精神，代代传承，历久弥新，永远鼓舞和激励人们奋勇前行。这一单元的课文或颂扬崇高精神，告诫我们人生的价值之一在于奉献；或礼赞嘉德懿行，探讨家庭关系对人生的启发与鼓舞；或宣告革命壮志，展现了人生充实的关键在于追求真理；或传授关于修身养德的谆谆教诲，彰显着理想的光辉和人格的力量。

学习本单元，要带领学生学习默读；带领学生学会在课本上勾画关键语句，并在感兴趣或有疑惑的地方作标注；要求学生在整体把握文意的基础上，学会通过划分段落层次、抓关键语句等方法，理清作者思路。学习本单元，我们还要引导学生理解作者对生活的思考，体会不同的人生，学会思考人生，从而珍视生命。

# 【单元教学主题分析】

本单元要求学生学习默读，《义务教育语文课程标准（2022年版）》第四学段的课程目标，在"阅读与鉴赏"中，要求"养成默读习惯，有一定的速度，阅读一般的现代文，每分钟不少于500字"。此外还要求理清文章思路，《义务教育语文课程标准（2022年版）》第四学段的课程目标，在"阅读与鉴赏"中也提到"在通读课文的基础上，理清思路""欣赏文学作品，有自己的情感体验，初步领悟作品的内涵，从中获得对自然、社会、人生的有益启示。能对作品中感人的情境和形象说出自己的体验""诵读古代诗词，阅读浅易文言文，能借助注释和工具书理解基本内容。注重积累、感悟和运用，提高自己的欣赏品位"。在第四学段的"学业质量描述"中要求学生能够"能理清行文思路，用多种形式介绍所读作品的基本脉络""能通过对阅读过程的梳理、反思，总结不同类型文学作品的阅读经验和方法；能与他人分享自己获得的对自然、社会、人生的有益启示"。本单元课文从文化范畴上看，《纪念白求恩》《我的母亲》《梅岭三章》都属于革命文化的范畴，《诫子书》属于中华优秀传统文化的范畴。《义务教育语文课程标准（2022年版）》在第四学段的"学业质量描述"中要求学生"能通过口头或书面方式，向他人推荐中华优秀传统文化经典、革命文化和社会主义先进文化作品"；在课程实施的教学建议部分，要求教师"引导学生在学习语言文字运用的过程中，逐步树立正确的世界观、人生观、价值观，体认和传承中华优秀传统文化、革命文化、社会主义先进文化，积淀深厚的文化底蕴，增强文化自信"。

对单元的分析，我们还可从教材中获取准确的指导。第四单元的导语分为两个部分表述：第一部分是从人文主题角度提出单元的编写主题为"人的一生如何过得充实有意义"，继而指出单元课文的不同价值指向。第二部分是从学习角度要求在默读中领会作品诠释的人生价值和意义，提出学习默读的具体方法——学会在课本上勾画关键语句，并在感兴趣或有疑惑的地方作标注，以及掌握理清作者思路的具体方法——学会通过划分段落层次、抓关键语句等方法。

此外，解读单元还要看单元整体安排与提出的相关学习要求。本单元的课文从文体看，《纪念白求恩》是议论性散文，《回忆我的母亲》是写人记事散文，《梅岭三章》是诗歌，《诫子书》是文言文。在课文学习的"预习"部分提到了默读、知人论世、批注等阅读方法，在课后"思考探究"中提出了归纳要点、概括品格、分析段落关系、分析对比手法、分析语言、阅读拓展文章、背诵等要求。课文之外还安排了多项学习内容，包括阅读综合实践、写作实践、综合性学习活动三方面内容。阅读综合实践中包括三个内容：第一方面，以"我想对您说"为内容撰写3分钟演讲稿；第二方面，分析课文关键语句；第三方面，品析褒贬鲜明、富于情感色彩、有临时语境意的词语，根据表达的需要，恰当运用赐予的感情色彩。写作实践则以"思路要清晰"为能力训练点，要求学生完成习作。综合性学习活动以"少年正是读书时"为主题，旨在引导学生爱上读书，掌握一定的阅读方法。

根据以上对课标相关内容和单元说明及课时学习要求等方面的分析，我们提炼出"人生之舟"为本单元学习主题。核心问题是：如何理清文章思路，理解人物的高尚人格？

## 【单元教学内容分析】

本单元以"人的一生如何过得充实有意义"为主题，精心选编了四篇各具特色的课文，旨在让学生在默读中领会作品诠释的人生价值和意义。

《纪念白求恩》是毛泽东同志的一篇产生过极大影响、在中国家喻户晓的议论性散文，文章叙议结合，先叙述白求恩支援中国抗战的事迹，再论述他毫不利己专门利人的精神，最后表达痛惜之情，号召大家学习白求恩精神；《回忆我的母亲》是一篇回忆性写人记事散文，朱德同志通过叙述，展现了母亲勤劳一生、爱憎分明和深明大义的特点，表达对母亲的感激和怀念；《梅岭三章》是陈毅同志所做诗歌，通过描绘自然景观和运用象征手法来表达对人生意义的思考；文言文《诫子书》是诸葛亮的名篇，从立志、明志的条件和立志的重要性告诉人们如何驾驭人生之舟，人的一生如何过得充实有意义。值得注意的是，前三篇课文作者都是伟大的无产阶级革命家，从不同角度展示了革命家对于崇高精神的赞颂，最后一篇是古代先贤的教子名篇，影响深远……

这四篇文章各具特色，但是都展示了作者对人生价值的思考。在教学中应当向学生补充一定的背景知识，引导学生知人论世，同时关注文章思路，体会文章彰显的理想光辉和人格力量。

## 【学习者分析】

### 一、学习经验

同学们经过前三个单元的学习，已经具备了一定的阅读理解能力和文学鉴赏能力。能够通过阅读不同文体的作品，明确不同的表达方式，并能够从文中提取关键信息进行概括，如概括人物精神品质等。在阅读方法上，已经掌握了基本的默读方法：不出声，不动唇，不指读，不回看，一气读完全文，以保证阅读感知的完整性和一定的阅读速度。对于人生的意义和价值有一定的认知和思考。但是受限于年龄和认知水平，他们在理清文章思路，深入体会文章彰显的理想光辉和人格力量方面还存在一些困难和挑战。

### 二、学习兴趣

七年级的学生正处于青春期，他们开始对人生的意义和价值产生更深入的思考。本单元的作品都围绕着人生如何过得充实的主题展开，深入探索和讨论课文，可以激发他们的阅读兴趣和探索欲望，引发他们对人生意义和价值的深入思考。

### 三、学习障碍或困难

由于七年级学生的认知水平和生活阅历有限，他们可能难以深入理解文章彰显的理想光辉和人格力量。比如，《纪念白求恩》和《回忆我的母亲》都涉及深刻的情感体验和人生哲理，学生可能难以完全理解和感受到作者的情感深度和作品的深层意义；《梅岭三章》包含丰富意象，运用了不少典故，诗歌丰富的象征意义对于七年级学生来说可能是一个挑战。同时，学生可能很难将文章彰显的理想光辉和人格力量与自己的现实世界相联系，进而难以将自己的人生价值与祖国的发展、民族的命运目标相勾连，故而对文章彰显的理想光辉和人格力量的理解难以深入。

## 【单元学习目标】

第四单元的导语从"人的一生如何过得充实有意义"和"默读"两个内容，表述了本单元的人文主题和语文要素。从语文要素出发，本单元的能力训练点：一是学习默读；二是学会在课本上勾画关键语句，找到感兴趣或有疑惑的地方并批注；三是掌握划分段落层次、抓关键语句等方法，理清作者思路。从人文主题看，本单元的课文展现了不同榜样人物的精神品质或如何做人做事的人生道理：《纪念白求恩》赞扬了白求恩的国际主义精神、毫不利己专门利人的精神和对待工作精益求精的精神；《回忆我的母亲》展现了锺太夫人勤劳俭朴的品格；《梅岭三章》展现了陈毅同志不屈的战斗意志和对革命必胜的信念；文言文《诫子书》阐述修身养性、治学做人的深刻道理。因此，需要引导学生理解作者对生活的思考，体会文章彰显的理想光辉和人格力量。

基于上述分析，确定本单元的学习目标是：

1. 学习默读，每分钟不少于500字。

2. 能学会运用批注符号进行阅读，批注感兴趣或有疑惑的地方。

3. 能通过抓关键语句，划分段落层次，概括文章大意，理清作者思路。

4. 能理解作者对生活的思考，学习榜样人物的优秀品质，形成正确的世界观和价值观，学会为自己规划有意义的人生。

## 【单元任务分解及评估】

### 一、核心任务

本单元的核心任务是布置人生榜样宣传册展示走廊，要求学生将课时任务按照评价标准打磨后参加展示。此任务旨在引导学生深入挖掘不同榜样人物的精神品质，体会文章彰显的理想光辉和人格力量。任务情境如下：

人的一生如何过得充实而有意义？每一代人都有自己的回答。但总有一些精神，代代传承，历久弥新，总有一些人生榜样永远鼓舞和激励人们奋勇前行！为了宣传榜样人物的精神品质，发挥榜样精神的引领作用，学校决定布置"青春有格，止于至善"——人生榜样宣传册展示走廊。请你化身榜样后援会的一员，为榜样们制作宣传册。

具体做法：将一张A4纸四等分，形成手册的四个页面，第一页作为封面，其他三页作为内容页。上述A4纸共4份，分别制作"白求恩"主题、"朱德母亲"主题、"陈毅元帅"主题、自选人生榜样主题。

## 二、任务分解

子任务一：设计不同榜样人物宣传册。

子任务二：制作自选榜样人物宣传册。

子任务三：撰写榜样宣传走廊前言。

子任务四：布置人生榜样宣传册展示走廊。

## 三、任务评估

人生榜样宣传册评价量表

| 维度　　　　标准　　等级 | 榜样后援会会员 | 榜样后援会骨干 | 榜样后援会会长 |
|---|---|---|---|
| 宣传册封面 | 导语部分，为整本纪念册做三言两语式的简介。书法名称部分，看不出典型的书体特征或不成书体。字迹不太工整，整体布局缺乏美观性，有污迹或大片改动痕迹 | 导语部分，语言自然亲切，主旨清晰明确，有一定吸引力，字迹工整明晰。书法名称部分，呈现典型的书法文体特征，且样式设计简约。布局、样式、内容、主题、语言、字体等有两项及以下明显短板，但瑕不掩瑜 | 导语部分，对描写人物精神品质进行融会和提炼，言简意丰。语言生动有趣，富有感染力和独特意趣。书法名称部分，呈现典型的书法文体特征，且样式设计美观大方、令人印象深刻。布局、样式、内容、主题、语言、字体等没有明显短板，且有几项表现突出 |

（续表）

| 维度 \\ 等级标准 | 榜样后援会会员 | 榜样后援会骨干 | 榜样后援会会长 |
|---|---|---|---|
| 内容章·页1：叙生平 | 能从课文或阅读材料中摘录或概括人物的事迹。字数较少。布局上只是事件的罗列 | 内容上，能从课文及阅读材料中摘录或概括人物的感人事迹（非生平大事记），事件切合人物精神品质主旨，数量2—3件。图文配合恰当。采用了时光轴、流程线、思维导图等，形式美观，字迹工整 | 内容上，能从课文及拓展阅读、课外材料中摘录或概括人物的感人事迹或非凡经历，事件突出人物精神、彰显可贵品质，数量4件及以上，排布有序。采用多种样式的框线、色彩、图形辅助展示，图文并茂。形式多样，字迹优美。语言生动、富有感染力 |
| 内容章·页2：议品质 | 能从课文或拓展阅读中摘录部分内容（场景、形象、动作、语言等），圈点勾画出部分词句，并有少量批注。能写出人物典型的精神品质 | 能从课文及拓展阅读中摘录部分内容或改编最打动你的场景、形象、动作、语言等，运用圈点勾画的技巧，批注自我感悟，情真意切。能对人物精神品质进行概括，且该品质能够对应前述事迹 | 能从课文及拓展阅读、课外阅读中摘录部分内容或改编最打动你的一个场景、人物的一种形象、人物的一个动作细节、人物的一段经典语言，熟练运用圈点勾画的技巧，批注自我感悟、理性思考、心得体会；还能结合他人评价，全面、多方位地了解该人物；能对人物精神品质进行突出、提炼、概括，且能运用引导线或其他形式将前页事迹与本页精神对应契合 |

（续表）

| 维度 \ 等级标准 | 榜样后援会会员 | 榜样后援会骨干 | 榜样后援会会长 |
|---|---|---|---|
| 内容章·页3：颂精神 | 能简言概括人物精神品质，能串联人物事迹，突出人物精神品质 | 能生动概括人物精神品质，凸显人物高光事迹、彰显其精神，多用对偶词语，语言精练 | 能大笔写意，点明人物的事迹；纵深开掘，彰显人物的精神；综合表达，将情感有机融合；言简义丰，突出价值和影响 |

## 【单元任务管理及课时安排】

本单元对于引领学生向崇高人物、理想人格学习，树立正确的人生观、价值观有着非常重要的作用。在此之前，学生已经完成了写人叙事类文章和写景抒情类文章的初步阅读与写作。在本单元，学生将学习如何思路清晰地表现人物的高尚品格。

本单元教学的核心任务是布置人生榜样宣传册展示走廊。教学目标是围绕这一任务依托课文分别制作不同榜样的宣传册，以及撰写人生榜样宣传册展示走廊的前言：依托《纪念白求恩》制作"白求恩"主题宣传册，依托《回忆我的母亲》制作"朱德母亲"主题宣传册，依托《梅岭三章》制作"陈毅元帅"主题宣传册，依托《诫子书》撰写人生榜样宣传册展示走廊的前言。最后每位同学还需自选人物，制作人生榜样主题宣传册。

本单元的教学思路是：第一课段，通过阅读，让学生品析不同文体的文章如何展现人物品质、理想光辉，激发学生对课本中崇高人物的敬佩之情。第二课段，通过调查问卷以及讨论问卷结果、阅读拓展文章，让学生明确崇高精神品质的内涵，确定榜样人物应该具备怎样的品质，制作自选人物榜样宣传册。第三课段，通过仿写《诫子书》，概括榜样人物的精神内涵。第四课段，单元展示课——布置人生榜样宣传册展示走廊，根据评价标准完成展示。四个课段之间是层进关系，逐步推进完成。第一课时到第四课时属于第一课段，完成子任务一；第五课时属于第二课段，完成子任务二；第六课时属于第三课段，完成子任务三；第七课时属于第四课段，完成子任务四。

| 第一课时 | 第二课时 | 第三课时 | 第四课时 |
|---|---|---|---|
| 《纪念白求恩》，完成"白求恩"主题宣传册"叙生平""议品质" | 《纪念白求恩》，完成"白求恩"主题宣传册封面、"颂精神" | 《回忆我的母亲》，完成"朱德母亲"主题宣传册 | 《梅岭三章》，完成"陈毅元帅"主题宣传册 |

| 第五课时 | 第六课时 | 第七课时 |
|---|---|---|
| 拓展阅读，讨论榜样人物精神，理解崇高品质内涵，完成自选榜样人物宣传册 | 《诫子书》，完成人生榜样宣传册展示走廊前言 | 布置并展示人生榜样宣传册展示走廊 |

## 【学习支架】

### 一、圈点勾画符号参考

| 序号 | 符号 | 对象 | 含义 |
|---|---|---|---|
| 1 | 【】 | 词语 | 需要注音或注释的词 |
| 2 | △△△ | 词语 | 精彩词语 |
| 3 | ——— | 词语 | 关键词语 |
| 4 | ══ | 句子 | 中心句、关键句、论点句 |
| 5 | / | 段落 | 段内层次符号 |
| 6 | ‖ | 段落 | 段与段之间的标画 |
| 7 | 1　2　3 | 文章 | 句子序号、自然段序号、结构段序号 |
| 8 | ? | 文章 | 不解或有异议的地方 |
| 9 | ≡ ≡ ≡ | 文章 | 打算摘录的内容 |
| 10 | ×（） | 文章 | 表示否定内容 |

## 二、批注类型

1. 按照位置的不同，批注大致可分为以下四种类型：

眉批：披在书头上；旁批：批在字词句旁边，书页右侧；夹批：批在字行的中间；尾批：批在一段之后。

2. 按照内容的不同，批注大致可分为以下七种类型：

（1）字词积累之处：在读书时，遇到不认识或难懂的字和词语、典故、专用术语，查字典、词典等工具书，弄清读音、意思和用法、出处等，写在空白处。

（2）表意丰富含蓄之处（词句在语境中的含义）：文章中常有一些词语、句子所表达的意思及感情需要和上下文相关处建立联系并调动自己的知识和感受的储备，才能理解准确。这类批注就需要用文字作分析、解释和点评。

（3）标示文章层次结构之处：分析行文顺序结构时，表示时间、方位、顺序的词语往往需要勾画出来，承上启下的语句也要圈点出来，找到这些语言标志，行文结构和作者思路就基本清楚了。

（4）品味赏析处：有特殊写法（对比、想象或者用词有深意），有修辞的句子。

（5）揭示文章或段落中心处：一些段落用中心句点明该段的主要意思，中心句往往在开头和结尾。有的文章会有主旨句，起到卒章显志的作用。

（6）收获或者启发之处：结合生活学习实际，对自己有启发的地方，或者想要记录自己的所思所想，乃至以后的打算。

（7）需要质疑或者审辨之处：在阅读的过程中随时都会有疑问，多数的疑问会随着阅读的推进而找到答案，在有质疑或者需要审辨之处批注，学会和文本对话，利用圈点的方式提高阅读时的思维能力和理解能力。

### 三、圈点批注量规

| 指标 | | 待改进 | 合格 | 优秀 |
|---|---|---|---|---|
| 圈点批注量规 | 符号 | 符号单一，且篇目之间不固定 | 符号有区分 | 符号有区分，形式多样 |
| | 内容 | 不清楚应勾画什么内容，没有重点 | 能够勾画出一定的重点内容 | 勾画内容丰富，重点突出 |
| | 批注 | 只圈点，没有批注，对自己的批注没有信心 | 批注内容不具体、不准确、不全面 | 批注内容具体、准确、全面 |
| | 质疑 | 没有质疑问难的精神 | 每一篇能提出一处针对文章主题或者人物精神品质的疑问 | 每一篇能提出三处针对文章主题或者人物精神品质的疑问 |

## 【课时教学设计】

子任务一：设计不同榜样人物宣传册。

### 第一课时 《纪念白求恩》（一）

‖ **学习目标** ‖

1. 通过用不同的批注符号圈点勾画关键语句、划分段落层次、批注段落要点。

2. 从对比手法角度批注文章，了解对比的作用。

3. 批注具有感情色彩的词语，体会词语不同的感情色彩，感受作者富有表现力的论述语言。

4. 通过交流讨论，梳理、概括人物品质。

‖ **学习过程** ‖

【学习环节一】初读，梳理人物经历

1. 结合课前故事，交流你所了解的白求恩。

白求恩相关事迹补充材料

**材料一**：1938年的下旬，王震359旅主力开进山西灵丘一带，担负牵制打击日军的任务。在邵家庄伏击战中，彭清云将军被日军一枪打到他右臂中间关节位置，旁边卫生员给他简单包扎以后，他指挥部队迅速撤离。后来彭将军被送到前线医院，但其伤势不断恶化，生命危在旦夕。王震旅长得知后，立刻致电正在前线的白求恩大夫，请求救援。

白求恩冒着大雪连夜赶到彭将军所在的359旅医疗所，及时处置了彭将军的伤病，因为彭的伤势很严重，只能截肢才能保住性命，而且在手术过程中需要输血，此时验血已经来不及了，白求恩大夫毫不犹豫地提出来："输我的血，我是O型血。"正是靠着白求恩及时的救治，挽救了这位战斗英雄的生命。

**材料二**："我今天做了一天的手术，很累，10个病号中有5个非常严重……我的确很累，但我已好长时间没有这么高兴了……我有一份重要的工作，它占据了我从早上5点半到晚上9点的每一分钟。这里的人们需要我，更重要的是，人们表达了对我的需要。"

——白求恩信件

**材料三**：白求恩先后被聘为加拿大联邦和地方政府卫生部门的顾问、美国胸外科学会会员和理事，是享誉北美的著名外科专家。他在20世纪二三十年代发明过包括著名的"白求恩肋骨剪"在内的一系列医疗手术器械，其中一些至今仍在广泛使用。

在西班牙，他创制了流动输血车和野战伤员急救系统，这被认为是今天各国现代军队普遍采用的野战外科医疗方舱（MASH）的雏形。

2. 运用默读方法，在4分钟内速读本文，结合批注工具，标注生字生词、自然段的序号，用"＿＿"勾画出文中介绍人物事迹的语句和用"＿＿"勾画作者评价白求恩的语句，用"（）?"标出有疑问之处，批注疑问。

**【学习环节二】再读，从不同角度批注**

1. 批注关键语句。

批注角度一：对比的语句。请从文中找出对比的语句，进行批注。

对比的作用。把两种对应的事物对照比较，使形象更鲜明，感受更强烈。

对比手法。文学创作中常用的一种表现手法，是把对立的意思或事物、或把事物的两个方面放在一起作比较，让读者在比较中分清好坏、辨别是非。运用这种手法，有利于充分显示事物的矛盾，突出被表现事物的本质特征，增强文章的艺术效果和感染力。

批注角度二：词语感情色彩。请参考课本补丁，用"△△"画出具有鲜明情感色彩的词语，从词语感情色彩的角度批注课文（"不少的人……所感动"）。找一找，文中还有哪些词语有鲜明的感情色彩？交流你的发现。

2. 交流批注。

说一说白求恩具有怎样的品质，用"这一段赞扬了白求恩……的精神"这样的句式把它表达出来，批注在课文旁。说一说白求恩的品质有什么特点。

| 人物品质 | 品质特点 |
|---|---|
|  |  |
|  |  |

**课后作业**

参考宣传册格式和量规，完成"白求恩"主题宣传册"叙生平""议品质"部分。

## 第二课时  《纪念白求恩》（二）

‖ **学习目标** ‖

1. 通过梳理文章结构，理解段落之间的关联，把握课文写作思路。

2. 通过学习本文叙议结合、以议为主的写法，能区分叙述、议论、抒情的表达方式。

3. 通过对比阅读，深刻体会并学习白求恩大夫国际主义精神、共产主义精神、对技术精益求精的精神。

‖ **学习过程** ‖

**【学习环节一】梳理结构，理清思路**

结合上一节课所学，归纳内容、整理文章结构，并画在下面的方框中。

> (空白框)

**【学习环节二】通过仿写，学习表达**

1. 请完成下列排序练习，体会第四段语言表达层次。

（1）我和白求恩同志只见过一面。

（2）我们大家要学习他毫无自私自利之心的精神。

（3）可是因为忙，仅回过他一封信，还不知他收到没有。

（4）从这点出发，就可以变为大有利于人民的人。

（5）后来他给我来过许多信。

（6）一个人能力有大小，但只要有这点精神，就是一个高尚的人，一个纯粹的人，一个有道德的人，一个脱离了低级趣味的人，一个有益于人民的人。

（7）现在大家纪念他，可见他的精神感人之深。

（8）对于他的死，我是很悲痛的。

---

2. 细读第四段，说一说第四段可以划分为几个层次，各层次之间如何过渡？将你的发现补充在上文框架里。

3. 根据你对全文的理解，用"一个人……，但只要……就是一个……，一个……，一个……，一个……，一个……"仿写本文最后一句，赞颂白求恩。

> (空白框)

**【学习环节三】拓展文本，理解精神**

阅读拓展文本，勾画文中表明白求恩精神品质的关键句，填写下方表格。

| 文章 | 你读到的白求恩精神品质 | 你对他的精神品质有何感悟？ |
|------|------------------------|-----------------------------|
|      |                        |                             |
|      |                        |                             |
|      |                        |                             |

**拓展阅读**

批注区

## 1. 纪念白求恩同志（节选）

### 朱　德

白求恩同志是真正充满着共产主义国际主义精神的优秀党员，从他身上，表现了共产党人的高尚纯朴的品质。

白求恩同志是富于国际主义精神的模范。他清楚地知道，无产阶级如果不能解放一切劳动人民、解放一切民族、解放全人类，就不能解放自己，所以他忠诚地帮助一切被压迫人民、一切被压迫民族争取自己解放的斗争。他曾经参加了西班牙人民反对德意法西斯侵略者和反对本国反革命军阀的斗争，又参加了中国人民的抗日战争。他把中国人民的解放当作他自己的事业。在他致毛泽东同志的一封信中热烈地表示："我在此间不胜愉快，且深感我们应以英勇的中国同志们为其美丽的国家而对野蛮搏斗的伟大精神，来解放亚洲。"白求恩同志这种国际主义的伟大精神，每个中国共产党党员都应该学习。

白求恩同志的高尚的共产主义品质，还表现在他对工作的无限责任心，他的实际主义作风，和对同志对人民的无限热忱。他已五十多岁了，不顾战地各种危险和困难，亲自跑到火线附近，在炮火下抢救受伤的将士，他说："一个革命医生坐在家里等着病人来叩门的时代已经过去了，医生应该跑到病人那里去，而且愈早愈好。"甚至在意外的情况下，即使不能赶到作战地区，至少也可以在半路上找到伤兵运回后方。他的技术高明，在我军中为第一位，但仍精益求精，研究在游击战争环境下如何进行医疗工作。他不但以这种极端负责任的精神来执行自己的业务，并且教育了他周围一切人，从医生、护士到勤务、马夫，告诉他们"没有哪一件工作是小的，没有哪一件工作是不重要的"；鼓励他们每个人"要学习独立工作，不要那半斤八两的帮助"。

白求恩同志，是一个富于实际主义精神的人，他看到我军许多医生技术水平低，便把教育和提高医生、护士作为自己的职务，他自己写课本，办学校，走到哪里，教到哪里，没有夸夸其谈、言多于行的坏习气。他说："空谈代替不了行动，话是人们发明来描写行动的，照它本来的目的去用它吧。"白求恩同志的工作和著述中正充满着这种明亮清透的实际主义的光辉。

白求恩同志对同志对人民满腔热忱，坦白正直。他对一切伤病员、一切同志、劳动人民，表现了他无限的忠诚热爱和无条件帮助他们，平等地看待他们中的任何人，体贴关心，无微不至。他也最能坦白正直，批评他们的缺点，严正地指斥工作中的毛病，帮助改正。凡是受过他治疗或看见过他工作的人，莫不为之感动。至今晋察冀的军民心中，仍怀念着白求恩这个亲切的名字。……

（选自《白求恩纪念文集》，生活·读书·新知
三联书店2018年版）

## 2. 我们时代的英雄
宋庆龄

和过去的人类世界相比，我们的世界极其复
杂。由于交通极其发达，在地球上每一部分和人类
社会中的各种重大事件均有密切的联系。没有孤立
的灾难，也没有一种进步不是会促成全面进步的。
这种情况反映在人们的思想里。人们的思想内容在
范围和复杂的程度上现在也具有世界性。一个为自
己的人民和国家谋福利的人若单单联系毗邻的国家
来考虑本国的形势是不够的。世界大势包围着我们
每一个人，我们必须投身其中并有所贡献才能够左
右自己的前途。今天人类最崇高的任务是：认清反
动和死亡的势力，并同它进行斗争，加强并实现今
天的世界所提供的、以前的世界从未有过的、给所
有的人一个美满的生活的种种可能性。

任何时代的英雄都是这样一种人：他们以惊人
的忠诚、决心、勇气和技能完成了那个时代放在人
人面前的重要任务。今天这些任务是世界性的，因
此当代英雄——无论是在本国或外国工作——也是
世界英雄，非但在历史上是如此，而且现在也是
如此。

诺尔曼·白求恩就是这样一位英雄。他曾在三
个国家里生活、工作和斗争——在加拿大，他的祖
国；在西班牙，各国高瞻远瞩的人士曾成群结队地
去那儿参加人民反抗纳粹主义和法西斯主义的黑暗
势力的、第一次伟大的斗争；在中国，他曾在这儿

协助我们的游击队，在日本法西斯军人自以为已经被他们征服的地区，夺取并建立了民族自由与民主的新根据地，并且协助我们锻炼出终于解放了全中国的、强大的人民军队。在一种特殊的意义上，他属于这三个国家的人民。在更广泛的意义上，他属于和对国家对人民的压迫进行斗争的一切人。

诺尔曼·白求恩是一位医生，他曾用他所最熟悉的武器在医务方面进行斗争。在他本人的科学范围内，他是一位专家和创导者——他把他的武器保持得锋利如新。而且他，自觉而一贯地，把他的伟大的技能贡献给反抗法西斯主义和帝国主义的斗争的先锋。对他来说，法西斯主义是一种比任何其他疾病对人类危害更大的疾病，一种摧毁千千万万人的身心的疫病，并且它既否认人的价值，也就是否认了一切为人的健康、活力和生长服务的科学的价值。

诺尔曼·白求恩在日军炮火之下传授给中国学生的技术的价值，决定于它们使用的目的。德国和日本是科学技术高度发达的国家，但是因为它们曾为人类进步的敌人所领导，它们的科学与技术只给人类带来了灾难。人民的战士有掌握最高的专门技术的责任，因为只有在他们的手中技术才能够真正为人类服务。

白求恩大夫是第一个把血库送到战场上去的医生，他的输血工作曾为西班牙共和国挽救了数以百计的战士的生命。在中国，他提出并实践了这个口号："医生们！到伤员那儿去！不要等他们来找你们。"在一个与西班牙完全不同的而且远比西班牙落后的环境里，他组织了一种游击队的医疗机构，挽救了成千上万的我国最优秀最英勇的战士。他的计划和实践不仅建立在医疗的科学和经验的基础上，而且也建立在对军事和政治的研究以及人民战争中战场上的经验之上。在西班牙和中国的白求恩是医学战场上的一员先锋。

他充分了解了这种斗争的形势、战略、战术和地势，同时他也知道，对于那些为了自己的家庭和前途而与其他自由的人们并肩作战的自由的医务工作者，人们可以抱着什么希望。他训练出来的医生、护士、护理员在他的教导之下，不仅将自己看作技术助理人员，而且看作前线战士，和战斗部队担负着同样重大的任务。

这些工作白求恩是在万分困难的情况下完成的，一个医生对自己的任务如果没有多方面的认识是绝不可能克服这些困难的。他在中国最落后的地区的山村里完成了这些工作，事前对中国语言及中国人民几乎一无所知，而且在他自己为肺病侵蚀的身体里，除了他的炽热的信心和钢铁般的意志以外别无其他力量。

是什么杀害了白求恩大夫？白求恩大夫是在反抗法西斯主义和反动势力的斗争当中牺牲的，他为那个斗争献出了他的热情、技能和力量。他工作的地区当时不仅被日寇封锁，而且同时被蒋介石的反动政府封锁，那个政府始终宁可与敌人妥协，放弃胜利，而不愿进行人民的战争。白求恩为之斗争的那些人不仅被认为不配使用武器弹药，甚至不配使用医药器材来救治伤员。他们因为得不到现代的抗毒药品而死于传染病。

白求恩死于败血病，这是动手术未戴橡皮手套而又无磺胺制剂可用以医疗的结果。

白求恩大夫创立的国际和平医院，现在在中国终于获得了自由的新情况下进行工作。但是白求恩死后，曾和他在西班牙共同工作的吉西大夫奉派继任，却被蒋介石的封锁阻止而未能到任。印度医疗队的柯棣华大夫终于担任了白求恩大夫设立的一个医院的院长，英勇地继续了他的工作，后来也死在岗位上——也是因为缺乏可用来为他医治的药品。白求恩大夫和柯棣华大夫是许多牺牲者中的两位，这些牺牲者，如果当时没有封锁，可能现在仍旧活着为全世界自由人民的事业进行斗争。

我很荣幸来介绍诺尔曼·白求恩大夫的生平，让为数更多的人能够认识这位当代英雄——他如此崇高地象征着所有人民在争取自由的斗争中的共同利害。他的生、死和他所遗留的事业与我个人关系特别密切，这不仅由于他对我国人民的民族解放战争的伟大贡献，而且由于我个人在由我任主席的保卫中国同盟内的工作。保卫中国同盟正在为继续白求恩的事业的白求恩和平医院及白求恩医学院获得援助而工作。

新中国永远不会忘记白求恩大夫。他是那些帮助我们获得自由的人中的一位。他的事业和他的英名永远活在我们中间。

（选自《白求恩纪念文集》，生活·读书·新知三联书店2018年版）

### 3. 要拿我当一挺机关枪使用——怀念白求恩同志

聂荣臻

一想起伟大的国际主义战士白求恩同志，我对他的崇敬和怀念之情，就久久不能平静。

毛泽东同志在《纪念白求恩》的文章里，对他的光辉形象和高贵品质，做了最概括最本质的论述。

　　我在晋察冀同白求恩同志有过多次接触，并且多次听到关于他舍身忘己，救死扶伤，以及在晋察冀敌后医务建设和培训医务人员工作中的许多动人业绩。说他为晋察冀以至中国人民作出了卓越的贡献和建立了伟大的功绩，是一点也不夸大的。

　　不能忘记，1938年6月，他从延安来到晋察冀，我在山西五台的金刚库村第一次见到他。高高的个子，虽然还不到五十岁，却已苍苍白发，但目光炯炯，精神奕奕，是那样严肃而又热情。我看到他跋涉千里，旅途一定很劳累了，劝他多休息几天再谈工作。他这样回答我："我是来工作的，不是来休息的，你们要拿我当一挺机关枪使用。……"这句洋溢着革命者战斗激情的回答，至今还回荡在我的耳际。

　　不能忘记，那年9月的一天，我接待了从战地回来的白求恩同志。我向他讲了军区部队刚刚在石盆口打了一个漂亮的伏击战，打死了日寇指挥官清水少将，歼灭了日伪军七八百人，缴获了一批武器弹药。他听了高兴地称颂毛泽东同志的战略、战术。同他一起吃饭的时候，又谈起了他建立的模范医院，在日寇"扫荡"中被烧毁了。他以坦率的自我批评，讲了他在残酷的敌后游击战争环境里建立正规化医院的想法，是不合实际的。我说："是啊，我们是要建立正规化医院的，但敌人不让啊。后方医院的建设，要更加从实际出发，注意内容。"他频频点头。此后不久，他根据毛泽东同志关于游击战争的光辉思想和他切身的实践经验，编写了《游击战争中师野战医院的组织和技术》一书，给敌后医务工作者留下了珍贵的礼物。他就是这样，用科学家的求实精神、共产党员诚恳的自我批评，严格要求自己的。

不能忘记，1939年7月1日，在晋察冀边区党的代表大会上，他以特邀代表身份从冀中平原赶来参加大会。他在发言中说："我们来中国，不仅是为了你们，也是为了我们。……我决心和中国同志并肩战斗，直到抗战最后胜利。我们努力奋斗的共产主义事业，是不分民族，也没有国界的。"他就是用这样质朴的语言，表达了他的共产主义胸怀和国际主义精神。

不能忘记，当党中央已经同意他的要求，回加拿大去一趟，向全世界揭露日本法西斯在中国的血腥暴行，争取欧美人民给英勇的中国抗日军民以更多的物质和技术援助的时候，他给我写了一封热情洋溢的信，大意是要求到各医院进行一次巡视，说："在做完这项工作以前，我决不离开。"他还表示，回国前希望与我面谈一次。接信后，我到前方医院去看望了他。他恳切地说，到中国以后，一直忙于医疗工作，对中国革命的许多问题，没有来得及深入思考，但在同中国同志的并肩战斗中，对中国革命有很深刻的印象；他很钦佩毛泽东同志的正确领导，表示深信，不管环境再残酷，道路再艰苦，斗争再持久，有中国共产党和毛泽东同志的正确领导，革命是一定会胜利的。为了进一步理解中国革命，希望在回国前找个时间，同我详细地面谈一次，由他提问题，我来解答。我被他这种探求真理的革命热情深深感动，表示很高兴与他共同探讨有关中国革命的各种问题。但不久，日寇对我边区的冬季"大扫荡"开始，他不顾同志们的劝告，毅然参加反"扫荡"战斗。就在这次紧张的战场救护工作中，在一个接一个的繁忙手术中，他划破了手指，链球菌侵入伤口，限于敌后的医药条件，尽管当时我们进行了全力的抢救，终于没有能够挽救他的生命。我热切期待着的与这位伟大国际主义战士的谈话，因此未能实现，成为终身憾事。

白求恩同志虽然离开我们四十年了，但至今，当时在他周围的同志们还铭记着他最后的遗言："不要难过……你们……努力吧……向着伟大的路，……开辟……前面的事业！"他给我的最后的信中写着："最近两年是我生平最愉快、最有意义的时日，……让我把千百倍的谢忱送给你，和其余千百万亲爱的同志！……"他心里装着的是全中国人民。

"青山处处埋忠骨，何必马革裹尸还。"中国人民为了永远纪念他，把他的陵墓建在石家庄。

他是一位杰出的外科医生。他毫不因循守旧，而是用革命的创新精神来不断改革外科手术和外科器械。

他是一个伟大的共产主义战士。他从作为医生的社会实践中，来解剖资本主义社会。他说过："富人可以照顾自己，谁来照应穷人呢？""最需要医疗的人，正是最出不起医疗费的人。"他看到了人民的疾病不能得到医治的社会根源。他最光辉的时刻，是在西班牙反法西斯战场上，和在中国的延安、晋察冀敌后度过的。他从帝国主义这个最凶恶的敌人那里，更清楚地认识到一个共产主义者对人类解放事业应尽的责任。他不空谈政治，而是把政治凝聚在他的手术刀里，用革命的人道主义，救死扶伤。他用外科手术刀作武器，向敌人进行英勇的、忘我的战斗。他在晋察冀的一次战斗中，曾连续六十九个小时为一百一十五名伤员动了手术。哪里最艰苦，哪里最需要他，他就到哪里去。在残酷的战争中，他丝毫不顾个人的安危，而把不能挽救一个人的生命看作是对他最大的痛苦折磨。法西斯使人们流血，他要为人们献血，直至献出自己的生命。法西斯要民主西班牙死亡，要中国沦亡，他要用他的双手，要民主西班牙生存，要中国生存。

他所以成为一个伟大的共产主义战士，绝不是偶然的。他对自己的工作采取了严肃的态度。他是一个医学科学家，不仅用科学态度行医治学，并且通过自己的社会实践，去解剖社会，追求科学真理。正因为这样，当他找到了革命道路以后，就成为一个百折不挠的忠诚的革命战士。我从来不相信一个以自己的工作作为追求名利的敲门砖的人，能够成为一个真正的革命者，尽管这样的人可以欺骗人们于一时。

假如说，一个人有一分热放一分光，那么，白求恩同志所迸发出的耀眼的光芒，则是用比铀更贵重的元素——共产主义精神作为燃料的，特别是他一生在西班牙和中国度过的最后几年里。

在纪念白求恩同志逝世四十周年的时刻，我们要遵循毛泽东同志的教导，认真学习白求恩同志高尚的共产主义和国际主义精神，为在我国实现四个现代化，为社会主义和共产主义事业在全世界取得更大的胜利，而努力奋斗！

（选自《白求恩纪念文集》，生活·读书·新知三联书店2018年版）

课后作业

结合以下材料，完成"白求恩"主题宣传册封面以及"颂精神"相关内容。具体要求如下：

1. 封面页：以下任务二选一，写在宣传册的封面上，表达对白求恩的赞颂。

（1）写一副对联，用上自己喜欢的书法字体。

（2）模仿臧克家《有的人》的形式，为白求恩写悼诗。

2. "颂精神"：参考张桂梅校长的颁奖辞，为白求恩写颁奖辞。

【链接材料1】

有 的 人

臧克家

有的人活着，他已经死了；有的人死了，他还活着。

有的人骑在人民头上："啊，我多伟大！"

有的人俯下身子给人民当牛马。

有的人把名字刻入石头，想"不朽"；有的人情愿作野草，等着地下的火烧。

有的人他活着别人就不能活；有的人他活着为了多数人更好地活。

骑在人民头上的人民把他摔垮；给人民作牛马的人民永远记住他！

把名字刻入石头的，名字比尸首烂得更早；只要春风吹到的地方，到处是青青的野草。他活着别人就不能活的人，他的下场可以看到；

他活着为了多数人更好地活的人，群众把他抬举得很高，很高。

（选自《臧克家诗选》，作家出版社1954年版）

【链接材料2】2020年感动中国人物颁奖辞

改变山区女童命运的公益校长——张桂梅

烂漫的山花中，我们发现你。自然击你以风雪，你报之以歌唱。命运置你于危崖，你馈人间以芬芳。不惧碾作尘，无意苦争春，以怒放的生命，向世界表达倔强。你是崖畔的桂，雪中的梅。

## 第三课时 《回忆我的母亲》

‖ 学习目标 ‖

1. 通过概括文章的主要事件，梳理母亲的生平事迹。

2. 通过赏析文章内容，感受母亲的伟大品格。

3. 通过品析文中议论抒情句，理解其含义，体会"我"对母亲的感情。

‖ 学习过程 ‖

【学习环节一】撰写小标题，叙母亲生平

文章开头即说："我爱我母亲，特别是她勤劳一生，很多事情是值得我永远回忆的。"仔细阅读文章，想一想，母亲的"勤劳"是通过哪些事例体现出来的？请你概括事件，并挑选出你认为最有价值的内容，列出小标题，作为"朱德母亲"宣传册的"叙生平"部分。

【学习环节二】摘录语句，议母亲品质

许多经典作品中的母亲的形象都带有"勤劳"的标签，作者母亲的"勤劳"因何格外感人？作者以及你本人从母亲身上得到哪些教益？请找出母亲形象打动你的相关语句并摘录在"议品质"部分。

**【学习环节三】朗读片段，颂母亲精神**

文中的"我"如何回应母亲的爱？请在文中找出相应句子朗读并理解作者表达的感情，以"我"的口吻为母亲写颁奖辞。

**课后作业**

完成"朱德母亲"主题宣传册封面，写在宣传册的封面上，表达对朱德母亲的赞颂。

1. 为朱德母亲撰写一副挽联，用上自己喜欢的书法字体。

2. 模仿臧克家《有的人》的形式，为朱德母亲写悼诗。

## 第四课时　《梅岭三章》

‖**学习目标**‖

1. 结合注释，自主阅读小序和诗歌，了解诗歌背景，理解诗歌内容。

2. 通过梳理诗歌意象，把握意象内涵，概括革命品质，体会诗人炽热的情感和豪壮的情怀。

3. 品味诗句的艺术感染力，体会全诗的意蕴内涵。

‖**学习过程**‖

**【学习环节一】疏通诗歌大意，述梅岭传奇**

1. 请结合注释，疏通诗歌大意。

2. 结合下面背景资料，以陈毅的口吻讲述诗歌背景，写在"陈毅"主题宣传册"叙生平"部分。

**【链接材料】作者简介以及诗歌背后的故事**

陈毅元帅，1901年生于四川省乐至县。曾留学法国。1928年随朱德率领南昌起义的部分队伍上井冈山与毛主席会师。红军长征时，留在江西担负军、政工作。"皖南事变"后，担任新四军代理军长。新中国成立后，第一任上海市市长，后又任国务院副总理兼外交部部长等职。1972年1月6日因病逝世。

1934年秋，第五次反围剿失败，红军主力被迫撤离江西根据地，开始了二万五千里长征。陈毅因腿部受伤，和留下的同志一起上山打游击。他们历尽艰险，辗转到达赣南梅岭地区，坚持开展游击战争。1936年，蒋介石不顾国家和民族的利益，对南方游击队发动猖狂进攻。由于被叛徒出卖，困于梅岭，陈毅负伤又加患病，被围困于丛莽间达20天之久，生死关头，他写下了《梅岭三章》藏于衣底，作为自己的绝命诗。后来，包围解除，他又补写了诗前的小序。

> 诗歌翻译：

**【学习环节二】把握意象内涵，议革命品质**

请梳理三首诗中的意象，把握意象内涵，概括革命品质，誊写在"陈毅主题"宣传册"议品质"部分。

| 意象群 | 内涵 | 精神品质 |
| --- | --- | --- |
| 泉台、烽烟、血雨腥风 | 概括革命征程的艰辛 | 英勇无畏 |
| | | |
| | | |

**【学习环节三】朗读诗歌，赞颂精神气概**

选取一两处最有表现力的词语，旁批该词的表达效果，作为"陈毅主题"宣传册"颂精神"部分。

| 诗歌 | 批注 |
| --- | --- |
| 示例：断头今日/意如何 | "断头"读得坚定，显示诗人遇险时的镇定从容 |
|  |  |
|  |  |

**课后作业**

完成"陈毅"主题宣传册封面。以下任务二选一，将以下内容写在宣传册的封面上，表达对陈毅元帅的赞颂。

1. 誊抄《梅岭三章》中任意一首，用上自己喜欢的书法字体。

2. 参考《纪念白求恩》课后作业中感动中国颁奖辞示例，模仿感动中国颁奖辞，为陈毅元帅写一段颁奖辞。

**子任务二：制作自选榜样人物宣传册。**

## 第五课时 拓展阅读

‖ **学习目标** ‖

1. 通过阅读拓展文本，进一步深入理解榜样人物的精神品质。

2. 通过制作自选人物榜样宣传册，学习榜样精神，学会规划自己的人生。

‖ **学习过程** ‖

**【学习环节一】阅读文章，探讨榜样精神品质**

任选三篇阅读拓展文章，探讨文章中榜样的精神品质，将你的认识填写在下面表格中。

| 文章 | 榜样人物 | 精神品质 | 你认为榜样应该具备怎样的品质 |
|---|---|---|---|
|  |  |  |  |
|  |  |  |  |
|  |  |  |  |

**拓展阅读**

批注区

### 1. 八步沙·六老汉·三代人

新华社记者　任卫东、姜伟超、文静、张睿

有这样一群人，死去的和活着的被一起树碑立传；

有这样六位老汉，不但把自己"埋"进沙漠，还立下了父死子继的誓约；

有这样的三代人，子承父志、世代相传，守得沙漠变绿洲。

20 世纪 80 年代，八步沙——腾格里沙漠南缘甘肃省古浪县最大的风沙口，沙漠从这里以每年 7.5 米的速度吞噬农田村庄，"秋风吹秕田，春风吹死牛"。

当地六位年龄加在一起近 300 岁的庄稼汉，在承包沙漠的合同书上按下手印，誓用白发换绿洲。

38 年过去，六老汉如今只剩两位在世。六老汉的后代们接过父辈的铁锹，带领群众封沙育林 37 万亩，植树 4 000 万株，形成了牢固的绿色防护带，拱卫着这里的铁路、国道、农田、扶贫移民区。

这不仅仅是六个人的故事，也不仅仅是六个家庭的奋斗，更不仅仅是三代人的梦想，这分明是人类探寻生存之路过程中对大自然的敬礼！

### 老汉立誓，要用白发换绿洲

甘肃省古浪县是全国荒漠化重点监测县之一，境内沙漠化土地面积达到239.8万亩，风沙线长达132千米。

在大自然严苛的条件下，这里的人们用十倍百倍的汗水，为一家老小糊口谋生。

到了20世纪80年代初，沙化加剧，沙漠以每年7.5米的速度向前挺进，已经是"一夜北风沙骑墙，早上起来驴上房"。

"活人不能让沙子欺负死！"

1981年，随着国家三北防护林体系建设工程的启动和实施，当地六位老汉郭朝明、贺发林、石满、罗元奎、程海、张润元，在合同书上摁下红指印，以联户承包的形式组建了八步沙集体林场。

当时，他们中年龄最大的62岁，最小的也有40岁。

在一个天刚蒙蒙亮的早晨，六老汉卷起铺盖住进沙窝。

这一干就再也没有回头。

在沙地上挖个坑，上面用木棍支起来，盖点茅草，当地人叫"地窝铺"，夏天闷热不透气，冬天沙子冻成冰碴子，摸一把都扎手。

六老汉节衣缩食，凑钱买上树苗，靠一头毛驴，一辆架子车，几把铁锹，开始了治沙造林。

没有治沙经验，只能按"一步一叩首，一苗一瓢水"的土办法栽种树苗。

然而，在沙漠中种活一棵树比养活一个孩子都难。第一年，六老汉造林1万亩，转过年一开春，一场大风，六七成的苗子没了。

老汉们慌了，"难道家真的保不住了吗?"当时的古浪县林业局局长听闻，带着6名技术员来到八步沙，一起出谋划策。

他们发现，有草的地方栽种的树苗"挺"过了狂风。兴奋之余，六老汉重拾信心，总结出"一棵树，一把草，压住沙子防风掏"的治沙经验。

慢慢地，树苗的成活率上去了，漫天黄沙中显现出点点滴滴的绿。

沙漠里最难的不是种草种树，而是看管养护。当地的村民世代都在沙漠里放羊，新种的树几天就会被啃光。树种下后，六老汉调整作息，跟着羊"走"：每天日头一落就进林地"值班"，夜里12点再爬进沙窝休息。

渐渐地，一个乔、灌、草结合的荒漠绿洲在八步沙延伸。

十年过去，4.2万亩沙漠披绿，六老汉的头白了，甚至过早走完了人生路。1991年、1992年，66岁的贺老汉、62岁的石老汉相继离世。

贺发林老汉肝硬化晚期昏倒在树坑旁。

石满老汉是全国治沙劳动模范。他没有埋进祖坟，而是埋在了八步沙。他去世前一再叮嘱："埋近点，我要看着林子。"

### 薪火相传，沙地播撒绿意

后来的几年里，郭朝明、罗元奎老汉也相继离世。老汉们走的时候约定，六家人每家必须有一个"接锹人"，不能断。

就这样，郭老汉的儿子郭万刚、贺老汉的儿子贺中强、石老汉的儿子石银山、罗老汉的儿子罗兴全、程老汉的儿子程生学、张老汉的女婿王志鹏接过老汉们的铁锹。

"六兄弟"成了八步沙第二代治沙人。

2017年，郭朝明的孙子郭玺加入林场，成为八步沙第三代治沙人。

父死子继、子承父志、世代相传，成了六家人的誓约。

1982年，62岁的郭老汉病重，经常下不了床，30岁的郭万刚接替父亲进入林场。当时郭万刚在县供销社端着"铁饭碗"，并不甘心当"护林郎"，一度盼着林场散伙，好去做生意。

他曾怼父亲："治沙，沙漠看都看不到头，你以为自己是神仙啊！"

一场黑风暴，彻底改变了郭万刚。

1993年5月5日17时，当地平地起风，随即就变得伸手不见五指，蓝色的闪电伴着清脆的炸雷轰了下来。郭万刚当时正在林场巡沙，还没反应过来就被吹成了滚地葫芦，狂风掀起的沙子转眼将他埋在了下面。

郭万刚死里逃生。

第二天早上，一个消息传来：黑风暴致全县23人死亡。

郭万刚沉默半天，此后再也没有说过离开八步沙。

1991年，21岁的贺中强在父亲倒下的树坑旁捡起铁锹，进入林场；1992年，22岁的石银山接替父亲进入林场；2002年，30岁的罗兴全接替父亲进入林场……

当年的娃娃现在也一天天变成了老汉。但八步沙更绿了。

据测算，八步沙林场管护区内林草植被覆盖率由治理前的不足3%提高到现在的70%以上，形成了一条南北长10千米、东西宽8千米的防风固沙绿色长廊，确保了干武铁路及省道和西气东输、西油东送等国家能源建设大动脉的畅通。

在林场的涵养下，附近地区林草丰茂，大风天气明显减少，全县风沙线后退了15千米。

### 三代治沙　时代圆梦

治沙不能只守摊子。在八步沙治理好后，2003年，"六兄弟"主动请缨，向腾格里沙漠的黑岗沙、大槽沙、漠迷沙三大风沙口进发。

"六兄弟"连续在治沙现场搭建的窝棚中度过了十多个春秋。早上披星出发巡护，夜里蜷进窝棚，每日步行30多千米，用坏的铁锹头堆满了整间房子。完成治沙造林6.4万亩，封沙育林11.4万亩，栽植各类沙生苗木2 000多万株。

柠条、花棒、白榆等沙生植被郁郁葱葱，工程量相当于再造了一个八步沙林场。

从天空俯瞰下来，一条防风固沙绿色长廊像一位坚强的母亲，将黄花滩移民区10多万亩农田紧紧抱在怀里。当地林业部门的干部说，在林场的保护和涵养下，周边农田亩均增产10%以上，人均增收500元以上。

"有了'活'着的八步沙，才有'活'着的黄花滩！"黄花滩生态移民后续产业专业合作社党委书记胡中山这样评价。

党的十八大以来，以习近平同志为核心的党中央站在中华民族永续发展的高度，坚定不移推进生态文明建设，"六兄弟"得以不断放飞梦想，治沙造林的步伐不断前进。

"六兄弟"成立了一家公司，先后承包实施了国家重点生态功能区转移支付项目、"三北"防护林等国家重点生态建设工程，并承接了国家重点工程西油东送、干武铁路等植被恢复工程项目，带领八步沙周边农民共同参与治沙造林，在河西走廊沙漠沿线"传经送宝"。

2018 年，在古浪县委县政府的鼓励帮助下，八步沙林场将防沙治沙与产业富民、精准扶贫相结合，流转了 2 500 多户贫困移民户的 1.25 万亩荒滩地，种植梭梭嫁接肉苁蓉 5 000 亩，种植枸杞、红枣 7 500 亩，帮助贫困移民发展特色产业，一年下来光劳务费就发放了 300 多万元。

古浪是藏语"古尔浪哇"的简称，意为黄羊出没的地方。但由于土地荒漠化严重，这里的人以前就没见过黄羊。随着治沙成效越来越显著，黄羊的身影重新回到了这片土地。

除了黄羊，金雕、野兔、野猪等野生动物也时常出没在附近沙漠，"封禁保护区"变成了"动物乐园"。

1999 年，甘肃省绿化委员会、省林业厅、中共古浪县委县政府曾为"六老汉"和郭万刚及八步沙林场镌碑立传。今年 3 月份，"六老汉"三代人治沙群体又被授予"时代楷模"荣誉称号。

只有荒凉的沙漠，没有荒凉的人生。

个人敢做梦，时代能圆梦。郭万刚哥几个曾经印刷过一张名片，背后是一幅绿茵茵的生态家园图：山岳染绿，花木点点，雁阵轻翔。这正是他们不懈追求的美丽梦想。

（选自 2019 年 3 月 28 日新华网报道）

## 2. 让榜样成为这个时代最闪耀的"顶流"

张 砥

在 2020 年底举行的全球顶尖科学家大会上，钟南山院士做主题发言时讲了一段意味深长的话："相信青年人会以很多科学家，包括这次参会的科学家为偶像。但是我们成为偶像的目的是更好地消除青年人对偶像的盲从。"这番感言随即在舆论场中引发热议，网友纷纷感慨"受教"。

当下社会，偶像常年霸榜社交媒体热搜，围绕于此的话题和争议不断。特别是年轻人，张口闭口"偶像"，可说来说去无非是"明星爱豆""小花鲜肉"那套。而为了追逐这些偶像，有人砸钱打榜、有人互骂互撕，偶像光环下的无知盲从，已经成为一种不能忽视的社会问题。从这个意义上说，钟南山院士呼吁"消除对偶像的盲从"，是对年轻人的必要提醒。

"长大后我将成为你。"很多人喜欢用这句话寄托自己的理想期许。这个"你"，是个人的选择，更是社会主流价值的呈现。疫情当前，儿女学着父辈的样子，白衣披甲，星夜逆行；洪水肆虐，当年在地震中被解放军救下的孩子们身着军绿，守护家乡；大山深处，学成归来的大学生扎根乡村，感念师恩，续写烛光……可以说，每个人的心底都有自己想要努力成为的形象，与其称之为"偶像"，不如称之为"榜样"。"两弹元勋"邓稼先、"草帽书记"杨善洲、"杂交水稻之父"袁隆平……回溯新中国 70 多年发展长卷，一代代坚守者、奉献者和牺牲者撑起了共和国的脊梁，也激励、引领着无数后辈紧随他们的步伐接力奋斗，这些榜样所闪耀的光芒，照亮的是一个大国筑梦圆梦的历史征程。

今天的中国，利益多元，观念多样，表达多变。这就更需要凝聚共识，激发主流价值的力量。这份思想观念的引领，这份主流价值的塑造，很多时候就体现在一个个榜样身上，体现在人们对待榜样的态度上。正是对榜样的坚信，"别人不相信生活中有焦裕禄、孔繁森这样的人，但我相信"，塑造了"新时期广大党员干部的楷模"牛玉儒；正是对榜样的效仿，"雷锋以前怎么做，我就怎么做"，写就了"当代雷锋"郭明义饱满的人生。学习榜样，不是盲目的偶像崇拜，不是为了娱乐感官、宣泄情绪、做白日梦，而是要去关注那些大写的人生，像榜样一样去创造价值，实现价值，做一个对社会有用的人。

不可讳言，曾有一个时期，榜样没有获得足够的社会资源和公众关注，不少年轻人对"爱豆"的一切烂熟于胸，却对国之栋梁不识几个。对榜样整体关注不多、解读不够，恐怕是重要原因。近些年来，从颁发国家勋章、国家荣誉称号，到表彰"道德模范"，褒扬"最美奋斗者"，从国家到地方，对榜样的宣扬力度正在增加，全社会对榜样的推崇、对奉献的尊崇正在提升，这无疑是个积极现象。

榜样是学出来的，人生是干出来的。今天的中国已站上新的历史发展起点，向着伟大梦想迈进，少不了涉足险滩、啃硬骨头。凝心定神、见贤思齐，让主流价值成为看得见的哲理，让榜样成为最闪耀的"顶流"，这个时代才更有脚踏实地的蓬勃朝气，才能书写更加光明灿烂的未来。

（选自2020年11月5日"北京日报客户端"微信公众号）

## 3. 棱角屠呦呦

### 王肖潇　李鹭芸

痴迷科学，执着不休，这固然是屠呦呦的性情之一，但她还有更多方面：她不是海归，只是本土的、中国式的学者；不是完人，只是一个耿直的知识女性。

屠呦呦的故乡在浙江宁波。她是一个殷实之家的掌上明珠。当父亲以《诗经》中的"呦呦鹿鸣，食野之蒿"为其取名时，便已注定了屠呦呦与青蒿的缘分。

1945 年，屠呦呦入读宁波私立甬江女中初中。次年，她不幸染上肺结核，被迫暂停学业。那时得此病，能活下来实属不易，经过两年多的治疗调理，她得以好转并继续学业。也就在这时，屠呦呦对医学产生了浓厚的兴趣。

1951 年春，屠呦呦考入北京医学院，选择了生物药学。大学期间，屠呦呦学习非常勤奋，在大课上表现优异，后来在实习期间跟从生药学家楼之岑学习，在专业课程中，她对植物化学、本草学和植物分类学有着极大的兴趣。1955 年，屠呦呦大学毕业，被分配到卫计委直属的中医研究院（现中医科学院）工作。

当时正值中医研究院初创期，条件艰苦，设备奇缺，实验室连基本通风设施都没有，研究人员戴个棉纱口罩，连如今的雾霾都防不了，更别提各种有毒物质了。一开始，屠呦呦从事的是中药生药和炮制研究。在实验室工作之外，她还常常"一头汗两腿泥"地去野外采集样本，先后解决了中药半边莲及银柴胡的品种混乱问题；结合历代古籍和各省经验，完成《中药炮制经验集成》的主要编著工作。

"在做青蒿素研究的时候，屠呦呦真可以称得上是坚韧不拔。"中医科学院首席研究员姜廷良告诉记者。"没有待过实验室的人不会明白，成百上千次反复的尝试有多么枯燥、寂寞，没有非凡的毅力，不可能战胜那些失败的恐惧和迷茫，不可能获得真正的成果。"朱晓新说。

张大庆认为，屠呦呦是一位很有个性的科学家，这种耿直的性格也形成了她不啰唆、做事果断的风格。姜廷良说："她的耿直在工作上表现为极度认真，有时候我问她一个数据，结果她第二天打电话给我，说她总算查到了原始出处，这才告诉我具体数据。"

效实中学北京校友会的会长陶瑜瑾告诉记者："只有在谈到科研工作的时候，她才会滔滔不绝；但说到其他话题，她就很少发表看法。"令陶瑜瑾印象深刻的是屠呦呦曾对他说过的一番话："我是搞研究的，只想老老实实做学问，把自己的事情做好，把课题做好，没有心思也没有时间想别的。我这把年纪了，身体又不太好，从来没有想过去国外，更没想要得到什么奖。"陶瑜瑾记得，那是在2011年，屠呦呦获得拉斯克奖的那天晚上，他给屠呦呦打电话道喜。屠呦呦很平静，诚恳地表达了谢意，并说了上述这番话。

（选自《环球人物》2015年第27期）

## 4. 青春之花，绽放在扶贫路上
——缅怀广西乐业县百坭村第一书记黄文秀

刘华新 庞革平 李 纵

"一个人，燃尽了青春，把爱与希望种在无数人心……你赋予的力量，再艰难的道路，我们继续着征程……"最近，在广西百色市，许多人都在动情地传唱着这首名为《力量》的歌。它是百色市一位村民为哀悼因公殉职的黄文秀所作。

黄文秀是百色田阳县人，生前是广西壮族自治区百色市委宣传部理论科副科长、乐业县新化镇百坭村第一书记。2019年6月16日，她回家陪护刚做完肝癌手术不久的父亲后，因惦记百坭村的防汛抗洪工作，冒着暴雨连夜返回工作岗位，途中遭遇山洪不幸牺牲，年仅30岁。

"我想回去建设家乡，把希望带给更多父老乡亲"

废旧轮胎搭上木板当作"沙发"，只有一铺床、一张蚊帐，这便是黄文秀的卧室。

"已经比原来好多了，我们家兄妹三个，一直以来都是贫困户。前两年通过易地扶贫搬迁，我们从贫困山区搬出来，再加上小妹研究生毕业有了稳定收入，家里才脱了贫。"黄文秀的姐姐黄爱娟说。

在家人眼里，黄文秀从小喜欢读书。黄爱娟说："家里条件困难，小妹读高中时，就得到教育扶贫资助，读研究生时也得到国家的帮扶，小妹常说，她是靠政府资助走出大山、上完大学的，她将来要回来建设家乡。"

2008年，黄文秀考入山西长治学院思政专业，该校原政法系党总支书记程过富曾问黄文秀："你的成绩还不错，为什么来长治？"

黄文秀回答："我们百色是革命老区，长治也是革命老区，都是邓小平同志战斗过的地方，我想到这个地方来。"

2011年6月11日，在鲜艳的党旗下，黄文秀宣誓加入中国共产党。

2013年，黄文秀考取北京师范大学哲学学院硕士研究生。2016年硕士毕业后，她毅然选择回到家乡，当一名定向选调生，扎根基层。

"我跟她说，以你的能力，留在北京没问题。"北京师范大学哲学学院副教授、黄文秀的导师郝海燕曾给她建议。

可黄文秀仍坚持内心想法："我是从广西的贫困山区出来的，我想回去建设家乡，把希望带给更多父老乡亲。"

**"让扶过贫的人像战争年代打过仗的人那样自豪"**

黄文秀牺牲后，同事们在她的房间里看到，一本讲述长征故事的书籍《西行漫记》格外醒目。驻村一年多来，她经常用长征精神来勉励自己。

回顾2018年3月刚上任时的情景，黄文秀在一篇文章中写道："百坭村建档立卡贫困户，分散居住在几个不同的山头，对于我这个不熟悉地形的'新手'来说，要在最短时间内掌握全村贫困户的详细情况，是非常困难的。但我没有失去信心，想起了那句话——'让扶过贫的人像战争年代打过仗的人那样自豪'，长征的战士死都不怕，这点困难怎么能限制我继续前行。"

她走村串户了解情况，但是一开始并不受欢迎。

"你这个小年轻，我们跟你聊了也没用。""跟你说了你能帮我们解决问题吗？一个女娃娃能行？"

黄文秀觉得心里憋屈，搞不懂为什么自己辛辛苦苦地翻山越岭、走村串户，群众却还质疑。她找到村里的老支书梁建念请教，老支书语重心长：

"黄书记，你刚来，老百姓对你还不熟悉，他们不愿与你深聊，你也要理解他们。农村其实就是个熟人社会，老百姓们跟你熟了，自然就接纳你了。"

有一次入户，村里的贫困户老黄要求纳入低保。村党支部书记周昌战告诉他没达到纳入低保的条件。老黄却反问："那我要'贫困户'干什么？"谈不拢，扶贫手册填不了，工作没法开展。

"文秀书记说让她来试试，结果老黄连门都不开。"周昌战说黄文秀吃了闭门羹，但并没放弃。一次不行就两次、三次。好不容易敲开了门，老黄还是黑着脸，"我为什么不能享受低保？为什么不给我发小额信贷、产业奖补资金？你不给我，我就不在手册上签字"。

黄文秀笑着说："我也姓黄，我叫你哥。哥你这么聪明、勤快，一定能奔小康。"几通好话，老黄脸上有了笑容。黄文秀趁热打铁："政策有的，我一定给你。你把果园经营好，我帮你申请产业奖补。"

此后，黄文秀和老黄以兄妹相称，她向老黄解释扶贫政策，时常到他家果园查看，叮嘱要做好果园护理。不久，老黄一家脱贫。

百坭村村民种了很多砂糖橘，但还是穷。"我们种植技术不行，又没销路，挣不到钱。"村民们说文秀书记来了后，联系到百色一家公司，帮村民建起标准化果园，村民以土地入股，公司负责传授技术。

可是果怎么卖出去，又让村民伤脑筋。村屯路不好，来收果的都是本地小摊小贩，一天也拉不走几车。黄文秀争取资金修好道路，联系云南、贵州等外省大果商来收购。她还帮着建立电商服务站，为30多户贫困户销果创收。

如今，百坭村摸索到了适合本村发展的产业——种植杉木、砂糖橘、八角等，全村种植杉木从原来的 8 000 余亩发展到 2 万余亩，砂糖橘从 1 000 余亩发展到 2 000 余亩，八角从 600 余亩发展到 1 800 余亩，另外种植优质枇杷 500 余亩，种植产业成为群众脱贫致富的支柱产业。

周昌战说扶贫工作非常辛苦，但从没人听黄文秀叫过"苦"。她陆续帮村里解决了 4 个屯的道路硬化，修建蓄水池 4 座，完成两个屯路灯的亮化工程。2018 年 3 月，百坭村的贫困发生率为 22.88%，经过努力，2018 年，百坭村 103 户贫困户顺利脱贫 88 户，贫困发生率降至 2.71%，实现了贫困户户户有产业，村集体经济项目增收翻倍。

**"要用自己的力量为他人、为国家、为民族、为社会作出贡献"**

作为驻村第一书记，黄文秀特别注重在脱贫攻坚中发挥党支部的战斗堡垒作用。

她从走访中了解到，群众原来不大配合村里工作，一个重要原因就是村"两委"干部为群众办事不够主动，有时群众办事找不见人，意见比较大。黄文秀从抓实抓严村干部的坐班值班制度开始，白天落实专人负责在村里接待群众，晚上与村干部一起开展遍访贫困户工作，征求意见、宣传政策，群众满意度大幅提升。

黄文秀走访了百坭村 38 名党员，征求党员对全村发展的意见建议，并将他们划分为 3 个党小组开展各类活动。同时，她还积极将"三会一课"等组织生活融入扶贫工作中，扎实推进抓党建促脱贫工作。

作为一名党员，黄文秀始终牢记初心和使命。村民黄仕京家因学致贫，黄文秀了解情况后及时为他家申请"雨露计划"，一次性落实了5 000元补助，解了燃眉之急。黄仕京非常感动，执意留黄文秀吃晚饭。饭间，黄仕京突然问她："你是在北京读的研究生，怎么会来我们这么边远的农村工作？"

黄文秀说："百色，是一个集革命老区、少数民族地区、边境地区、大石山区、贫困地区、水库移民区于一体的特殊地区，是全国脱贫攻坚的主战场之一，也是我的家乡。面对如此情况，怎么还有理由不回来？共产党是切实为群众谋发展、谋福利的党，怎么能不响应党的号召，到艰苦偏远地方工作？"黄仕京听后，当场端起酒碗向她敬酒，表示也要让家里孩子争取早日入党，毕业后回来建设家乡。

"听到他的话，我心里非常感动，自己的工作能够让群众真切感受到共产党的好，对我是非常大的鼓舞。"黄文秀在扶贫心得中写道。

近年来，黄文秀的父亲身患肝癌，做了两次大手术，让家庭再次陷入困境。但是，黄文秀不仅没向组织提出要求，还经常拿出自己的工资，慰问资助村里的孤寡老人和留守儿童。

"她父母亲的身体状况越来越不好，尤其是她父亲，她没有告诉我们，没有一个同事知道。"百色市委宣传部干部科科长何小燕回忆起来，泪流满面。

"6月14日，也就是黄文秀牺牲前的最后一个工作日，她还在与我们开会讨论村里的项目。"周昌战回忆说，当天，村里一个灌溉200多亩农田的渠道被山洪冲断裂了，黄文秀听到消息，第一时间带领村干部到现场查看灾情，当晚组织大家汇总受灾情况，商量如何抓紧维修、申请项目、解决群众急需的问题，还列出了维修任务清单。

翻开黄文秀的入党申请书，其中写道："一个人要活得有意义，生存得有价值，就不能光为自己而活，要用自己的力量为他人、为国家、为民族、为社会作出贡献。"

这份庄严承诺，黄文秀始终践行，直至生命最后一刻。

（选自2019年6月30日《人民日报》第5版。有改动）

**【学习环节二】自选人物，宣传事迹**

基于讨论，确定你的自选榜样人物，向你的同学简单介绍他的事迹和精神。

| 所选人物 | 事迹 | 精神 |
| --- | --- | --- |
|  |  |  |

**课后作业**

为丰富"人生榜样"宣传走廊的内容，请你为你的自选榜样人物制作宣传册，参与布置"人生榜样"宣传走廊。

参考格式：（宣传册实际制作过程中可充分发挥创造性）

| 宣传册封面 | 叙 生 平 |
|---|---|
| 如果没有具体要求，可参考以下内容完成此页<br><br>1. 为宣传册起名字，用你喜欢的书法书体写在封面上<br><br>2. 可附上人物画像，可手绘，也可从网上打印人物画像贴上<br><br>3. 可用对联、诗歌等作为宣传语 | 如果没有具体要求，可参考以下内容完成此页<br><br>1. 本页呈现人物生平、事迹简介。可语言描述，可用数字量化<br><br>2. 可附上他人评价 |
| 议 品 质 | 颂 精 神 |
| 如果没有具体要求，可按以下步骤完成此页<br><br>1. 第一步，摘抄课文中体现人物品质的语句<br><br>2. 第二步，概括人物品质 | 如果没有具体要求，可仿写感动中国人物颁奖词，赞颂榜样人物<br><br>示例：2020年感动中国人物颁奖词<br>改变山区女童命运的公益校长——张桂梅<br><br>【颁奖词】烂漫的山花中，我们发现你。自然击你以风雪，你报之以歌唱。命运置你于危崖，你馈人间以芬芳。不惧碾作尘，无意苦争春，以怒放的生命，向世界表达倔强。你是崖畔的桂，雪中的梅。——中央电视台"感动中国节目组" |

子任务三：撰写榜样宣传走廊前言。

## 第六课时 《诫子书》（一）

‖ 学习目标 ‖

1. 通过把握读音、节奏和声调等朗读方法，读出文言的韵味。

2. 能结合注释、查阅工具书、联系学过的古诗文及常见成语，积累重点词语和文言知识并疏通文意。

3. 理清文章思路，结合作者生平资料知人论世，拓展作者其他作品，深化对君子人格的理解。

‖ **学习过程** ‖

【学习环节一】翻译字词，疏通文意

借助注释、工具书解释加点字并翻译句子。

夫（　　　　　）君子之行，静（　　　　　）以（　　　　　）修身，俭以养德。非淡泊（　　　　　）无以（　　　　　）明志（　　　　　），非宁静无以致远（　　　　　）。

_____

_____

夫学须静也，才须学也，非学无以广（　　　　　）才，非志无以成学。淫（　　　　　）慢则不能励精（　　　　　），险躁（　　　　　）则不能治性（　　　　　）。

_____

_____

年与（　　　　　）时驰（　　　　　），意与日去，遂成枯落（　　　　　），多不接世（　　　　　），悲守穷庐（　　　　　），将复何及（　　　　　）！

_____

_____

【学习环节二】朗读词句，领悟真情

请试着用"/"划分节奏，并借助括号内的诵读提示，诵读最后一句。

夫／君子之行，静／以修身，俭／以养德。非淡泊／无以明志，非宁静／无以致远。夫／学／须静也，才／须学也，非学／无以广才，非志／无以成学。淫慢／则不能／励精，险躁／则不能／治性。

年／与时驰（声调略微上扬），意／与日去（声调下沉），遂／成枯落（声调继续下沉，叹息地），多／不接世（声调仍然下沉，压抑地），悲守／穷庐（声调反弹，痛苦地），将／复何及（声调上扬，无力地）！（重心多落在去声的音调上，加上文中的"悲"字，这部分的感情基调是悲伤与感叹）

文言诵读技巧：

一读，读准字音，读得流畅通顺。二读，讲解字义，节奏分明。三读，划分意群，培养文言语感。四读，读出韵味，学会由声入情。

①读文章时，分句与分句之间换气，每一个分句内保持气息连贯。

②读"夫"要短暂停顿一下，以引出下文；读"也"要悠长一点，肯定一点。

③注意文言虚词，如"夫、以、与、则、遂"；注意句子成分，如"主语""谓语"。相对而言，虚词要读得轻而短，实词要读得重而长。

④从情感角度说，阴、阳、上、去这四种声调，通常阴平亲和，阳平高昂，上声强烈，去声哀伤。（不绝对，根据文意来理解）

**【学习环节三】字词积累，夯实基础**

| 古今异义 | | |
|---|---|---|
| 夫君子之行 | 古义： | 今义：行走 |
| 静以修身 | 古义： | 今义：衣服显示出穿着人的线条 |
| 淫慢则不能励精 | 古义： | 今义：速度低；走路做事等费的时间长（与"快"相对） |
| 险躁则不能治性 | 古义： | 今义：险，地势险要，不易通过 |
| 险躁则不能治性 | 古义： | 今义：治理 |
| 非宁静无以致远 | 古义： | 今义：多指环境上的安静、不嘈杂 |
| 意与日去 | 古义： | 今义：太阳 |

| 一词多义 | | | | | |
|---|---|---|---|---|---|
| 学 | 夫学须静也 | | 志 | 非淡泊无以明志 | |
| | 非志无以成学 | | | 非志无以成学 | |
| 去 | 年与时驰，意与日去 | | | | |
| | 相委而去 | | | | |
| 词类活用 | | | | | |
| 非宁静无以致远 | | | | | |
| 非志无以成学 | | | | | |
| 非学无以广才 | | | | | |

**【学习环节四】梳理结构，修身明理**

| | 内容 |
|---|---|
| 君子<br>之行 | 静以修身，俭以养德（正）<br>非淡泊无以明志，非宁静无以致远（反） |
| | |
| | 告诫_____的后果 |
| | |

**课后作业**

《诫子书》是诸葛亮给儿子的一封家书，阐述了修身养性、治学做人的深刻道理。为了宣传白求恩、朱德母亲、陈毅元帅以及你的自选榜样等人物，请你仿照《诫子书》中的句式，写一段文字作为榜样宣传走廊的前言。不少于50字。

**示例**

夫榜样之行，勤以修身，仁以养德。非淡泊无以立业，非勤俭无以持家，非刚毅无以成仁。

白求恩，加拿大友人，医者仁心，传道授业，救死扶伤，矢志不渝。

朱德母亲，勤劳朴实，教子有方，铸就一代名将。

陈毅元帅，文武双全，才情横溢，矢志革命，为国家立下赫赫战功。其人若松之干，刚毅不屈，为民族复兴而奋斗；其行若水之澜，波澜壮阔，展现英雄本色。

先贤已逝，精神永存。愿吾辈后人，铭记先贤之事迹，传承先贤之精神，为实现中华民族伟大复兴而努力奋斗！

人生榜样宣传走廊前言量规

| 评价维度 | 优秀前言大师 | 前言小能手 | 前言实习生 |
|---|---|---|---|
| 内容相关 | 能准确概括榜样人物身上的具体品质 | 能基本概括榜样人物身上的具体品质 | 不能准确概括榜样人物身上的具体品质 |
| 风格的一致性 | 保持与《诫子书》相似的文言文风格，使用恰当的古代汉语词汇和句式，同时传达现代价值观 | 保持与《诫子书》相似的文言文风格，使用恰当的古代汉语词汇和句式，但是没有传达现代价值观 | 不能保持与《诫子书》相似的文言文风格，不能使用恰当的古代汉语词汇和句式 |
| 启发性和教育意义 | 能有效激励读者学习榜样人物的优秀品质 | 对读者学习榜样人物的优秀品质有一定激励作用 | 不能有效激励读者学习榜样人物的优秀品质 |
| 情感表达的真挚性 | 真挚地表达对榜样人物的敬仰和对后人的期望 | 能表达对榜样人物的敬仰 | 不能真挚地表达对榜样人物的敬仰和对后人的期望 |

**子任务四**：布置人生榜样宣传册展示走廊。

第七课时　人生榜样宣传册展示走廊发布会

‖**学习目标**‖

1. 通过布置人生榜样宣传册展示走廊，发挥榜样的示范引领作用。

2. 通过团队合作，培养学生团队合作的意识和合作能力。

人生榜样宣传册展示走廊发布会。展示作品为课时任务的榜样宣传册按照评价标准打磨后、同学投票数最高的优质作品以及优质宣传前言：

白求恩宣传册

朱德母亲宣传册

陈毅宣传册

自选人物宣传册

优质宣传前言

### 活动环节

班内4—5人为一组，根据榜样人物宣传册量规，每组精选最优秀的四个宣传册参加展示。（白求恩宣传册、朱德母亲宣传册、陈毅宣传册、自选人物宣传册各一个）

各小组将本组优秀的宣传册展出。

每人拥有三个星星贴画，为喜欢的宣传册贴星。

获得星星数最多的五个宣传册作为本班优秀作品，在年级榜样人物宣传走廊展出。

展出所有同学撰写的宣传前言，每人拥有一个星星，为喜欢的宣传前言贴星，获得星星贴纸数最多的同学作为本班策划，参与布置人生榜样宣传册展示走廊。

所有班级负责策划的同学集结成策划团队，将各班优质宣传册张贴在年级作品展示区，并讨论打磨出一篇人生榜样宣传册展示走廊前言，制作成海报作为前言展出。（参照单元"任务评估"）

### 单元学习资源

1. 教材：

《纪念白求恩》《回忆我的母亲》《梅岭三章》《诫子书》

2. 课外阅读拓展篇目：

朱德《纪念白求恩同志（节选）》、宋庆龄《我们时代的英雄》、聂荣臻

《"要拿我当一挺机关枪使用——怀念白求恩同志"》、臧克家《有的人》以及《八步沙·六老汉·三代人》《让榜样成为这个时代最闪耀的"顶流"》《棱角屠呦呦》《青春之花，绽放在扶贫路上》

# 第五单元

# 万物有灵

人生于自然，与动物共存于这个世界，人与动物的命运始终息息相关。千万年来，随着人类社会的进步，人类一直在调整自己与动物相处的方式。本单元的课文和拓展阅读文本有的表达了对动物命运的关注，并借此反思人类自身；有的表达了对动物的惊叹、感激和尊重；有的表达了对动物的爱护和欣赏；有的表现了人与动物的矛盾冲突。人与动物的关系从未因为时代的变化发展而疏离。

学习本单元的课文，我们要带领学生重新审视自己与动物之间的关系，让学生从更理性、更多维的层面去认识动物，认识自己，最终让学生理解人与动物、自然的关系，从而使他们形成亲近自然、尊重动物、善待生命的意识，并学会如何与自然和谐共处。

# 【单元教学主题分析】

本单元的篇目，都是书写人与动物关系的文学作品，属于跨学科学习任务群。文体上包括散文、说明文、文言小说几种，其中散文课程内容属于发展型学习任务群的"文学阅读与创意表达"；说明文的课程内容属于发展型学习任务群的"实用性阅读与交流"；文言小说的课程内容属于基础型学习任务群的"语言文字积累与梳理"和发展型学习任务群的"文学阅读与创意表达"。所以，本单元是一个相对复杂的任务群学习单元。

《义务教育语文课程标准（2022年版）》第四学段的课程目标，在"阅读与鉴赏"中，要求"欣赏文学作品，有自己的情感体验，初步领悟作品的内涵，从中获得对自然、社会、人生的有益启示""在阅读中了解叙述、描写、说明、议论、抒情等表达方式""养成默读习惯，有一定的速度，阅读一般的现代文，每分钟不少于500字""能区分写实作品与虚构作品，了解诗歌、散文、小说、戏剧等文学样式""阅读浅易文言文，能借助注释和工具书理解基本内容。注重积累、感悟和运用，提高自己的欣赏品位"。在"表达与交流"中，要求学生能够"多角度观察生活，发现生活的丰富多彩，能抓住事物的特征，为写作奠定基础。写作要有真情实感，表达自己对自然、社会、人生的感受、体验和思考，力求有创意"。

在第四学段的"学业质量描述"中要求学生"能理清行文思路，用多种形式介绍所读作品的基本脉络；能从多角度揣摩、品味经典作品中的重要词句和富有表现力的语言，通过圈点、批注等多种方法呈现对作品中语言、形象、情感、主题的理解"。"能从作品中找出值得借鉴的地方，对照他人的语言表达反思自己的语言实践""能与他人分享自己获得的对自然、社会、人生的有益启示，能借鉴他人的经验调整自己的表达，能根据需要，运用积累的语言进行口头或书面表达"。

对单元的分析，我们还可从教材中获取准确的指导。本册书的其他单元都是常规的阅读、写作单元，而第五单元比较特殊，是初中阶段的第一个"活动·探究"单元。单元导语以"活动任务单"的形式呈现，包括总述和三个任务简述。除此之外，三个任务开始前都有专门的、详尽的具体任务说明。

"活动任务单"和三个任务的具体说明提出了以下学习要求。

单元从语文要素的角度提出应继续练习默读、勾画、写批注、作摘录等阅读方法，学会"抓住有意味的细节深入品析"，学会观察、记录，"学习本单元课文的写作手法"，写作时"运用细节写出对象特点，表达自己的情感态度""扣住人和动物这两个方面，写出自己的感受和情感"。从人文主题方面，要求通过阅读不同文体的文章，"把握文章的基本立场和态度，了解人与动物相处的各种方式，深化对动物和人类自身的理解""养成亲近自然，尊重生命的意识"。

此外，解读单元还要看单元整体安排与提出的相关学习要求。本单元的课文从文体上看有散文《猫》《我的白鸽》，有说明文《大雁归来》，还有文言志怪小说《狼》，这些课文从不同的视角观照了人与动物之间的关系。本单元为"活动·探究"单元，没有预习提示，除了《狼》之外其他篇目也没有课后题。本单元主要采用旁批的形式从内容、写法、语言、情感、主题等诸多角度提示部分阅读重点或启发学生思考。

本单元设置了三个活动任务：任务一是阅读四篇课文，"体会人与动物的关系"；任务二是选择一种动物进行观察和记录，总结并思考观察所得，"亲近动物，丰富生命体验"；任务三是学习课文的写作手法，"记叙与动物的相处"。基于上述分析，确定本单元学习主题为"人与动物的关系"。

## 【单元教学内容分析】

本单元以"人与动物的关系"为主题，在任务一中精心选编了四篇各具特色的课文，旨在通过不同体裁的作品，帮助学生加深对人与动物和人类自身的理解。

《猫》主要记叙了郑振铎家中三次养猫的故事，深刻地反省了自身的过失和局限；《我的白鸽》记录了陈忠实在乡下写长篇小说期间养白鸽的经历，充满诗情画意；《大雁归来》是一篇颇具文学色彩的说明文，记录了大雁归来的点点滴滴，既有科学的投入和严谨，又有诗意的关怀和热爱；《狼》是文言志怪小说，选自蒲松龄的《聊斋志异》，写了人与狼之间的一次对峙，紧张神秘，是本单元中唯一一篇详细写人与动物正面冲突的作品。

这四篇文章各具特色，在教学中教师应当引导学生通过勾画、批注、摘录的方法，关注课文中的细节描写和"抒发情感、发表见解的语句"，在准确、全面地把握文章观点的基础上"尝试与文章进行'对话'"，深化学生对人与动物关系的认知。

在任务二中，教材要求学生设计一次以观察动物为主要内容的活动，用心观察、记录，并结合观察的内容和本单元课文的阅读进行交流思考。在教学中，教师应当引导学生结合本单元所学，尤其是《大雁归来》一课所学，结合生物学科的相关知识合理地设计观察任务单。教师还要鼓励学生积极进行观察实践，充分参与小组交流和班级交流活动，真正从生活当中获得有益的知识和深层的启发。

在任务三中，教材要求学生"记叙与动物的相处"。在教学中，教师应当引导学生积极发现生活中与动物之间的故事，并用任务一中习得的写作方法，扣住"人和动物"两个方面，运用细节描写，"写出自己的感受和情感"。也要学会运用任务二的观察、实践、交流的成果，使文章更加准确、真实、有深度。

## 【学习者分析】

### 一、学习经验

教材在本单元设置的"任务一"为阅读活动。七年级的学生在小学语文学习中，已经读过许多动物故事。除了低年级的童话类、寓言类的动物故事外，小学四年级下册中有专门的动物题材单元，收录了《猫》《母鸡》《白鹅》三篇文章，习作练习的主题是"我的动物朋友"。这一单元主要从旁观者的角度对动物的习性、特点等进行观察，并表达喜爱和敬佩之情。五年级上册第一单元中《白鹭》《珍珠鸟》两篇短小的动物题材散文，更进一步讲述了人与动物的相处，写出了人与动物之间的和谐友好。可见，学生过去学习的动物题材类文章内容和主题都相对简单，尚未思考到人和动物之间更深层的关系。如人可以从动物的角度反省自身，人可以从动物身上得到力量，人与动物之间有共生也有冲突等。

教材在本单元设置的"任务二"为观察实践活动。在小学语文五年级上册第五单元中，学生集中学习过说明文，其中收录了两篇动物题材说明文，分别是课文《松鼠》，习作例文《鲸》。该单元习作为"介绍一种事物"，其中也有观察实践的要求。该习作要求学生先细致观察所写事物，并搜集相关资料进一步了解该事物，再完成写作，并与同学交流分享。这一方面为《大雁归来》的阅读学习提供了一定的基础，另一方面也为本单元的观察实践活动提供了一些经验。

对于文言文的学习，在本册书第二单元已经给学生提供了相应的学习方法，学生也有了一定的字词积累，在本单元可以继续实践运用。

教材在本单元设置的"任务三"为写作活动，要求学生记叙与动物的相处。上面的分析中提及学生小学时曾写过动物题材的说明文、记叙文，为本单元的写作提供了一定的基础。

### 二、学习兴趣

七年级的学生对于动物题材的作品兴趣较高，他们喜欢这些故事中动物与人之间的互动。同时，随着认知水平的提升，他们愿意对人和动物之间的关系进行深度思考，并尝试联系自身进一步理解。而课文中呈现的不同故事，为学生的深度理解提供了可能性。

同时，本单元"任务二"的观察实践活动要求学生自己设计观察任务单，完成观察实践并进行交流分享、深度思考。本单元"任务三"的写作活动要求学生充分写出自己的情感。这些都给学生提供了更多自主的空间和向生活探索的机会，从而能极大地引发学生学习的兴趣。

### 三、学习障碍或困难

理解深度不足：由于七年级学生的认知水平有限，他们可能难以理解文中一些颇具意味的议论抒情句，以及动物给人带来的深层启发。

实践经验不足：七年级学生在小学阶段虽然进行过对动物的实践观察活动，但是并未自己设计过观察任务单，也没有结合观察内容进行过深度思考和讨论。这都需要教师的协助和引导。

# 【单元学习目标】

第五单元为初中阶段教材中的第一个"活动·探究"单元,教材"活动任务单"先总述了本单元的学习内容,然后设置了三个任务。"活动任务单"从"阅读方法""细节""观察""记叙"四个方面表明了本单元的教学重点。

本单元的能力训练点如下:一是继续训练默读的能力。"任务一"要求"边默读边勾画重要语句,并作摘录"。二是鉴赏品味语言的能力。"任务一"还要求关注文中细节,关注"集中表达作者思想观点或情感态度的"句子、"在文章的结构上起重要作用的"句子、"在语言表达上有精彩之处的"句子、"对你的思考有启发和触动,或让你有疑问的"句子。三是观察实践的能力。"任务二"要求学生开展"亲近动物"主题活动,"确定活动形式","设计活动内容"并"观察体验,用心记录",最后"总结交流,深入思考"。四是深入理解人与动物的关系的能力。"任务一"要求学生"在准确全面地把握文章观点的基础上,尝试与文章展开'对话'""深化自己对人与动物关系的认知";"任务二"要求学生"总结交流,深入思考"观察所得;"任务三"要求学生"扣住人和动物这两个方面",写出"自己的感受和情感"。

基于单元教学主题、教学内容、学习者及单元能力训练点的分析,确定本单元的学习目标如下:

1. 进一步练习默读的方法,能够达到每分钟400字。

2. 用圈点勾画、写批注、作摘录的方法,发现并鉴赏文章中的细节及其他语言精彩之处,深入理解抒情、议论的句子。

3. 通过设计和开展观察活动,学会用观察、记录的方式增进对动物的认知,并增强亲近自然、尊重生命的意识。

4. 学会运用课文中的写作方法记述自己与动物之间的故事,并写出自己的感受和思考。

5. 通过跨学科的学习,完成单元活动任务,产出动物主题短剧作品。

## 【单元任务分解及评估】

### 一、核心问题

如何通过阅读、观察、写作活动，获得对人与动物关系的认识和人生的启示？

### 二、核心任务

本单元的核心任务是以《小镇志异之_____》为题创作人与动物的故事，并拍摄短剧。学生通过本单元的学习，能够形成对人与动物之间关系更深刻的认知，并采用课文的写作方法创作出人与动物的剧本，经全班评比选出最优作品后，自由结组完成拍摄任务。通过此任务，旨在引导学生发现自己生活中与动物相处的故事，引导他们正确看待人和动物的关系；并通过拍摄视频的方式督促学生阅读优秀同学习作，培养团队协作的能力。任务情境如下：

七年级语文组计划和生物学科、信息技术学科联合组织一次《小镇志异（动物篇）》放映会，现向全年级学生征集人与动物的故事。希望你能用文字和镜头传达出你对人与动物、人与自然、人与自身的关系的理解。

### 三、任务分解

子任务一：阅读人与动物的作品，深入认识人与动物之间的关系。

子任务二：设计并开展观察实践，在交流分享中进一步认识人与动物的关系。

子任务三：创作《小镇志异（动物篇）》剧本，书写自己与动物之间的故事；选出优秀剧本，自由结组拍摄短剧；举行班级放映会，并推举优秀作品参加年级放映会。

## 四、任务评估

### 《小镇志异》剧本量规

| 维度 \ 标准 \ 等级 | 大师 | 名家 | 萌新 |
|---|---|---|---|
| 事件 | 有扣人心弦的波澜 | 有一定波澜 | 平平无奇 |
| 详略 | 详写发展和高潮 | | 详略不当 |
| 角色 | 个性突出，有神奇或独特之处 | 个性较突出、独特 | 个性不突出 |
| 细节真实 | 细节丰富，符合日常生活经验 | 细节较丰富，符合日常生活经验 | 缺乏细节 |
| 环境渲染 | 营造了恰当的氛围，突出了人物 | 营造了一定的氛围 | 没有环境渲染 |
| 语言 | 有比喻、拟人等修辞，且精彩 | 有比喻、拟人等修辞 | 无比喻、拟人等修辞 |
| 高阶 | 有悬念、伏笔，且精巧 | 有悬念、伏笔 | 均无 |

### 《小镇志异》短剧表演量规

| 维度 \ 标准 \ 等级 | 大师 | 名家 | 萌新 |
|---|---|---|---|
| 演员 | 表演符合角色特点，台词清晰，情感饱满 | 表演较符合角色特点，台词清晰，有一定情感 | 表演不符合角色特点，台词不清晰 |
| 详略 | 主要呈现故事的发展和高潮 | | 详演开端/结局 |
| 服装道具 | 丰富，符合剧情要求 | 较丰富，符合剧情要求 | 和剧情不符 |

# 【单元任务管理及课时安排】

第五单元是活动单元，从阅读、实践、创作三个方面加深学生对于动物的认知。在此之前的初中学习中，学生已经完成了写人叙事类文章和写景抒情类文章的初步阅读与写作。在本单元，学生将首次学习写状物类的文章，尝试写出动物的特点、人与动物的故事和人的思考。

本单元整体教学设计的核心任务以《小镇志异之＿＿＿＿》为题创作人与动物的故事，并拍摄短剧。学生首先通过阅读加深对人与动物关系的认知，学习细节描写、抒情议论等写作方法；然后借助课文和生物学科的相关知识，设计并展开对动物的观察实践活动；最后将之前的学习融合起来，联系生活进行剧本创作。

教学中应特别注意引导学生在语文阅读的基础上，借助生物学科的专业知识设计好观察任务，从而为学生完成核心任务提供更好的抓手。

本单元的教学思路是：第一课段，通过学习《猫》《我的白鸽》，引导学生深入思考人与动物的关系，并激发其学习兴趣；第二课段，通过学习《大雁归来》，引导学生了解说明文的基本写法，并进一步激发其对于人与动物关系的思考，同时结合本篇文章的科学视角和人文视角，借助生物学科的专业知识，设计并完成观察任务；第三课段，学习《狼》，了解古人与动物之间的冲突及作者借此生发的思考；第四课段，结合本单元所学创作《小镇志异》剧本，并将优秀作品拍摄为短剧，在全年级展示。其中前三个课段之间进行阅读和观察实践，第四个课段对前三个课段进行总结收束。四个课段层层递进，逐步推进完成。

| 第一课时 | 第二课时 | 第三课时 | 第四课时 |
| --- | --- | --- | --- |
| 学习《猫》，理解人与动物之间常有的不平等的关系 | 学习《猫》，从动物身上获得人生的启发 | 学习《我的白鸽》，从人与动物的亲密相处中获得美好的情感体验 | 学习《我的白鸽》，从动物身上获得对生活和生命的热爱和感悟 |

（续表）

| 第五课时 | 第六课时 | 第七课时 | 第八课时 |
|---|---|---|---|
| 学习《大雁归来》，以科学和人文双视角来观照动物，获得对动物的认识和人生的感悟 | 学习《狼》，从人与动物的对立斗争中看到人和动物的不同相处模式，并获得人生感悟 | 展开《亲近动物，丰富生命体验》观察实践，开展跨学科学习 | 《小镇志异（动物篇）》剧本交流会，阅读在课下作业中完成的剧本，准备课下结组拍摄 |
| 第九课时 | | | |
| 《小镇志异（动物篇）》放映会，在各班放映课下拍摄的短剧，并从语文和信息技术双学科的视角进行交流评比 | | | |

# 【学习支架】

一、勾画指导：见第四单元

二、摘录指导

1. 摘录新鲜、高级词汇，并附上例句。

2. 摘录描写精彩的句子，议论精辟的句子，抒情动人的句子，手法漂亮的句子，并标记篇目和作者。

3. 使用活页纸，将不同类别的词句分类存放。类别可以是按表达方式区分，如动作描写、语言描写、外貌描写、心理描写、神态描写、议论句、抒情句等；也可以按修辞手法区分，如比喻、拟人等；也可以按主题区分，如平等、自由、对抗等。

# 【课时教学设计】

子任务一：阅读人与动物的作品，深入认识人与动物之间的关系。

## 第一课时　《猫》

‖ 学习目标 ‖

1. 通过限时阅读，继续提升默读能力，达到每分钟400字。

2. 整体感知文章，梳理"我家"养猫的经历及其中的情感波澜。

‖ 学习过程 ‖

【学习环节一】理脉络

1. 预习课文，制作3张猫咪形象卡。

可以手绘或者使用网络图片，并把猫咪的来历、外形、性情、在家中的地位等你能从文中搜集到的任何相关信息呈现在形象卡上。

2. 请完成下面的排行榜，并把你的依据标注在原文上，在下表中简单总结。

| 我最喜爱的猫咪排行榜 | 对我影响最大的猫咪排行榜 |
| --- | --- |
|  |  |

【学习环节二】析主题

文章写第三只猫的故事时，曲折回转，发人深思。接下来请你根据课文内容，填写下列"猫杀鸟案件"卷宗，一起还原整个案件的经过。

请以小组为单位，分别角色扮演文中人物"我"、妻子、花白猫、张妈、三妹，并填写卷宗中的相应内容。同时各组需设置一名法官，在听课过程中撰写判决书，并在结案环节宣读判决书。

完成卷宗一后，全班开庭。

时间：第四只黑猫出现之前

卷宗一

---

原告：妻子、我

被告：花白猫

案由：花白猫吃了一只芙蓉鸟

原告诉讼请求：

1. 妻子

2. 我

被告申辩：

证人：

1. 张妈

2. 三妹

---

### 课后作业

选择一：本文语言细腻，请摘录至少4行课文，并用旁批的形式进行鉴赏，或写下你的相关思考。旁批不少于60字。（可从细节、议论、抒情、写作手法等角度旁批）

选择二：本文语言细腻，请摘录至少6行课文，并用旁批的形式进行鉴赏，或写下你的相关思考。旁批不少于100字。（可从细节、议论、抒情、写作手法等角度旁批）

## 第二课时 《猫》

‖学习目标‖

1. 通过圈点勾画、旁批的方式，品读重要语句。

2. 通过讨论交流，抓住文中关键词句，体会作者对第三只猫的特殊情感，思考其中蕴含的人生哲理。

【学习环节一】品语言，析主题

请各小组同学按照故事情节的发展，将自己的角色填入卷宗对应的位置处，并撰写相应的内容，为全班开庭作准备。

完成卷宗二后，全班再次开庭。

时间：第四只黑猫出现之后

卷宗二

原告：

被告：

案由：

原告诉讼请求：

被告申辩：

证人：

【学习环节二】明主题

请各小组法官在第二次开庭时，集结在一起，听取各方陈词，讨论撰写结案判决书，准备最后的宣判。

结案：判决书

当事人基本情况（介绍猫与人）

查明案件事实（陈述真相）

判决书总结升华（申明正义，说理）

**课后作业（二选一）**

1. 选择拓展阅读《父亲的玳瑁》《猫》中的任意一篇，阅读并批注至少2处，每处不少于20字，并完成后面的题目。（批注角度：细节、抒情、议论、其他写作手法）

2. 阅读《父亲的玳瑁》《猫》，每篇至少批注1处，每处不少于20字，并完成后面的题目。（批注角度：细节、抒情、议论、其他写作手法）

**拓展阅读**

批注区

### 1. 父亲的玳瑁

王鲁彦

　　在墙脚根刷然溜过的那黑猫的影，又触动了我对于父亲的玳瑁的怀念。

　　净洁的白毛的中间，夹杂些淡黄的云霞似的柔毛，恰如透明的妇人的玳瑁首饰的那种猫儿，是被称为"玳瑁猫"的。我们家里的猫儿正是那一类，父亲就给了它"玳瑁"这个名字。

　　在近来的这一只玳瑁之前，我们还曾有过另外的一只。它有着同样的颜色，得到了同样的名字，同是从我姐姐家里带来，一样地为我们所爱。

　　但那是我不幸的妹妹的玳瑁，它曾经和她盘桓了十二年的岁月。

　　而现在的这一只，是属于父亲的。

　　它什么时候来到我们家里，我不很清楚，据说大约已有三年光景了。父亲给我的信，从来不曾提过它。在他的理智中，仿佛以为玳瑁毕竟是一只小小的兽，比不上任何的家事，足以通知我似的。

　　但当我去年回到家里的时候，我看到了父亲和玳瑁的感情了。

　　每当厨房的碗筷一搬动，父亲在后房餐桌边坐下的时候，玳瑁便在门外"咪咪"地叫了起来。这叫声是只有两三声，从不多叫的。它仿佛在问父亲，可不可以进来似的。

于是父亲就说了，完全像对什么人说话一样：

"玳瑁，这里来！"

我初到的几天，家里突然增多了四个人，玳瑁似乎感觉到热闹与生疏的恐惧，常不肯即刻进来。

"来吧，玳瑁！"父亲望着门外，不见它进来，又说了。

但是玳瑁只回答了两声"咪咪"，仍在门外徘徊着。

"小孩一样，看见生疏的人，就怕进来了。"父亲笑着对我们说。

但是过了一会儿，玳瑁在大家的不注意中，已经跃上了父亲的膝上。

"哪，在这里了。"父亲说。

我们弯过头去看，它伏在父亲的膝上，睁着略带惧怯的眼望着我们，仿佛预备逃遁似的。

父亲立刻理会它的感觉，用手抚摩着它的颈背，说："困吧，玳瑁。"一面他又转过来对我们说："不要多看它，它像姑娘一样的呢。"

我们吃着饭，玳瑁从不跳到桌上来，只是静静地伏在父亲的膝上。有时鱼腥的气息引诱了它，它便偶尔伸出半个头来望了一望，又立刻缩了回去。它的脚不肯触着桌。这是它的规矩，父亲告诉我们说，向来是这样的。

父亲吃完饭，站起来的时候，玳瑁便先走出门外去。它知道父亲要到厨房里去给它预备饭了。那是真的。父亲从来不曾忘记过，他自己一吃完饭，便去添饭给玳瑁的。玳瑁的饭每次都有鱼或鱼汤拌着。父亲自己这几年来对于鱼的滋味据说有点厌，但即使自己不吃，他总是每次上街去，给玳瑁带了一些鱼来，而且给它储存着的。

白天，玳瑁常在储藏东西的楼上，不常到楼下的房子里来。但每当父亲有什么事情将要出去的时候，玳瑁像是在楼上看着的样子，便溜到父亲的身边，绕着父亲的脚转了几下，一直跟父亲到门边。父亲回来的时候，它又像是在什么地方远远望着，静静地倾听着的样子，待父亲一跨进门限，它又在父亲的脚边了。它并不时时刻刻跟着父亲，但父亲的一举一动，父亲的进出，它似乎时刻在那里留心着。

晚上，玳瑁睡在父亲的脚后的被上，陪伴着父亲。

我们回家后，父亲换了一个寝室。他现在睡到弄堂门外一间从来没有人去的房子里了。

玳瑁有两夜没有找到父亲，只在原地方走着，叫着。它第一夜跳到父亲的床上，发现睡着的是我们，便立刻跳了出去。

正是很冷的天气。父亲记挂着玳瑁夜里受冷，说它恐怕不会想到他会搬到那样冷落的地方去的。而且晚上弄堂门又关得很早。

但是第三天的夜里，父亲一觉醒来，玳瑁已在床上睡着了，静静地，"咕咕"念着猫经。

半个月后，玳瑁对我也渐渐熟了。它不复躲避我。当它在父亲身边的时候，我伸出手去，轻轻抚摩着它的颈背，它伏着不动。然而它从不自己走近我。我叫它，它仍不来。就是母亲，她是永久和父亲在一起的，它也不肯走近她。父亲呢，只要叫一声"玳瑁"，甚至咳嗽一声，它便不晓得从什么地方溜出来了，而且绕着父亲的脚。

有两次玳瑁到邻居家去游走，忘记了吃饭。我们大家叫着"玳瑁玳瑁"，东西寻找着，不见它回来。父亲却猜到它哪里去了。他拿着玳瑁的饭碗走出门外，用筷子敲着，只喊了两声"玳瑁"，玳瑁便从很远的邻屋上走来了。

"你的声音像格外不同似的，"母亲对父亲说，"只消叫两声，又不大，它便老远地听见了。"

"是哪，它只听我管的哩。"

对于寂寞地度着残年的老人，玳瑁所给予的是儿子和孙子的安慰，我觉得。

六月四日的早晨，我带着战栗的心重到家里，父亲只躺在床上远远地望了我一下，便疲倦地合上了眼皮。我悲苦地牵着他的手在我的面上抚摩。他的手已经有点生硬，不复像往日柔和地抚摩玳瑁的颈背那么自然。据说在头一天的下午，玳瑁曾经跳上他的身边，悲鸣着，父亲还很自然地抚摩着它，亲密地叫着"玳瑁"。而我呢，已经迟了。

从这一天起，玳瑁便不再走进父亲的以及和父亲相连的我们的房了。我们有好几天没有看见玳瑁的影子。我代替了父亲的工作，给玳瑁在厨房里备好鱼拌的饭，敲着碗，叫着"玳瑁"。玳瑁没有回答，也不出来。母亲说，这几天家里人多，闹得很，它该是躲在楼上怕出来的。于是我把饭碗一直送到楼上。然而玳瑁仍没有影子。过了一天，碗里的饭照样地摆在楼上，只饭粒干瘪了一些。

玳瑁正怀着孕，需要好的滋养。一想到这，大家更焦虑了。

第五天早晨，母亲才发现给玳瑁在厨房预备着的另一只饭碗里的饭略略少了一些。大约它在没有人的夜里走进了厨房。它应该是非常饥饿了。然而仍像吃不下的样子。

一星期后，家里的亲友渐渐少了。玳瑁仍不大肯露面。无论谁叫它，都不答应，偶然在楼梯上溜过的后影，显得憔悴而且瘦削，连那怀着孕的肚子也好像小了一些似的。

一天一天家里愈加冷静了。满屋里主宰着静默的悲哀。一到晚上，人还没有睡，老鼠便吱吱叫着活动起来，甚至我们房间的楼上也在叫着跑着。玳瑁是最会捕鼠的。当去年我们回家的时候，即使它跟着父亲睡在远一点的地方，我们的房间里从没有听见过老鼠的声音，但现在玳瑁就睡在隔壁的楼上，也不过问了。我们毫不埋怨它。我们知道它所以这样的原因。

可怜的玳瑁。它不能再听到那熟识的亲密的声音，不能再得到那慈爱的抚摩，它是在怎样的悲伤啊！

三星期后，我们全家要离开故乡。大家预先就在商量，怎样把玳瑁带出来。但是离开预定的日子前一星期，玳瑁生了小孩了。我们看见它的肚子松瘪着。

怎样可以把它带出来呢？

然而为了玳瑁，我们还是不能不带它出来。我们家里的门将要全锁上。邻居们不会像我们似的爱它，而且大家全吃着素菜，不会舍得买鱼饲它。单看玳瑁的脾气，连对于母亲也是冷淡淡的，决不会喜欢别的邻居。

我们还是决定带它一道来上海。

它生了几个小孩，什么样子，放在哪里，我们虽然极想知道，却不敢去惊动玳瑁。我们预定在饲玳瑁的时候，先捉到它，然后再寻觅它的小孩。因为这几天来，玳瑁在吃饭的时候，已经不大避人，捉到它应该是容易的。

但是两天后，我们十几岁的外甥遏抑不住他的热情了。不知怎样，玳瑁的孩子们所在的地方先被他很容易地发现了。它们原来就在楼梯门口，一只半掩着的糠箱里。玳瑁和它的小孩们就住在这里，是谁也想不到的。外甥很喜欢，叫大家去看。玳瑁已经溜得远远地在惧怯地望着。

我们想，既然玳瑁已经知道我们发觉了它的小孩的住所，不如便先把它的小孩看守起来，因为这样，也可以引诱玳瑁的来到，否则它会把小孩衔到更没有人晓得的地方去的。

于是我们便做了一个更安适的窠，给它的小孩们，携进了以前父亲的寝室，而且就在父亲的床边。

那里是四个小孩，白的，黑的，黄的，玳瑁的，都还没有睁开眼睛。贴着压着，钻做一团，肥圆的。捉到它们的时候，偶然发出微弱的老鼠似的吱吱的鸣声。

"生了几只呀？"母亲问着。

"四只。"

"嗨，四只！怪不得！扛了你父亲的棺材，不要再扛我的呢！"母亲叹息着，不快活地说。

大家听着这话，愣住了。

"把它们丢出去！"外甥叫着说，但他同时却又喜悦地抚摩着玳瑁的小孩们，舍不得走开。

玳瑁现在在楼上寻觅了，它大声地叫着。

"玳瑁，这里来，在这里……"我们学着父亲仿佛对人说话似的叫着玳瑁说。

但是玳瑁像只懂得父亲的话，不能了解我们说什么。它在楼上寻觅着，在弄堂里寻觅着，在厨房里寻觅着，可不走进以前父亲天天夜里带着它睡觉的房子。我们有时故意作弄它的小孩们，使它们发出微弱的鸣声。玳瑁仍像没有听见似的。

过了一会儿，玳瑁给我们女工捉住了。它似乎饿了，走到厨房去吃饭，却不妨给她一手捉住了颈背的皮。

"快来！快来！捉住了！"她大声叫着。

我扯了早已预备好的绳圈，跑出去。

玳瑁大声地叫着，用力地挣扎着。待至我伸出手去，还没抱住玳瑁，女工的手一松，玳瑁溜走了。

它再不到厨房里去，只在楼上叫着，寻觅着。

几点钟后，我们只得把玳瑁的小孩们送回楼上。它们显然也和玳瑁似的在忍受着饥饿和痛苦。

玳瑁又静默了，不到十分钟，我们已看不见它的小孩们的影子。现在可不必再费气力，谁也不会知道它们的所在。

有一天一夜，玳瑁没有动过厨房里的饭。以后几天，它也只在夜里。待大家睡了以后到厨房里去。

我们还想设法带玳瑁出来，但是母亲说：

"随它去吧，这样有灵性的猫，哪里会不晓得我们要离开这里。要出去自然不会躲开的。你们看它，父亲过世以后，再也不忍走进那两间房里，并且几天没有吃饭，明明在非常伤心。现在怕是还想在这里陪伴你们父亲的灵魂呢。它原是你父亲的。"

我们只好随玳瑁自己了。它显然比我们还舍不得父亲，舍不得父亲所住过的房子，走过的路以及手所抚摸过的一切。父亲的声音，父亲的形象，父亲的气息，应该都还很深刻地萦绕在它的脑中。

可怜的玳瑁，它比我们还爱父亲！

然而玳瑁也太凄惨了。以后还有谁再像父亲似的按时给它好的食物，而且慈爱地抚摩着它，像对人说话似的一声声地叫它呢？

离家的那天早晨，母亲曾给它留下了许多给孩子吃的稀饭在厨房里。门虽然锁着，玳瑁应该仍然晓得走进去。邻居们也曾答应代我们给它饲料。然而又怎能和父亲在的时候相比呢？

现在距我们离家的时候又已一月多了。玳瑁应该很健康，它的小孩们也该是很活泼可爱了吧？

我希望能再见到和父亲的灵魂永久同在着的玳瑁。

（选自《鲁彦散文集》，上海文艺出版社1984年版。有改动）


**问题与要求**

1. 文章可以分为三部分：解释玳瑁的名字及妹妹的玳瑁，父亲生前与玳瑁的相处，父亲去世后玳瑁的情况。请你按照上面的概括，在原文中用"//"符号，把文章的层次划分出来。

2. 这三部分中，哪些是详写，哪些是略写，作者为什么要做这样的安排？

## 2. 猫

### 夏丏尊

　　白马湖新居落成，把家眷迁回故乡后的数日，妹就携了四岁的外甥女，由二十里外的夫家雇船来访。自从母亲死后，兄弟们各依了职业迁居外方，故居初则赁与别家，继则因兄弟间种种关系，不得不把先人有过辛苦历史的高大屋宇，受让给附近的暴发户，于是兄弟们回故乡的机会就少，而妹也已有六七年无归宁的处所了。这次相见，彼此既快乐又酸辛，小孩之中，竟有未曾见过姑母的。外甥女当然不认得舅妗和表姐，虽经大人指导勉强称呼，总都是呆呆地相觑着。

　　新居在一个学校附近，背山临水，地位清静，只不过平屋四间。论其构造，连老屋的厨房还比不上，妹却极口表示满意：

　　"虽比不上老屋，终究是自己的房子，我家在本地已有许多年没有房子了！自从老屋卖去以后，我多少被人瞧不起！每次乘船行过老屋的面前，真是……"

　　妻见妹说时眼圈有点红了，就忙用话岔开：

　　"妹妹你看，我老了许多吧？你却总是这样后生。"

　　"三姐倒不老！——人总是要老的，大家小孩都已这样大了，他们大起来，就是我们在老起来。我们已六七年不见了呢。"

　　"快弄饭去吧！"我听了她们的对话，恐再牵入悲境，故意打断话头，使妻走开。

　　妹自幼从我学会了酒，能略饮几杯。兄妹且饮且谈，嫂也在旁羼着。话题由此及彼，一直谈到饭后，还连续不断。每到妹和妻要谈到家事或婆媳小姑关系上去，我总立即设法打断，因为我是深知道妹在夫家的境遇的，很不愿在难得晤面的当初，就引起悲怀。

忽然，天花板上起了嘈杂的鼠声。

"新造的房子，老鼠就这样多吗？"妹惊讶地问。

"大概是近山的缘故罢。据说房子未造好就有了老鼠的。晚上更厉害，今夜你听，好像在打仗哩，你们那里怎样？"妻说。

"还好，我家有猫。——快要产小猫了，将来可捉一只来。"

"猫也大有好坏，坏的猫老鼠不捕，反要偷食，到处撒屎，倒是不养好。"我正在寻觅轻松的话题，就顺了势讲到猫上去。

"猫也和人一样，有种子好不好的，我那里的猫，是好种，不偷食，每朝把屎撒在盛灰的畚斗里。——你记得从前老四房里有一只好猫吧。我们那只猫，就是从老四房讨去的小猫。近来听说老四房里已断了种了——每年生一胎，附近养蚕的人家都来千求万恳地讨，据说讨去都不淘气的。现在又快要生小猫了。"

老四房里的那只猫向来有名。最初的老猫，是曾祖在世时，就有了的，不知是哪里得来的种子，白地小黄黑花斑，毛色很嫩，望上去像上等的狐皮"金银嵌"。善捉鼠，性子却柔顺得了不得，当我小的时候，常去抱来玩弄，听它念肚里佛，挖看它的眼睛，不啻是一个小伴侣。后来我由外面回家，每走到老四房去，有时还看见这小伴侣的子孙。曾也想讨一只小猫到家里去养，终难得逢到恰好有小猫的机会。自迁居他乡，十年来久不忆及了，不料现在种子未绝，妹家现在所养的，不知已是最初老猫的几世孙了。家道中落以来，田产室庐大半荡尽，而曾祖时代的猫，尚间接地在妹家留着种子，这真是一种不可思议的缘，值得叫人无限感兴的了。

"哦！就是那只猫的种子！好的，将来就给我们一只。那只猫的种子是近地有名的。花纹还没有变吗？"

"你喜欢哪一种？——大约一胎多则三只，少则两只，其中大概有一只是金银嵌的，有一二只是白中带黑斑的，每年都是如此。"

"那自然要金银嵌的啰。"我脑中不禁浮出孩时小伴侣的印象来。更联想到那如云的往事，为之茫然。

妻和妹之间，猫的谈话，仍被继续着，儿女中大些的张了眼听，最小的阿满，摇着妻的膝问："小猫几时会来？"我也靠在藤椅上吸着烟默然听她们。

<u>"小猫的时候，要教会它才好。如果撒屎在地板上了，就捉到撒屎的地方，当着它的屎打；到碗中偷食吃的时候，就把碗摆在它的前面打，这样打了几次，它就不敢乱撒屎多偷食了。"</u>

<u>妹的猫教育论，引得大家都笑了。</u>

次晨，妹说即须回去，约定过几天再来久留几日，临走的时候还说：

"昨晚上老鼠吵得真厉害，下次来时，替你们把猫捉来吧。"

妹去后，全家多了一个猫的话题。最性急的自然是小孩，他们常问："姑妈几时来？"其实都是为猫而问。我虽每回答他们："自然会来的，性急什么？"而心里也对于那与我家一系有二十多年历史的猫，怀着迫切的期待，巴不得妹——猫快来。

妹的第二次来，在一个月以后，带来的只是赠送小孩的果物和若干种的花草和苗种，并没有猫。说前几天才出生，要一个月后方可离母，此次生了三只，一只是金银嵌的，其余两只，是黑白花和狸斑花的，讨的人家很多，已替我们把金银嵌的留定了。

猫被送来，已是妹第二次回去后半月光景的事。那时已过端午，我从学校回去，一进门妻就和我说：

"妹妹今天差人把猫送来了，她有一封信在这里。说从回去以后就有些不适。大约是寒热，不要紧的。"

我从妻手里接了信草草一看，同时就向室中四望：

"猫呢？"

"她们在弄它，阿吉阿满，你们把猫抱来给爸爸看看！"

立刻，柔弱的"尼亚尼亚"声从房中听得，阿满抱出猫来：

"会念佛的，一到就蹲在床下，妈说它是新娘子呢。"

我熟视着女儿手中的小猫说：

"还小呢，别去捉它，放在地上，过几天会熟的。当心碰见狗！"

阿满将猫放下。猫把背一耸就踉跄地向房里遁去。接着就从房内发出柔弱的"尼亚尼亚"的叫声。

"去看看它躲在什么地方。"阿吉和阿满蹑着脚进房去。

"不要去捉它啊！"妻从后叮嘱她们。

猫确是金银嵌，虽然产毛未退，黄白还未十分夺目，尽足依约地唤起从前老四房里的小伴侣的印象。"尼亚尼亚"的叫声，和"咪咪"的呼叫声，在一家中起了新气氛，在我心中却成了一个联想过去的媒介，想到儿时的趣味，想到家况未中落时的光景。

与猫同来的，总以为不成问题的妹的病消息，一二日后竟由沉重而至于危笃，终于因恶性疟疾引起了流产，遗下未足月的女孩儿而弃去这世界了。

一家人参与丧事完毕从丧家回来，一进门就听到"尼亚尼亚"的猫声。

"这猫真不利，它是首先来报妹妹的死信的！"妻见了猫叹息着说。

猫正在檐前伸了小足爬搔着柱子，突然见我们来，就踉跄逃去，阿满赶到橱下把它捉来了，捧在手里：

"你不要逃，都是你不好！妈！快打！"

"畜牲晓得什么？唉，真不利！"妻呆呆地望着猫这样说，忘记了自己的矛盾，倒弄得阿满把猫捧在手里瞪目茫然了。

"把它关在伙食间里，别放它出来！"我一边说一边懒懒地走入卧室睡去。我实在已怕看这猫了。

立时从伙食间里发出"尼亚尼亚"的悲鸣声和嘈杂的搔爬声来。努力想睡，总是睡不着。原想起来把猫重新放出，终于无心动弹，连向那就在房外的妻女叫一声"把猫放出"的心绪也没有，只让自己听着那连续的猫声，一味沉浸在悲哀里。

从此以后，这小小的猫在全家成了一个联想死者的媒介，特别在我，这猫所暗示的新的悲哀的创伤，是用了家道中落等类的怅惘包裹着的。

　　伤逝的悲怀，随着暑期一天一天地淡去，猫也一天一天地长大，从前被全家所诅咒的这不幸的猫，这时渐被全家宠爱珍惜起来了，当作了死者的纪念物。每餐给它吃鱼，归阿满饲它，晚上抱进房里，防恐被人偷了或是被野狗咬伤。

　　白玉也似的毛地上，黄黑斑错落得非常明显，当那蹲在草地上或跳掷在凤仙花丛里的时候，望去真是美丽。每当附近四邻或路过的人，见了称赞说"好猫！"的时候，妻脸上就现出一种莫可言说的矜夸，好像是养着一个好儿子或是好女儿。特别是阿满：

　　"这是我家的猫，是姑母送来的，姑母死了，就剩了这只猫了！"她当有人来称赞这猫的时候，不管那些人陌生与不陌生，总会睁圆了眼起劲地对他说明这些。

　　猫做了一家的宠儿了，每餐食桌旁总有它的位置，偶然偷了食或是乱撒了屎，虽然依妹的教育法是要就地罚打的，妻也总看妹面上宽恕过去。阿吉阿满一从学校里回来就用了带子逗它玩，或是捉迷藏似的在庭间追赶它。我也常于初秋的夕阳中坐在檐下，对了这跳掷小动物做种种的遐想。

　　那是快近中秋的一个晚上的事：湖上邻居的几位朋友，晚饭后散步到了我家里，大家在月下闲话，阿满和猫在草地上追逐着玩。客去后，我和妻搬进几椅正要关门就寝，妻照例记起猫来：

　　"咪咪！"

　　"咪咪！"阿吉阿满也跟着唤。

　　可是却听不到猫的"尼亚尼亚"的回答。

　　"没有呢！哪里去了？阿满，不是你捉出来的吗？去寻来！"妻着急起来了。

"刚刚在天井里的。"阿满瞠了眼含糊地回答，一边哭了起来。

"还哭！都是你不好！夜了还捉出来做什么呢？——咪咪，咪咪！"妻一边责骂阿满一边嗄了声再唤。

可是仍听不到猫的"尼亚尼亚"的回答。

叫小孩睡好了，重新找寻，室内室外，东邻西舍，到处分头都寻遍，哪有猫的影儿？连方才谈天的几位朋友都过来帮着在月光下寻觅，也终于不见形影。一直闹到十二点多钟，月亮已照屋角为止。

"夜深了，把窗门暂时开着，等它自己回来吧！——偷是没有人偷的，或者被狗咬死了，但又不听见它叫。也许不至于此，今夜且让它去吧。"我宽慰着妻，关了大门，先入卧室去。在枕上还听到妻的"咪咪"的呼声。

猫终于不回来。从次日起，一家好像失了什么似的，都觉到说不出的寂寞。小孩从放学回来也不如平日高兴，特别地在我，于妻女所感到的以外，顿然失却了沉思过去种种悲欢往事的媒介物，觉得寂寞更甚。

第三日傍晚，我因寂寞不过了，独自在屋后山边散步，忽然在山脚田坑中发现猫的尸体。全身粘着水泥，软软地倒在坑里，毛贴着肉，身躯细了好些，项有血迹，似确是被狗或者野兽咬毙了的。

"猫在这里！"我不自觉叫了声。

"在哪里？"妻和女孩先后跑来，见了猫都呆呆地几乎一时说不出话。

"可怜！定是野狗咬死的。阿满，都是你不好！前晚你不捉它出来，哪里会死呢？下世去要成冤家啊！——唉！妹妹死了，连妹妹给我们的猫也死了。"妻说时声音呜咽了。

阿满哭了，阿吉也呆着不动。

"进去吧，死了也就算了，人都要死哩，别说猫！快叫人来把它葬了。"我催她们离开。

妻和女孩进去了。我向猫作了最后的一瞥，在昏黄中独自徘徊。日来已失去了联想媒介的无数往事，都回光返照似的一时强烈地齐现到心上来了。

（选自《平凡的生活也要过得闪闪发光》，北京联合出版公司2023年版。有改动）

**问题与要求**

"我"和家人对猫的态度有怎样的变化？为何会有这些变化？（考查情感变化线索）

### 第三课时　《我的白鸽》

‖ **学习目标** ‖

1. 通过限时阅读，继续提升默读能力，达到每分钟400字。

2. 整体感知文章，运用勾画、旁批的方法，梳理"我"和白鸽之间的故事。

3. 关注文章细节，用勾画、旁批的方式，赏析关键词句，体会作者在其中注入的思想情感。

‖ **学习过程** ‖

**【学习环节一】理脉络**

默读文章，自选形式梳理"我"和白鸽之间的故事。需要包括时间、事件、白鸽的变化、"我"的变化、情感等。

（虚线框）

**【学习环节二】析重点**

文章没有配图，如果你给《我的白鸽》中的重要事件配图，你会配几幅？分别是哪几幅，请说明你的理由。建议：可以关注文中表达作者情感观点的句子、对你有触动的句子、让你产生疑问的句子。

（虚线框）

**课后作业（二选一）**

1. 本篇课文文字优美，意蕴丰厚。请摘录至少6行课文，并用旁批的形式进行鉴赏，或写下你的相关思考。旁批不少于60字。

2. 本篇课文文字优美，意蕴丰厚。请摘录至少8行课文，并用旁批的形式进行鉴赏，或写下你的相关思考。旁批不少于100字。

第四课时　《我的白鸽》

‖ **学习目标** ‖

1. 解读课文旁批，抓住关键词句，关注文章题目，深入理解文章思想情感。

2. 通过联系自身、对比阅读，进一步理解"我"与白鸽的关系，深入理解生活和生命的美好。

‖ **学习过程** ‖

**【学习环节一】探主题**

1. 小组交流，说说你对旁批内容的理解，或者回答旁批中的问题。

2. 本文的题目是《我的白鸽》，请你说说作者为什么起这个题目。

**【学习环节二】对比阅读**

1. 阅读《放牛》，结合下面两个句子，说说文中牛和李汉荣的情感与白鸽和陈忠实的情感有什么相似之处。

（1）"我忽然明白，我放过牛，其实是牛放了我呀。"

（2）"这一刻，世界对我来说就是白鸽。"

2. 你的生活中是否也有过"我的白鸽"或者"我的牛"？请与大家分享。

**拓展阅读**

## 放　牛

李汉荣

大约六岁的时候，生产队分配给我家一头牛，父亲就让我去放牛。

记得那头牛是黑色的，性子慢，身体较瘦，却很高，大家叫它"老黑"。

父亲把牛牵出来，把牛缰绳递到我手中，又给我一节青竹条，指了指远处的山，说，就到那里去放牛吧。

我望了望牛，又望了望远处的山，那可是我从未去过的山呀。我有些害怕，说，我怎么认得路呢？

父亲说，跟着老黑走吧，老黑经常到山里去吃草，它认得路。

父亲又说，太阳离西边的山还剩一竹竿高的时候，就跟着牛下山回家。

现在想起来仍觉得有些害怕，把一个六岁的小孩交给一头牛，交给荒蛮的野山，父亲竟那样放心。那时我并不知道父亲这样做的心情。现在我想：一定是贫困艰难的生活把他的心打磨得过于粗糙，生活给他的爱太少，他也没有多余的爱给别人，他已不大知道心疼自己的孩子。我当时不懂得这简单的道理。

我跟着老黑向远处的山走去。

上山的时候，我人小爬得慢，远远地落在老黑后面。我怕追不上它我会迷路，很着急，汗很快就湿透了衣服。

我看见老黑在山路转弯的地方把头转向后面，见我离它很远，就停下来等我。

这时候我发现老黑对我这个小孩是体贴的。我有点喜欢和信任它了。

听大人说，牛生气的时候，会用蹄子踢人。我可千万不能让老黑生气，不然，在高山陡坡上，它轻轻一蹄子就能把我踢下悬崖，踢进大人们说的"阴间"。

可我觉得老黑待我似乎很忠厚，它的行动和神色慢悠悠的，倒好像生怕惹我生气，生怕吓着了我。

我的小脑袋就想：大概牛也知道大小的，在人里面，我是小小的，在它面前，我更是小小的。它大概觉得我就是一个还没有学会四蹄走路的小牛儿，需要大牛的照顾，它会可怜我这个小牛儿的吧。

在上陡坡的时候，我试着抓住牛尾巴借助牛的力气爬坡，牛没有拒绝我，我看得出它多用了些力气。它显然是帮助我，拉着我爬坡。

很快地，我与老黑就熟了，有了感情。

牛去的地方，总是草色鲜美的地方，即使在一片荒凉中，牛也能找到隐藏在岩石和土包后面的草丛。我发现牛的鼻子最熟悉土地的气味。牛是跟着鼻子走的。

牛很会走路，很会选择路。在陡的地方，牛一步就能踩到最合适、最安全的路；在几条路交叉在一起的时候，牛选择的那条路，一定是到达目的地最近的。我心里暗暗佩服牛的本领。

有一次我不小心在一个梁上摔了一跤，膝盖流血，很痛。我趴在地上，看着快要落山的夕阳，哭出了声。这时候，牛走过来，站在我面前，低下头用鼻子嗅了嗅我，然后走下土坎，后腿弯曲下来，牛背刚刚够着我，我明白了：牛要背我回家。

写到这里，我禁不住在心里又喊了一声：我的老黑，我童年的老伙伴！

我骑在老黑背上，看夕阳缓缓落山，看月亮慢慢出来，慢慢走向我，我觉得月亮想贴近我，又怕吓着了牛和牛背上的我，月亮就不远不近地跟着我们。整个天空都在牛背上起伏，星星越来越稠密。牛驮着我行走在山的波浪里，又像飘浮在高高的星空里。不时有一颗流星，从头顶滑落。前面的星星好像离我们很近，我担心会被牛角挑下几颗。

牛把我驮回家，天已经黑了多时。母亲看见牛背上的我，不住地流泪。当晚，母亲给老黑特意喂了一些麸皮，表示对它的感激。

秋天，我上了小学。两个月的放牛娃生活结束了。老黑又交给了别的人家。

半年后，老黑死了。据说是在山上摔死的。它已经瘦得不能拉犁，人们就让它拉磨，它走得很慢，人们都不喜欢它。有一个夜晚，它从牛棚里偷偷溜出来，独自上了山。第二天有人从山下看见它，已经摔死了。

当晚，生产队召集社员开会，我也随大人到了会场，才知道是在分牛肉。

会场里放了三十多堆牛肉，每一堆里都有牛肉、牛骨头、牛的一小截肠子。

三十多堆，三十多户人家，一户一堆。

我知道这就是老黑的肉。老黑已被分成三十多份。

三十多份，这些碎片，这些老黑的碎片，什么时候还能聚在一起，再变成一头老黑呢？我忍不住号啕大哭起来。

人们都觉得好笑，他们不理解一个小孩和一头牛的感情。

前年初夏，我回到家乡，专门到我童年放牛的山上走了一趟。在一个叫"梯子崖"的陡坡上，我找到了我第一次拉着牛尾巴爬坡的那个大石阶。它已比当年平了许多，石阶上有两处深深凹下去，是两个牛蹄的形状，那是无数头牛无数次地踩踏成的。肯定，在三十多年前，老黑也是踩着这两个凹处一次次领着我上坡下坡的。

我凝望着这两个深深的牛蹄窝。我嗅着微微飘出的泥土的气息和牛的气息。我在记忆里仔细捕捉老黑的气息。我似乎呼吸到了老黑吹进我生命的气息。

我忽然明白，我放过牛，其实是牛放了我呀。

我放了两个月的牛，那头牛却放了我几十年。

也许，我这一辈子，都被一头牛隐隐约约牵在手里。

有时，它驮着我，行走在夜的群山，飘游在稠密的星光里……

（选自《万物有情》，北京联合出版公司2019年版）

**课后作业（二选一）**

1. 选择拓展阅读《汗血马》《斑羚飞渡》中的任意一篇，阅读并批注至少2处，每处不少于20字，并完成后面的题目。（批注角度：细节、抒情、议论、其他写作手法）

2. 阅读《汗血马》《斑羚飞渡》，每篇至少批注1处，每处不少于20字，并完成后面的题目。（批注角度：细节、抒情、议论、其他写作手法）

## 拓展阅读

### 1. 汗血马

魏继新

夕阳正在西下，苍茫的暮色给无垠的沙丘涂上了一层忧郁、凝重的昏黄，晚霞正在渐渐暗淡下去，几缕破碎的云丝被烧得通红后，又仿佛随着沙漠粗糙而夹着尘沙的戈壁被风吹得骤冷，云丝便变得像一块块冷却后的生铁在青黑中镶上了一层红边，使干燥的沙漠更显得荒凉而凄惨，呈现一派壮观的悲怆。但尽管如此，空气仍然十分干燥，使人嗓子眼儿里仿佛冒得出火来，所以，在汉子的眼里，那落日依然在使人炫目地燃烧着，使他觉得连呼吸也刺激得嗓子一阵阵针扎般地疼痛。

汉子的头发已经有些灰白了，但短而粗糙的胡须却显示出他并未衰老，而恰恰是正值壮年，只不过岁月的沧桑与坎坷过早地给他的须发涂上了一层白霜。汉子留平头，额头像石块一般坚硬，有几条刀砍斧凿般的皱纹横在其间。他面部轮廓分明，线条执拗粗犷，眼睛凹陷，带点儿凶狠、阴沉。与他做伴的，是一匹身架不高，但并不因风沙、干渴折磨而失去其矫捷神韵的枣红马。那马与他一起出生入死，相依为命，好几次在他昏迷时背负着他脱离险境。这一次，又是它，带着负伤的他日夜兼程地奔走了三天三夜，直到闯入茫茫戈壁，才摆脱了仇家的追杀。

马喷着响鼻，艰难地把腿一次次从深陷的黄沙中拔出。尽管如此，它还是不时用劲拽着缰绳，助不愿再骑它的主人一臂之力，但它终归还是太累了。汉子心疼地拍了拍马背，终于找了一处背风的沙口，躺了下来。那马，便偎在他头前，用身躯替他挡风。汉子见了，艰难地一笑，对它报以感激。

月亮升起来了，荒原变得苍白而神秘，一层忧郁的月光，镀在汉子和马身上，使他们看上去，犹如一尊正在渐渐风化的黝黑的泥塑。

汉子醒来时，如炽的烈日已高高地悬挂在荒漠之上。他已记不得闯进戈壁有几天了，只昏昏沉沉地被同样疲乏的马艰难地拽着走。偶尔看见被风沙掀露出的人兽的白骨，汉子嘴唇喃喃地动着，眼前不断出现许多幻象。他仿佛看见自己杀了杀害他全家的仇人，与弟兄们拉竿子杀富济贫的情景；也仿佛看见官家围杀了全部弟兄，还有他的媳妇玉茹。他要与官家拼命，玉茹却叫他一定要冲出去。他冲出去了，进了戈壁，却终于因饥渴难耐晕倒了。

醒来时马正嘶鸣着，用蹄把刀踢到他面前，又躺下来，把脖子对准他的脸。汉子一下明白了，马要他拿自己的血解渴。汉子眼里涌出了泪水，他抱住马脖子，缓缓拿起刀，但他没有割马，而是割了自己手腕，血汩汩涌出，他把手腕对准马嘴。马似乎也明白了，吸吮了几口，便扭过了头，汉子看见马眼里也有泪水。他撕了条布巾，包住伤口，缓缓爬上马背，马站起来，艰难地向前走去，汉子却昏过去了。

不知过了多久，过了多少个白天和黑夜，马一阵长长的嘶鸣把他惊醒了，汉子迷迷糊糊地看见了一片绿地，而马也竭尽余力，艰难地奔跑起来，还出了汗。汉子用手一摸，闻到异味，拿到眼前一看，那汗中，竟带着血丝……

后来，汉子便在这沙漠中的绿地安了家，放牧着马匹牛羊。渐渐地，这儿变成了一块小小的绿洲，不少牧民也在这儿落了户。汉子的马不仅与他终身为伴，而且也渐渐繁衍成一群。只是，此马虽日行千里，夜行八百，但每汗必血，实非一般良驹矣。

于是，人们便呼那马为汗血马，尽心恤之，轻易不使其驰骋也。

（选自《白雪塑像——当代小小说佳作选读》，湖北教育出版社1999年版）

在文中用波浪线勾画明确表达中心思想的句子，并谈谈你的阅读感受。不少于50字。

## 2. 斑羚飞渡

### 沈石溪

批注区

那还是很久以前，人们不懂得爱护野生动物的时候，我们狩猎队分成好几个小组，在猎狗的帮助下，把七八十只斑羚逼到戛洛山的伤心崖上。

伤心崖是戛洛山上的一座山峰，像被一把利斧从中间剖开，从山底下的流沙河抬头往上看，宛如一线天。隔河对峙的两座山峰相距6米左右，两座山都是笔直的绝壁。斑羚虽有肌腱发达的4条长腿，极善跳跃，是食草类动物中的跳远冠军，但就像人跳远有极限一样，在同一水平线上，健壮的公斑羚最多只能跳出5米远的成绩，母斑羚、小斑羚和老斑羚只能跳4米左右，而能一跳跳过6米宽的山涧的超级斑羚还没有生出来呢。

开始，斑羚们发现自己陷入了进退维谷的绝境，一片惊慌，胡乱蹿跳。过了一会儿，斑羚群渐渐安静下来，所有的眼光集中在一只身材特别高大、毛色深棕油光水滑的公斑羚身上，似乎在等候这只公斑羚拿出使整个种群能免遭灭绝的好办法来。毫无疑问，这只公斑羚是这群斑羚的头羊，它头上的角像两把镰刀，姑妄称它为镰刀头羊。

随着镰刀头羊的那声吼叫，整个斑羚群迅速分成两拨，老年斑羚为一拨，年轻斑羚为一拨。在老年斑羚队伍里，有公斑羚，也有母斑羚；在年轻斑羚队伍里，年龄参差不齐，有身强力壮的中年斑羚，有刚刚踏进成年行列的大斑羚，也有稚气未脱的小斑羚。两拨分开后，老年斑羚的数量比年轻斑羚那拨少十来只。镰刀头羊本来站在年轻斑羚那拨里，眼光在两拨斑羚间转了几个来回，悲怆地轻咩了一声，迈着沉重的步伐走到老年斑羚那一拨去了。有几只中年公斑羚跟随着镰刀头羊，也自动从年轻斑羚那拨里走出来，进入老年斑羚的队伍。这么一来，两拨斑羚的数量大致均衡了。

就在这时，我看见，从那拨老斑羚里走出一只公斑羚来。公斑羚朝那拨年轻斑羚示意性地咩了一声，一只半大的斑羚应声走了出来。一老一少走到伤心崖，后退了几步，突然，半大的斑羚朝前飞奔起来，差不多同时，老斑羚也快速起跑，半大的斑羚跑到悬崖边缘，纵身一跃，朝山涧对面跳去；老斑羚紧跟在半大斑羚后面，头一勾，也从悬崖上蹿跃出去；这一老一少跳跃的时间稍分先后，跳跃的幅度也略有差异，半大斑羚角度稍高些，老斑羚角度稍低些，等于是一前一后，一高一低。我吃了一惊，怎么，自杀也要老少结成对子，一对一对去死吗？这只半大斑羚和这只老斑羚除非插上翅膀，否则绝对不可能跳到对面那座山崖上去！突然，一个我做梦都想不到的镜头出现了，老斑羚凭着娴熟的跳跃技巧，在半大斑羚从最高点往下降落的瞬间，身体出现在半大斑羚的蹄下。老斑羚的跳跃能力显然要比半大斑羚略胜一筹，当它的身体出现在半大斑羚蹄下时，刚好处在跳跃弧线的最高点，就像两艘宇宙飞船在空中完成了对接一样，半大斑羚的4只蹄子在老斑羚宽阔结实的背上猛蹬了一下，就像踏在一块跳板上，它在空中再度起跳，下坠的身体奇迹般地再度升高；而老斑羚就像燃料已输送完了的火箭残壳，自动脱离宇宙飞船，不，比火箭残壳更悲惨，在半大斑羚的猛力踢蹬下，它像只突然断翅的鸟笔直坠落下去。这半大斑羚的第二次跳跃力度虽然远不如第一次，高度也只有地面跳跃的一半，但已足够跨越剩下的最后两米路程了。瞬间，只见半大斑羚轻巧地落在对面山峰上，兴奋地咩叫一声，钻到磐石后面不见了。

试跳成功。紧接着，一对对斑羚凌空跃起，在山涧上空画出一道道令人眼花缭乱的弧线。每一只年轻斑羚的成功飞渡，都意味着有一只老年斑羚摔得粉身碎骨。

没有拥挤，没有争夺，秩序井然，快速飞渡。我十分注意盯着那群注定要送死的老斑羚，心想，或许有个别滑头的老斑羚会从注定死亡的那拨偷偷溜到新生的那拨去。但让我震惊的是，从头至尾没有一只老斑羚为自己调换位置。

伤心崖上最后只剩下那只成功地指挥了这群斑羚集体飞渡的镰刀头羊。这群斑羚不是偶数，恰恰是奇数。镰刀头羊孤零零地站在山峰上，既没有年轻的斑羚需要它做空中垫脚石跳到对岸去，也没有谁来帮它飞渡。只见它迈着坚定的步伐，走向那道绚丽的彩虹，消失在一片灿烂中。

我没想到，在面临种群灭绝的关键时刻，斑羚群竟然能想出牺牲一半挽救另一半的办法来赢得种群的生存机会。我更没想到，老斑羚们会那么从容地走向死亡，它们心甘情愿用生命为下一代开通生存的道路，从而铸就生命的辉煌。

[选自《中国当代小小说排行榜（上）》，漓江出版社2003年版]

1. 最后那只指挥了这群斑羚集体飞渡的镰刀头羊的结局是什么？

2. 为什么说它"消失在一片灿烂中"？

## 第五课时 《大雁归来》

‖学习目标‖

1. 整体感知，把握文章的基本内容，理清说明顺序，了解大雁的相关知识。

2. 抓住文中的细节、抒情、议论等关键句，品味文章语言，体味其中的思想感情。

**‖ 学习过程 ‖**

**【学习环节一】理脉络**

这是一篇科普说明文。如果你是作者，在写本文之前，你需要先完成一份"大雁观察笔记"，请你阅读课文，还原作者所做的观察笔记。

观察对象：　　　　　观察季节：　　　　观察地点：

习性与特点：（建议逐段梳理）

**【学习环节二】赏语言**

1. 本文虽然是说明文，但并不冰冷，有许多饱含作者感情的词句，写出了大雁的可爱动人。哪一处最打动你？请你参照示例，将你的思考旁批在课本上。

**示例**

它们顺着弯曲的河流拐来拐去……向每个沙滩低语着，如同向久别的朋友低语一样。它们低低地在沼泽和草地上空曲折地穿行着，向每个刚刚融化的水洼和池塘问好。

鉴赏：作者写大雁归来后，来到它们久别的沙滩上，在其中穿行。本来可以只客观地描述这种习性和本能，但作者用"低语""问好"等词语，写出了大雁对栖息之处的深切眷恋，让人感受到动物亦有情。

2. 课文中提到大雁时，"我们"一词反复出现：我们的大雁、我们的农场、我们的沼泽……在文中画出含有"我们"的句子，体会其中的情怀。

**【资料助读】**

土地应该被看成一个由相互依赖的各个部分组成的共同体，人只是共同体中的一个普通成员和公民。土地伦理是要把人类在共同体中以征服者的面目出现的角色，变成这个共同体中的平等的一员和公民。它暗含着对每个成员的尊敬，也包括对这个共同体本身的尊敬。

——利奥波德《沙乡年鉴》

**【学习环节三】悟情思**

从本文的题目《大雁归来》，我们能感受到作者对大雁归来的热切呼唤。除此之外，作者还希望什么随着大雁一起归来？

**课后作业（二选一）**

1. 根据课文《大雁归来》，同时请教你的生物老师，设计一份更为细致、专业的观察任务单，并据此完成观察动物的任务。（任务单内容应至少包括动物的外形、习性、个体个性、带给你的感受和启发四个方面。如果有你们之间的故事，也请简笔记录）

2. 搜集你所观察的动物的相关资料，包括科学研究和文学创作两个方面，来加深你对这种动物的认知，并将资料分类整理出来。（资料不少于500字，且要分类清晰）

## 第六课时 《狼》

‖ 学习目标 ‖

1. 结合注释和工具书疏通文义，养成学习文言文的良好习惯。

2. 整体感知文章，理清小说的故事情节。

3. 抓住文中细节，分析人物、动物的形象特点。

4. 通过群文阅读，了解狼，思考人和狼之间的关系。

‖ **学习过程** ‖

**【学习环节一】译全文，理脉络**

1. 课前预习，借助注释、工具书疏通文意，解释加点字词并翻译全文。

一屠（tú）（    ）晚归，担（dàn）中肉尽，止（    ）有剩骨。途中两狼，缀（    ）行甚远。

_____

_____

屠惧，投以骨。一狼得骨止，一狼仍从（    ）。复（    ）投之，后狼止而前狼又至。骨已尽矣，而两狼之并驱如故（    ）。

_____

屠大窘（jiǒng）（    ），恐前后受其敌（    ）。顾（    ）野有麦场，场主积薪（    ）其中，苫（shàn）蔽（    ）成丘。屠乃（    ）奔倚其下，弛担持刀。狼不敢前，眈（dān）眈（    ）相向。

_____

少时，一狼径去（    ），其一犬坐于前（    ）。久之（    ），目似瞑（    ），意暇（    ）甚。

_____

屠暴（    ）起，以刀劈狼首，又数刀毙之。方欲行，转视积薪后，一狼洞（    ）其中，意将隧（    ）入以攻其后也。

_____

身已半入，止露尻（kāo）（    ）尾。屠自后断其股（    ），亦毙之。乃（    ）悟前狼假寐（    ），盖（    ）以诱敌。

_____

　　狼亦黠（xiá）（　　　　）矣，而顷刻（　　　　）两毙，禽兽之变诈
（　　　　）几何哉？止增笑耳（　　　　）。

2. 本篇志怪小说讲述了一个什么故事？（开端、发展、高潮、结局）

**【学习环节二】品细节，知心理**

请用一个词概括屠户的心理，并在后面的横线上写出对应的动作细节。

（　　　）＿＿＿＿＿＿＿＿＿＿＿＿＿＿＿＿＿＿＿＿

（　　　）＿＿＿＿＿＿＿＿＿＿＿＿＿＿＿＿＿＿＿＿

（　　　）＿＿＿＿＿＿＿＿＿＿＿＿＿＿＿＿＿＿＿＿

（　　　）＿＿＿＿＿＿＿＿＿＿＿＿＿＿＿＿＿＿＿＿

**【学习环节三】抓关键，明主题**

本文的主旨句是哪一句？它体现出了人和动物之间怎样的关系？

**【学习环节四】对比阅读**

1. 借助工具书，查阅自己不懂的字词，记录在下方。

2. 在括号中为句子补上缺少的成分，如主语、宾语。

## 狼　三　则

〔清〕蒲松龄

### 其一

　　有屠人货肉归，日已暮。欻一狼来，（　　　　）瞰担上肉，似甚垂涎，
步亦步，尾行数里。屠惧，示之以刀，（　　　　）则稍却；既（　　　　）
走，（　　　　）又从之。屠无计，默念狼所欲者肉，不如姑悬诸树而蚤

取之。（　　　　　　　）遂钩肉，翘足挂树间，示（　　　　　　　）以空空。狼乃止。屠即径归。昧爽，（　　　　　　）往取肉，遥望树上悬巨物，似人缢死状，（　　　　　　）大骇。逡巡近之，则死狼也。（　　　　　　）仰首审视，见口中含肉，肉钩刺狼腭，如鱼吞饵。时狼革价昂，直十余金，屠小裕焉。缘木求鱼，狼则罹之，亦可笑已！

已给注释：

①欻（xū）：忽然。

②瞰（kàn）：窥视。

③诸：兼词，"之于"的意思。

④昧爽：黎明。

你编辑的注释：

①＿＿＿＿＿＿＿＿＿＿＿＿＿＿＿

②＿＿＿＿＿＿＿＿＿＿＿＿＿＿＿

③＿＿＿＿＿＿＿＿＿＿＿＿＿＿＿

④＿＿＿＿＿＿＿＿＿＿＿＿＿＿＿

⑤＿＿＿＿＿＿＿＿＿＿＿＿＿＿＿

⑥＿＿＿＿＿＿＿＿＿＿＿＿＿＿＿

……

其三

一屠暮行，为狼所逼。道旁有夜耕者所遗行室，（　　　　　　）奔入伏焉。狼自苫中探爪入。屠急捉之，令（　　　　　　）不可去。顾无计可以死之。惟有小刀不盈寸，遂割破狼爪下皮，以吹豕之法吹之。极力吹移时，觉狼不甚动，方缚以带。（　　　　　　）出视，则狼胀如牛，股直不能屈，口张不得合。（　　　　　　）遂负之以归。

非屠，乌能作此谋也！

三事皆出于屠；则屠人之残，杀狼亦可用也。

（选自《聊斋志异》，浙江古籍出版社2023年版）

已给注释：

①夜耕：夜晚替人耕田，打短
　　　工的。

②行室：指农民在田中所搭的
　　　草棚。

③苫（shàn）：用草编的席子。

④极力吹移时：用力吹了一阵儿。

你编辑的注释：

①＿＿＿＿＿＿＿＿＿＿＿＿＿＿＿

②＿＿＿＿＿＿＿＿＿＿＿＿＿＿＿

③＿＿＿＿＿＿＿＿＿＿＿＿＿＿＿

④_____

⑤_____

⑥_____

……

**课后作业（二选一）**

1. 阅读《聊斋志异》选文《橘树》《鸿》《毛大福》，完成后面的题目。

2. 阅读《聊斋志异》选文《橘树》《鸿》《毛大福》《竖牧》，完成后面的题目。

**拓展阅读**

### 1.《橘树》

〔清〕蒲松龄

**原文**

　　陕西①刘公，为兴化令②。有道士来献盆树，视之，则小橘，细裁③如指，摈弗受④。刘有幼女，时六七岁，适值初度。道士云："此不足供大人清玩⑤，聊祝女公子福寿耳。"乃受之。女一见，不胜爱悦。置诸闺闼⑥，朝夕护之唯恐伤。刘任满，橘盈把矣。是年初结实。简装将行，以橘重赘，谋弃之。女抱树娇啼。家人绐之曰："暂去，且将复来。"女信之，涕始止。又恐为大力者⑦负之而去，立视家人移栽墀下，乃行。

　　女归，受庄氏聘。庄丙戌⑧登进士，释褐为兴化令⑨，夫人大喜。窃意十余年，橘不复存；及至，则橘已十围，实累累以千计。问之故役，皆云："刘公去后，橘甚茂而不实，此其初结也。"更奇之。庄任三年，繁实不懈；第四年，憔悴无少华⑩。夫人曰："君任此不久矣。"至秋，果解任。

　　异史氏曰："橘其有夙缘⑪于女与？何遇之巧也。其实⑫也似感恩，其不华也似伤离。物犹如此，而况于人乎？"

　　（选自《聊斋志异》，浙江古籍出版社2023年版）

批注区

**译文节选**

异史氏说："橘树是真的和刘公的女儿有缘吗，或者这是巧合。她对橘树的悉心照料和看护，让橘树也变得通了人的情义了。橘树结出丰硕的果实是为了报恩，不结果是因为知道要离别。物尚且如此，更何况是人呢？"

注释：

①陕西：陕西省。

②兴化令：兴化县令。

③裁：才。

④摈弗受：拒绝不受。

⑤清玩：称对方玩赏的敬辞。清，清雅。

⑥闺阃：未嫁女子的居室。

⑦大力者：力气大的人。

⑧丙戌：当指康熙四十五年。

⑨释褐为兴化令：一入仕即为兴化县令。

⑩华：花。

⑪夙缘：前世的因缘。

⑫实：果实。

小说用什么故事表达了什么主题？

## 2. 鸿①

〔清〕蒲松龄

批注区

天津弋人②得一鸿。其雄者随至其家，哀鸣翔翔，抵暮始去。次日，弋人早出，则鸿已至，飞号从之；既而集其足下。弋人将并捉之。见其伸颈俯仰，吐出黄金半铤③。弋人悟其意，乃曰："是将以赎妇也。"遂释雌。两鸿徘徊，若有悲喜，遂双飞而去。弋人称金，得二两六钱强。噫！禽鸟何知，而钟情若比！悲莫悲于生别离④，物亦然耶？

（选自《聊斋志异》，浙江古籍出版社2023年版）

注释：

①鸿：大雁。

②弋（yì亦）人：射鸟的人。弋，以绳系箭而射。

③铤：同"锭"，一锭五两或十两。

④悲莫悲于生别离：在悲伤的事情中，没有比夫妻生离更可悲伤的了。

小说用什么故事表达了什么主题？

## 3. 毛大福

〔清〕蒲松龄

太行毛大福，疡医也。一日，行术归，道遇一狼，吐裹物，蹲道左。毛拾视，则布裹金饰数事。方怪异间，狼前欢跃，略曳袍服，即去。毛行，又曳之。察其意不恶，因从之去。未几，至穴，见一狼病卧，视顶上有巨疮，溃腐生蛆。毛悟其意，拨剔净尽，敷药如法，乃行。日既晚，狼遥送之。行三四里，又遇数狼，咆哮相侵，惧甚。前狼急入其群，若相告语，众狼悉散去。毛乃归。

先是，邑有银商宁泰，被盗杀于途，莫可追诘。会毛货金饰，为宁氏所认，执赴公庭。毛诉

批注区

所从来，官不信，械之。毛冤极不能自伸，惟求宽释，请问诸狼。官遣两役押入山，直抵狼穴。值狼未归，及暮不至，三人遂反。至半途，遇二狼，其一疮痕犹在。毛识之，向揖而祝曰："前蒙馈赠，今遂以此被屈。君不为我昭雪，回去捞掠死矣！"狼见毛被絷，怒奔隶。隶拔刀相向。狼以喙拄地大嗥；嗥两三声，山中百狼群集，围旋隶。隶大窘。狼竟前啮絷索，隶悟其意，解毛缚，狼乃俱去。归述其状，官异之，未遽释毛。

后数日，官出行，一狼衔敝履委道上。官过之，狼又衔履奔前置于道。官命收履，狼乃去。官归，阴遣人访履主。或传某村有丛薪者，被二狼迫逐，衔其履而去。拘来认之，果其履也。遂疑杀宁者必薪，鞫之果然。盖薪杀宁，取其巨金，衣底藏饰，未遑搜括，被狼衔去也。

昔一稳婆出归，遇一狼阻道，牵衣若欲召之。乃从去，见雌狼方娩不下。妪为用力按捺，产下放归。明日，狼衔鹿肉置其家以报之。可知此事从来多有。

（选自《聊斋志异》，浙江古籍出版社2023年版）

**译文**（约1000字，默读每分钟500字，预计用时2分钟）

太行人毛大福，是专治疮伤的医生。一天，他行医归来，路上碰到一匹狼，嘴上叼着个小包裹，见到毛大福，便将小包吐在地上，蹲在路边。毛大福拾起来一看，见里面包着几件金首饰。正感到惊异，狼又跃上前欢跳着，用嘴巴轻轻拉了拉毛大福的衣角就走开了。毛大福刚要离开，狼又回来拽住了衣服，像是要他跟它走。毛觉察到狼没有恶意，便跟着它去了。不一会儿，来到一个洞穴，见一匹狼正生病躺在地上。仔细一看，狼头顶上长了个大疮，已腐烂生蛆。毛大福立即明白了狼的意思，便为病狼仔细剔净蛆虫，又敷上药，才往回走来。此时，天已经晚了，狼远远地跟着送他。走了三四里路，又碰上几匹狼，咆哮着要围攻毛大福，毛非常恐惧。正在危急的时候，后面跟着的狼急忙跑来，到狼群中似乎说了些什么，群狼便都散去了，毛大福才得以安全返回。

在此以前，毛大福所在的县里有个叫宁泰的银商，被人杀死在路上，凶手一直没有抓获。正好毛大福出售从狼那儿得来的金首饰，被宁家的人认出是宁泰之物，将他扭送到了县衙。毛大福诉说了首饰的由来，县官不信，将他严刑拷打。毛大福冤枉至极，无法申辩，只得恳求县官让他去问问那匹狼。县官便派两个衙役，押着毛大福，进入山中，径直去那个洞穴找狼。狼却没回来，等到天黑也不见踪影，三人只得返回。走到半路，迎面碰上两匹狼，其中一匹头上的疮疤还在，毛大福一下子认了出来，便向它作揖说："上次承蒙您赠我礼物，现在我因为那些礼物蒙冤受屈。你若不为我申辩昭雪，回去后我就要被打死了！"狼见毛大福被绑着，愤怒地冲向衙役，衙役忙拔出刀抵挡。狼见状，便用嘴巴拱着地，长声嗥叫起来。刚叫了两三声，只见从山中窜出了上百匹狼，转着圈将衙役团团包围起来。衙役受困，大为窘迫。有疮疤的狼一跃上前，去咬捆着毛大福的绳索。衙役明白了狼的用意，无可奈何地松开了毛大福，狼群才一起离去了。回来后，衙役讲述了经过，县官深感惊异，但也没有立即释放毛大福。

过了几天，县官出巡，见一匹狼叼着只破鞋，放在道上。县官走了过去，狼又叼起鞋跑到前头，重新放到地上。县官很奇怪，命收起鞋子，狼才走了。返回后，县官命人秘密访查鞋子的失主。有人说某村有个叫丛薪的人，在山中被两匹狼穷追不舍，将他的鞋子叼跑了。县官将丛薪拘拿了来认鞋子，果然是他的。于是怀疑杀银商宁泰的凶手定是此人，一审问，果然不错。原来是姓丛名薪的人杀死了宁泰，抢劫了巨金，还没来得及搜出宁泰藏在衣服里的金首饰，便逃走了。结果首饰被狼叼了去，才发生了这件奇事。

从前，有个接生婆出门归来，碰到一匹狼等在路上，拉住她的衣服，像要她跟着走。接生婆跟着狼走到一处地方，见一匹母狼正难产。接生婆为它用力按摩，直到小狼生下，狼才放她返回。第二天，狼叼来鹿肉放到接生婆家的院子里以示报答。可见这类事是自古以来就多有发生的。

小说用什么故事表达了什么主题？

## 4. 竖牧

〔清〕蒲松龄

**原文**

两牧竖入山至狼穴，穴有小狼二，谋分捉之。各登一树，相去数十步。

少顷，大狼至，入穴失子，意甚仓皇。竖于树上扭小狼蹄耳故令嗥；大狼闻声仰视，怒奔树下，号且爬抓。其一竖又在彼树致小狼鸣急；狼辍声四顾，始望见之，乃舍此趋彼，跑号如前状。前树又鸣，又转奔之。口无停声，足无停趾，数十往复，奔渐迟，声渐弱；既而奄奄僵卧，久之不动。竖下视之，气已绝矣。

今有豪强子，怒目按剑，若将搏噬；为所怒者，乃阖扇去。豪力尽声嘶，更无敌者，岂不畅然自雄？不知此禽兽之威，人故弄之以为戏耳。

（选自《聊斋志异》，浙江古籍出版社2023年版）

**译文**（约500字，默读每分钟500字，预计用时1分钟）

有两个牧童，在山里发现了一个狼穴，里面有两只小狼，牧童们商量好了，每人捉了一只各自爬到一棵树上，两棵树之间大约相隔几十步远。

一会儿，大狼回来了，进洞一看，两只小狼不见了，非常惊慌。一个牧童在树上扭小狼的爪子和耳朵，故意让小狼嗥叫。大狼听见后，仰起头寻找，愤怒地奔到树下，一边嚎叫着一边抓爬着树干。另一棵树上的牧童也扭着小狼让它哀鸣。大狼听到后，停止嚎叫，四面环顾，发现了另一棵树上的小狼，于是便丢下这个，急奔到另一棵树下连抓带嚎。这时，前一棵树上的小狼又嚎叫起来，大狼又急忙转身奔到第一棵树下。就这样，大狼不停地嚎叫，不停地奔跑，来回跑了几十趟，渐渐地脚步慢了，嚎叫的声音也弱了，最后奄奄一息地僵卧在地上，很久不再动弹。此时两个牧童从树上爬下来细看，大狼已经断气。

现在有些豪强家的子弟动不动就气势汹汹，横眉竖眼地舞枪弄剑，好像要把人吃掉似的。而那些逗他们发怒的人，却关上门走了。这些子弟们声嘶力竭地叫喊，更认为再也没有敌过他的，于是便以为自己是威风凛凛的英雄了。可他们不知道这种如同禽兽的威风，不过是人们故意戏弄他们取乐罢了。

> 小说用什么故事表达了什么主题？

子任务二：设计并开展观察实践，在交流分享中进一步认识人与动物的关系。

### 第七课时　观察活动：亲近动物，丰富生命体验

‖学习目标‖

1. 根据课文、生物学科相关知识、搜集的资料，按照观察活动的形式要求设计观察活动内容。

2. 用心观察，认真体验，深刻思考，并能就论题发表自己的观点。

‖学习过程‖

【学习环节一】交流观察任务单

《大雁归来》的课后作业要求同学们设计一份观察任务单，并据此完成观察动物的任务，在任务单中记录自己和动物之间的故事。

请观察相同或相似种类动物的同学结成小组，在组内交流观察任务单，并互相纠错、补充彼此的内容。可以邀请生物老师加入课堂交流。

提示：任务单内容应至少包括动物的外形、习性、个体个性、带给学生的感受和启发四个方面。

**【学习环节二】交流搜集的资料**

《大雁归来》的课后作业要求同学们搜集所观察的动物的相关资料，包括科学研究和文学创作两个方面，来加深对这种动物的认知，并将资料分类整理。

在小组内交流彼此的资料，获得更多对动物的认知。可以邀请生物老师加入课堂交流。

**【学习环节三】选择并完成议题**

围绕本单元课文的阅读感受或观察活动的感受，以小组为单位，选择课本中的议题或自拟议题，发表对人和动物关系的看法。并形成一份讨论稿，在全班进行交流。可以邀请生物老师加入课堂讨论。

议题：

1. 动物给人类带来了什么？

2. 人类对动物的生存有怎样的影响？

3. 某种动物的习性和生存环境有什么关系？

4. 为什么人会对宠物产生强烈的感情？

5. 有些动物十分凶猛，为什么人类还要保护它们？

6. 怎么理解"人是自然界的一部分"这句话？

7. 人与自然和谐共生在当下有怎样的意义？

8. 动物园该不该存在？

9. 为什么要保护濒危动物？

10. ……（等你补充）

**课后作业（二选一）**

1. 构思并完成《小镇志异（动物篇）》剧本创作。不少于600字。

2.（1）就课上讨论的任意议题整理出完善的讨论稿。不少于200字。

（2）构思并完成《小镇志异（动物篇）》剧本创作。不少于600字。

**【附】**

　　任务情境：七年级语文组计划和生物学科、信息技术学科联合组织一次《小镇志异（动物篇）》放映会，现向全年级学生征集人与动物的故事。希望你能用文字和镜头传达出你对人与动物、人与自然、人与自身的关系的理解。

**《小镇志异（动物篇）》剧本创作指导**

　　本单元我们从猫和大雁身上看到了人的境遇和局限，从白鸽和大雁身上看到了人与动物的相依相伴，从与狼的斗争中看到了人的力量，还从拓展文本中读到了动物身上的种种品格和人对自我的反观。人具有敏锐的洞察力，能从不同的动物身上感悟到人生道理。人还可以在现实的基础上发挥想象，将动物拟人化、灵异化，以更浪漫的方式来创作故事，传达对动物、对人类、对世界的理解。

　　题目为《小镇志异之_____》。

**注意**

　　蒲松龄的居室叫聊斋，"志"是记录的意思，而"异"就是奇异的故事的意思。"聊斋志异"四个字合起来的解释是：在聊斋里记录的奇异的故事。聊斋是作者写作的地点，而不是故事发生的地点。你是小镇居民，所以"小镇志异"的意思是_____，小镇是你的写作地点，而不是故事发生的地点。

**要求**

1. 故事必须发生在人和动物之间，且需要借动物表现对人的深度思考。

2. 可以记叙现实中你与动物之间发生的故事；也可以像《聊斋志异》一样设置灵异化的动物。

3. 字迹清晰，卷面工整，不少于400字，无上限，超过400字可用电子版。

子任务三：创作《小镇志异（动物篇）》剧本，书写自己与动物之间的故事；选出优秀剧本，自由结组拍摄短剧；举行班级放映会，并推举优秀作品参加年级放映会。

### 第八课时　《小镇志异（动物篇）》剧本交流会

‖ **学习目标** ‖

1. 通过交流、评价，提升文学鉴赏能力，加深对人与动物关系的认知。

2. 通过小组任务，培养合作学习的能力和跨学科的实践能力。

‖ **学习过程** ‖

【学习环节一】交流文本

参照单元"任务评估"中的《小镇志异》剧本写作量规和教师批改建议，阅读老师已选拔出的优秀剧本。

【学习环节二】自由结组，准备拍摄

1. 根据自己的喜好选择文本，结成小组，参照分工表进行分工。

2. 参照《小镇志异》短片量规（基础），在课下完成拍摄任务。如有可能，可在专门的摄影课程学习后拍摄。

分工表

| 分工 | 剧本 | 导演 | 道具、场景 | 摄影 | 演员 | 技术 |
|------|------|------|------------|------|------|------|
| 工作 | 优化 | 统筹 | 准备、布置 | 拍摄 | 表演 | 剪辑、配乐 |
| 名单 | | | | | | |

《小镇志异》短片量规（基础）

| 维度＼等级标准 | 大师 | 名家 | 萌新 |
|---|---|---|---|
| 演员 | 表演符合角色特点，台词清晰，情感饱满 | 表演较符合角色特点，台词清晰，有一定情感 | 表演不符合角色特点，台词不清晰 |
| 详略 | 主要呈现故事的发展和高潮 | | 详演开端/结局 |
| 服装道具 | 丰富，符合剧情要求 | 较丰富，符合剧情要求 | 和剧情不符 |
| 场景 | 符合剧情要求 | 较符合剧情要求 | 和剧情不符 |
| 镜头 | 基本要求：画面稳定，非需要不抖动 | 基本要求：画面较稳定，非需要不抖动 | 令人头晕 |
| 剪辑 | 时长合要求，故事连贯，转场观感好 | 时长合要求，故事较连贯，转场流畅 | 时长不合要求，故事不够连贯 |
| 创意 | 独特设计，惊喜加分 | | 无 |

**课后作业（二选一）**

1. 参照《小镇志异》短片量规（基础），小组合作完成《小镇志异》短剧拍摄，短剧时长为4—5分钟。（拍摄需要使用手机30分钟，剪辑需要使用手机或电脑30分钟）

2. 运用摄影课程学习的拍摄方法，填写摄影分镜头脚本表格，参照《小镇志异》短片量规（高阶），小组合作完成《小镇志异》短剧拍摄，短剧时长为4—5分钟。（拍摄需要使用手机30分钟，剪辑需要使用手机或电脑30分钟）

摄影分镜头脚本表格

| 镜头 | 画面内容（概括） | 对应文案 | 景别 | 运动 | 角度 | 声音 | 备注 |
|---|---|---|---|---|---|---|---|
| | | | | | | | |
| | | | | | | | |
| | | | | | | | |

## 《小镇志异》短片量规（高阶）

| 维度＼标准＼等级 | 大师 | 名家 | 萌新 |
|---|---|---|---|
| 演员 | 表演符合角色特点，台词清晰，情感饱满 | 表演较符合角色特点，台词清晰，有一定情感 | 表演不符合角色特点，台词不清晰 |
| 详略 | 主要呈现故事的发展和高潮 | | 详演开端/结局 |
| 服装道具 | 丰富，符合剧情要求 | 较丰富，符合剧情要求 | 和剧情不符 |
| 场景 | 符合剧情要求 | 较符合剧情要求 | 和剧情不符 |
| 镜头 | 画面稳定，非需要不抖动 | 画面较稳定，非需要不抖动 | 令人头晕 |
| 画面描述 | 至少提前设计3个画面 | 至少提前设计2个画面 | 至少提前设计2个画面 |
| 剪辑 | 时长合要求，故事连贯，转场观感好 | 时长合要求，故事较连贯，转场流畅 | 时长不合要求，故事不够连贯 |
| 景别 | 运用以下景别类型：远景、全景、中景、近景、特写 | 运用4种景别类型 | 运用3种景别类型 |
| 运镜 | 运用"推、拉、摇、移、升、降"中至少3种运镜方法 | 运用"推、拉、摇、移、升、降"中至少2种运镜方法 | 只有固定镜头 |
| 拍摄角度 | 运用"俯拍、仰拍、平拍、顶拍"中至少3种拍摄方法 | 运用"俯拍、仰拍、平拍、顶拍"中至少2种拍摄方法 | 运用"俯拍、仰拍、平拍、顶拍"中至少1种拍摄方法 |
| 创意 | 独特设计，惊喜加分 | | 无 |

## 第九课时　《小镇志异（动物篇）》放映会

‖ 学习目标 ‖

1. 通过交流观剧，拓展视野，加深对人与动物关系的认知。

2. 通过评价，培养文学和影视鉴赏的能力。

‖ 学习过程 ‖

**【学习环节一】班级放映会**

全班观看本班各组《小镇志异》短片，参照《小镇志异》短片量规（基础或高阶），撰写评语，进行打分，选出本班最佳短片。

如有机会，邀请你的摄影老师为你撰写推荐语或现场助力。

《小镇志异》短片打分评价表

| 作品名 | 评语 | 最终得分 |
| --- | --- | --- |
|  |  |  |
|  |  |  |
|  |  |  |
|  |  |  |

**【学习环节二】年级放映会**

各班推出的最优作品将被提交到七年级语文组，参加年级《小镇志异》公众号线上放映会，并通过投票的方式选出年级最优短剧。最优短剧将可以获得在学校公共宣传屏上放映的机会。如有机会，邀请你的摄影老师为你撰写推荐语或者录制推荐视频进行宣传。

**单元学习资源**

1. 教材：

《猫》《我的白鸽》《大雁归来》《狼》

2. 补充课外阅读拓展篇目：

王鲁彦《父亲的玳瑁》、夏丏尊《猫》、李汉荣《放牛》、魏继新《汗血马》、沈石溪《斑羚飞渡》、蒲松龄《狼三则》《橘树》《鸿》《毛大福》《竖牧》

# 第六单元

# 想象之翼

　　雨果说："想象是人类最美的花朵！"这一单元的课文正是以这朵绚烂的花朵为核心，通过童话、神话和寓言的形式，让我们领略到想象的魅力。这些作品中的夸张和想象，是作者用来反映现实、演绎生活的独特手法。

　　在这些课文中，我们可以看到，想象和夸张是塑造形象、反映生活的重要手段。它们让儿童文学充满了趣味和智慧，让孩子们的眼睛里闪烁着好奇和惊喜。借助想象的翅膀，孩子们可以超越自身的局限，体验到更广大的世界，感受到生活的丰富多彩。

　　学习本单元，我们要带领孩子们以不同的视角，换一种眼光看世界。让孩子们用心去感受每个故事中的奇妙和美好，去理解其中的深刻寓意。让他们在想象的天空中自由翱翔，去探索、去发现、去创造。

## 【单元教学主题分析】

本单元的篇目，都是具有丰富想象力和创造力的文学作品，课程内容属于发展型学习任务群的"文学阅读与创意表达"。该任务群旨在引导学生在阅读文学作品的过程中，通过感受、理解、欣赏和评价，培养审美情趣和审美能力。同时，通过创意表达，学生能够将自己的阅读体验和感受转化为具体的文字或艺术作品，从而进一步提升他们的文学素养和表达能力。

梳理《义务教育语文课程标准（2022年版）》第四学段的课程目标中与本单元相关的内容，在"阅读与鉴赏"中，要求"在阅读中了解叙述、描写、说明、议论、抒情等表达方式，能区分写实作品与虚构作品，了解诗歌、散文、小说、戏剧等文学样式""欣赏文学作品，有自己的情感体验，初步领悟作品的内涵，从中获得对自然、社会、人生的有益启示"。在"表达与交流"中，要求学生能够"运用联想和想象，丰富表达的内容"。在第四学段的"学业质量"描述中与本单元相关的内容，要求学生能够"通过朗读、概括、讲述等方式，表达对作品的理解""能通过对阅读过程的梳理、反思，总结不同类型文学作品的阅读经验和方法；能与他人分享自己获得的对自然、社会、人生的有益启示"。

对单元的分析，我们还可从教材中获取准确的指导。第六单元的导语分为两个部分表述：第一部分是从内容角度提出单元的编写主题为"想象的翅膀"，继而指出单元课文的不同文体，如小说、童话、神话、寓言等，都富于想象力，因而在学习时应换一种眼光来看世界。第二部分是从学习角度要求"把握作者的思路，调动自己的体验，发挥联想和想象，感受文学的奇思妙想"。另外对默读提出要求，寻找关键词语以带动整体阅读，提高阅读速度，力争每分钟不少于400字。

此外，从单元整体安排与相关学习要求分析，本单元的课文从文体上看有小说《小圣施威降大圣》，有童话《皇帝的新装》，有神话《女娲造人》，还有寓言《寓言四则》。在课文学习的预习部分提到了猜读、速读、默读等阅读方法，在课后"思考探究"中提出了梳理故事经过、分析人物形象、分析关键语句、联系生活交流心得体会、复述改写故事等要求。学习课文之外还安排了多项学习内容：一是阅读综合实践，以改编课本剧为主题；二是写作实践，以"发挥联想和想象"为主题。

根据以上对课标相关内容和单元说明及课时学习要求等方面的分析，可以提炼出"联想与想象"为本单元学习主题。

## 【单元教学内容分析】

本单元以"联想和想象"为主题，精心选编了四篇各具特色的课文，旨在通过不同体裁的作品，激发学生的想象力和创造力。

《小圣施威降大圣》节选自神话小说《西游记》，主要记叙了孙悟空与二郎神的打斗过程，文中写孙悟空和二郎神的多次外形变化，想象奇特，充满趣味。《皇帝的新装》是安徒生的童话名篇，借神奇的布料展开想象，情节曲折离奇而又发人深省。故事尖刻地嘲笑了统治者的愚蠢，讽刺了社会的虚伪风气，内涵深刻，富于启示意义。《女娲造人》则是根据古书中的相关记载演绎、扩充而成的一则神话故事，其中加入了作者丰富、大胆而又合情合理的想象，充分展现了神话的魅力。《寓言四则》中的四则中外寓言，虽然篇幅短小，却意味深长。寓言通过假托的故事，集中体现了古人的智慧，对今人也有很好的启迪作用。

这四篇文章各具特色，共同之处在于都借助联想和想象，通过虚构的人物、情节和形象来曲折地反映现实。在教学中应当引导学生从文章体裁出发，关注课文丰富的想象力和发人深省的理趣，一方面探究课文对现实的映射和对哲理的揭示，另一方面发挥想象力，换一种方式看世界。

## 【学习者分析】

### 一、学习经验

七年级的学生在之前的学习中，已经接触过一些童话、神话和寓言故事，这些故事大多来自课本、课外读物或是家长的讲述。他们对这些故事的基本情节和人物有一定的了解，能够初步理解故事的主题和寓意。然而由于年龄和认知水平的限制，他们对于这些故事的深层含义和象征性元素的理解可能还不够深入。

## 二、学习兴趣

七年级的学生对于童话、神话和寓言故事的兴趣通常较高。他们喜欢这些故事中神奇的元素、充满想象力的情节和生动的人物形象，特别是那些具有冒险、奇幻和英雄主义色彩的故事，更能激发他们的阅读兴趣和探索欲望。

## 三、学习障碍或困难

理解深度不足：由于七年级学生的认知水平具有局限性，他们对理解故事中的深层含义和象征性元素存在一定难度，较难将故事与现实世界相联系，进而深入理解故事的寓意和价值。

语言表达困难：在表达自己对故事的理解和感受时，学生可能会遇到语言表达的困难。难以准确描述自己的感受，或者难以用恰当准确的语言来表述自己对故事的理解。

## 【单元学习目标】

第六单元的导语从"想象"和"快速阅读"两个话题表明了本单元的教学重点。因此，学习目标一是通过运用已学的默读方法，快速阅读文章，理清文章思路。

本单元涉及了多种不同文体：《小圣施威降大圣》展现神话的奇幻想象，《皇帝的新装》以荒诞童话揭示社会与人性的真相，《女娲造人》是追溯人类起源的汉族神话传说，《寓言四则》则以短小精悍的寓言故事传递深刻道理。由此，学习目标二在于通过梳理情节、探究主题，感知神魔小说、童话、神话、寓言等文体的特色。

本单元强调理解"联想与想象"及其与虚构的关系。在学习中，学生需体会想象（联想）在各类文体中的作用，认识到它们是基于现实的虚构。因此，学习目标三是通过分析联想与想象，深入探究作品主题及其现实意义，感受虚构与想象的魅力。

本单元还包含阅读综合实践及写作实践，旨在将课文中的想象表达方法迁移至写作中。据此，学习目标四定为通过观察生活，积累素材，运用联想与想象的方法改编或创编神话故事、童话故事或寓言故事，完成想象文章的写作。

综上所述，本单元学习目标如下：

1. 综合运用已学的默读方法，快速阅读文章，理清文章思路。

2. 通过梳理情节、探究主题，感知神魔小说、童话、神话、寓言等文体的特色。

3. 发挥联想与想象，深入探究作品主题及其现实意义，感受虚构与想象的魅力。

4. 观察生活，积累素材，并运用联想与想象的方法改编或创编神话故事、童话故事或寓言故事，写出想象文章。

## 【单元任务分解及评估】

### 一、核心问题

童话、寓言等文学作品是如何通过想象来反映现实，表现主题的？

### 二、核心任务

本单元的核心任务是策划并举办一场以"以梦为马"为主题的想象作品展示会。要求学生将课时任务的各类文体想象作品按照评价标准打磨后参加展示。通过此任务，旨在引导学生深入挖掘不同文体的想象元素，培养与锻炼他们的想象与联想能力，并鼓励他们将所学所感转化为富有创意的原创文学作品。

任务情境：元旦将至，学校举办"以梦为马"想象作品展示会，诚邀你带着作品参加。请以文字绘梦，用故事书写未来。在这个舞台上，让梦想照进现实，让文字成为翅膀，飞翔在无限创意的天空。

### 三、任务分解

子任务一：召开"以梦为马"想象作品阅读会，感受想象类文学作品的特点。

子任务二：学习各种类型想象文学作品，进行不同形式的想象短文创作。

子任务三：召开"以梦为马"原创想象作品展示会，评价学习成果。

## 四、任务评估

原创想象作品展示评价量表

| 评价维度 | 评价标准 | 称号 | 你的称号 |
|---|---|---|---|
| 创意与想象 | 创意新颖，想象力丰富 | 创意小宇宙 | |
| | 创意一般，有一定的想象力 | 创意魔法师 | |
| | 创意不足，想象力有限 | 创意启航者 | |
| 内容与主题 | 内容紧扣主题，符合要求 | 内容王者 | |
| | 内容基本符合主题，但不够深入 | 内容追随者 | |
| | 内容偏离主题或不符合要求 | 内容迷失者 | |
| 语言表达 | 语言表达准确、流畅，修辞得当 | 语言大师 | |
| | 语言表达基本准确，修辞得当 | 修辞达人 | |
| | 语言表达不准确，存在较多错误 | 语言初探 | |
| 表演展示 | 团队合作默契，角色理解到位，在表演中有创意展示和创新能力 | 出神入化 | |
| | 团队合作默契，角色理解到位 | 心有灵犀 | |
| | 基本能够展示出情节和人物特点 | 初出茅庐 | |

# 【单元任务管理及课时安排】

第六单元旨在对学生想象力和创造性思维进行综合性训练。在此之前，学生已经完成了写人叙事类文章和写景抒情类文章的初步阅读与写作。在本单元，学生将第一次系统地学习想象类文章，探究如何阅读想象文章，并且尝试创作想象文章。

本单元整体教学设计的核心任务是基于课文文本再创造想象类文章。教学目标是围绕这一任务，依托课文分别学习相关写作方法。《小圣施威降大圣》是神话故事，要学习发挥非凡的想象力进行仿写。《皇帝的新装》是童话故事，生动有趣，要学习运用夸张、反讽等写作手法进行续写。《寓言四则》要学习如何通过借物喻人的手法进行创写。《女娲造人》要学习联想和想象手法进行扩写。与此同时，本单元的课文几乎都含有对某种社会现象的思考，蕴含着丰富的哲理，要学习如何在想象类文章创作中融入现实主题。教学中抓住文体特征对课文进行相应处理，为学生完成核心任务提供更好的抓手。

本单元的教学思路是：第一课段，通过"想象的世界"阅读会，引导学生阅读不同文体的想象作品，激发学生的阅读兴趣。第二课段让学生通过归纳概括文章的体裁特点和以丰富的形式展示文本故事，总结想象文章写作的具体手法。第三课段，结合创作背景和社会现实探究想象文章的思想或文化价值，让学生学习如何在想象文章写作中寄寓个人思考。第四课段，展示原创想象作品，根据评价标准完成对作品的评价。四个课段之间是层进关系，逐步推进完成。

| 第一课时 | 第二课时 | 第三课时 | 第四课时 |
| --- | --- | --- | --- |
| "想象的世界"阅读会，感受想象类作品特点 | 学习《小圣施威降大圣》，完成小说仿写 | 学习《皇帝的新装》，完成多角度赏析 | 《皇帝的新装》对比阅读，完成童话续写 |
| 第五课时 | 第六课时 | 第七课时 | |
| 阅读神话《女娲补天》，完成神话扩写 | 自学《寓言四则》完成寓言创写 | "以梦为马"原创想象文学作品展示会 | |

## 【学习支架】

### 一、联想与想象

1. 想象的特点。

创新性：想象能够创造出全新的、未曾存在过的形象或场景。

自由性：想象不受现实约束，可以任意驰骋于思维的广阔天地。

情感性：想象往往伴随着强烈的情感体验，使作品更具感染力。

2. 联想的特点。

关联性：联想是基于已有经验或知识，将不同事物联系起来。

触发性：一个事物或情境可以触发对另一个相关事物或情境的回忆或思考。

扩展性：通过联想，可以扩展思维的广度和深度，丰富作品内涵。

3. 想象与联想的区别。

来源不同：想象主要来源于个人的创造力和想象力，而联想则基于已有的经验和知识。

结果不同：想象能够创造出全新的内容，而联想则是对已有内容的重新组合和联系。

## 二、想象类写作支架

1. 创意构思。

主题选择：确定一个有趣的、能够引发想象力的主题。

情节设计：构思一个或多个吸引人的情节，使故事更具张力。

2. 角色塑造。

角色特点：为每个角色设定独特的性格、外貌和背景。

角色关系：构建角色之间的复杂关系，增强故事的戏剧性。

3. 语言表达。

运用修辞：使用比喻、拟人等修辞手法，增强语言的生动性和表现力。

节奏与韵律：在现代诗或童话中，注意语言的节奏和韵律，使作品更具音乐美。

4. 情感融入。

情感表达：通过角色的言行和心理描写，传达出强烈的情感。

情感共鸣：引发读者的情感共鸣，使作品更具感染力和吸引力。

5. 想象与现实的结合。

现实基础：想象类作品虽然充满奇幻元素，但也要基于现实生活的经验和逻辑。

想象升华：通过想象，将现实生活中的元素进行夸张、变形或重新组合，创造出全新的世界和故事。

# 【课时教学设计】

子任务一：召开"以梦为马"想象作品阅读会，感受想象类文学作品的特点。

## 第一课时　"想象的世界"阅读会

‖ 学习目标 ‖

1. 通过学习快速阅读的方法，培养在短时间内快速阅读浏览文本的能力。

2. 整体感知文本内容，捕捉重点，提炼要点。

‖ 学习过程 ‖

想象大不同：

这一单元的课文有童话、神话、寓言等，它们都属于儿童文学，都要通过想象、夸张的手段来塑造形象、反映生活。

童话的想象、夸张是极言其"假"，着意去表现大胆奇异的幻想世界；神话中的想象是为了营造神奇、梦幻的色彩，让故事更有吸引力；寓言中使用想象，目的是表现"生动的哲理"，在活泼生动的故事中告诉人们深刻的道理。

【学习环节一】美读经典，梳理要点

速读文本，把握每篇文章的主要内容，用思维导图记录要点。

### 1. 海的女儿

安徒生

在很深很深的海底，水是蓝色的，而且又清又亮。

海底生长着奇异的树木和植物，大大小小的鱼儿在树枝间游来游去，像是天空的飞鸟。

海底的最深处坐落着海王的宫殿。宫殿的墙是用珊瑚砌成的，窗子是用琥珀做成的；屋顶上铺着黑色的蚌壳，那些蚌壳随着水的流动一张一合。

宫殿外面有一个很大的花园，里边生长着许多火红色和深蓝色的树木；树上的果子亮得像黄金，花朵开得像燃烧着的火焰。花园里，处处都闪烁着一种奇异的、蓝色的光芒。当大海风平浪静的时候，抬头可以瞥见太阳：它像一朵紫色的花，从它的花萼里射出五颜六色的光。

海王有六个女儿，她们都长得非常美丽，但最美丽的，要数最小的女儿——小人鱼。她的皮肤又光滑又柔嫩，像玫瑰的花瓣；她的眼睛是蔚蓝色的，像最深处的海水。不过，跟其他的公主一样，她没有腿，而是长着一条鱼尾巴。

小人鱼不爱讲话，总是静静地想着什么。像其他的姐妹一样，小人鱼也有一个大花园，里面种着漂亮的花。她最喜欢花园里的一尊美丽的大理石像。石像雕的是一个英俊的男子，它是跟一条遇难的船一同沉到海底的。

小人鱼对人类世界的故事很感兴趣。她的老祖母知道很多有关人类、船只、城市和动物的故事，小人鱼特别爱听这些故事。

"地上的花儿能散发出香气来，而海底的花儿却不能；地上的森林是绿色的，鸟儿会唱歌……"想到这一切，她就觉得特别愉快。她常常问她的老祖母："人类的世界到底是怎么样的呢？"

"等你满十五岁的时候，我就准许你浮到海面上去。那时你就可以亲眼看到我所说的一切了。"老祖母亲切地说。

多少个夜晚，小人鱼站在窗子旁边，透过深蓝色的水朝上面凝望。鱼儿们摆动着它们的尾巴，月亮和星星射出暗淡的光。偶尔，有一块类似黑云的东西漂过去了，小人鱼知道，这不是一条鲸鱼在宫殿上面游过，就是一艘载着许多旅客的船开过去了。旅客们怎么也想象不到，有一位美丽的小人鱼，正朝着船伸出一双洁白的手……

终于，小人鱼到了十五岁，她能浮到海面上去了。

老祖母在小人鱼的头上戴了一个"百合花"编的花环，不过这些"花"的每一个花瓣都是半颗珍珠。她又叫八个大牡蛎紧紧地附贴在小人鱼的尾巴上，以表示她身份的高贵。

这让小人鱼感到很不舒服。但是老祖母说："为了漂亮，吃点儿苦头是应该的！"

小人鱼告别了老祖母，像轻盈、明亮的水泡一样，冒出了水面。

当她把头伸出海面的时候，太阳已经下山了，云像玫瑰花和黄金似的发着光，天边有几颗星星在闪动。空气既温和又清新。

海面很平静，停着一艘有着三根桅杆的大船。黄昏来临了，船上的灯光把周围的一切装扮得五光十色，十分美丽。

小人鱼看到，有一位英俊的王子来到甲板上的人群中间。今天是王子的生日，当他走出来的时候，一百多发烟火一齐射出，夜空被照得亮如白昼……

夜深了，但是小人鱼还没有办法把她的目光从王子的身上挪开。她就这么望着，望着……

突然，可怕的风暴来了！大船被狂暴的海浪一会儿抛向波底，一会儿推上浪尖，甲板发出碎裂的声音，船桅像芦苇似的拦腰折断了，王子也被海浪卷进海里。

小人鱼记得，人类是不能生活在水里的。她奋力朝王子游过去，双手抱住已经没有知觉的王子，把他的头托出了水面。

天亮时，风暴过去了，大船已经消失得无影无踪。

小人鱼轻轻地在王子额头上吻了一下，她觉得他的样子很像海底小花园里的那尊大理石像。

远处就是陆地，那里有一片美丽的绿色树林，树林前面有一座教堂。小人鱼把依然昏迷着的王子拖上了岸。

她刚把王子放到沙滩上，远处就传来了一阵钟声，许多年轻女子穿过花园向这边走来。小人鱼连忙游到海里的礁石后面躲了起来。

不一会儿，有一个漂亮的姑娘发现了王子，于是她找了许多人来帮忙。这时，王子醒了，他以为是这个姑娘救了自己，对她非常感激。他一点儿也不知道救他的其实是小人鱼。

回到海底后，小人鱼非常思念王子。有好多个夜晚和早晨，她都浮出水面想要找到王子。

"只要我能变成人，就可以进入人类的世界，哪怕在那儿只活一天，我宁愿放弃我在这儿所能活的几百年的生命。"小人鱼实在忍不住了，她悄悄游出了海王的宫殿，去拜访可怕的海巫婆。

在一个巨大的充满泡沫的旋涡后面，有一座可怕的森林，森林里所有的树都是珊瑚虫。又大又肥的水蛇翻动着，露出它们淡黄色的、奇丑的肚皮。森林的中央有一幢用死人的白骨砌成的房子，海巫婆就住在这里。

"我知道你是来求什么的，"海巫婆说，"我可以煎一服药给你喝，喝了它你就能如愿以偿。可是你想要的结果会让你非常痛苦——就好像一把尖刀劈开你的身体。你每走一步，都像是踩在尖刀上，你的血就像在向外流。如果你能忍受得了这些苦痛的话，我就可以帮助你。"

"我可以忍受。"小人鱼用颤抖的声音说。

"可是要记住，"海巫婆说，"你一旦获得了人的形体，就再也不能变回人鱼了。如果你得不到那个王子的爱情，在他跟别人结婚后的头一天早晨，你的心就会碎裂，而你则会变成水上的泡沫。"

"我不怕!"小人鱼说着，但她的脸像死人的脸一样惨白。

"另外，你得拿你美丽的声音酬劳我!"巫婆说。

"就这么办吧。"小人鱼坚定地说。

小人鱼带着从巫婆那里得来的魔药，默默地向王宫告别，然后浮出了深蓝色的水面。

小人鱼来到王子的宫殿前，喝下了魔药。接着，她立刻觉得好像有一把刀子劈开了她的身体。她的尾巴不见了，变成了两条美丽的腿。小人鱼痛得昏了过去。

当她醒来时，她看到那位年轻英俊的王子正站在她的面前。

王子问她是谁、怎样到这儿来的，小人鱼只能用她深蓝色的眼睛温柔而又悲哀地望着他，因为她现在已经不能说话了。

王子把她领进了宫殿。

现在，小人鱼是宫殿里最美丽的姑娘，可她是一个哑巴，既不能唱歌，也不能讲话。而且，她每迈出一步，脚就像踩在尖刀上一样痛。

小人鱼的舞姿又优雅又轻盈，她的眼睛比人们的歌声更能打动人心。

王子非常喜欢小人鱼，像疼爱小妹妹一样疼爱她，却从来没有过娶她做妻子的想法。

王子常常向她说起那个暴风雨的夜晚，说起那个救他的姑娘。

"啊，王子不知道是我救了他的命!"小人鱼深深地叹着气，但是她什么也说不出来。

有一天，王子宣布要结婚了——新娘就是他认为在海边救了自己的那位姑娘。

婚礼在海上一艘豪华轮船上举行，所有的人都在唱歌、跳舞，向王子和他的新娘送上祝福。而此时，可怜的小人鱼觉得自己的心都要碎了。

夜深了，王子和新娘回房间休息，船上安静下来。小人鱼向东方凝望，等待着晨曦的出现——她知道，第一缕阳光出现的时候，就是她消失的时刻。

这时，小人鱼的姐姐们出现在海面上。

其中一位姐姐说："我们用头发向海巫婆换了一把刀。在太阳出来以前，你把它插进那个王子的心脏，当他的热血流到你脚上时，你就可以恢复人鱼的原形，回到海里活到三百岁。快动手吧！"

小人鱼怎么忍心那样做呢？那是她最亲爱的王子啊！

姐姐们发出一声奇怪的、深沉的叹息，又沉入浪涛里。

小人鱼走到房间，看了一眼正在熟睡的王子，把刀子远远地扔进了大海。

太阳即将从海面上升起。小人鱼走到甲板上，纵身一跃，跳进了大海。她的身体一点点地化成了泡沫。阳光轻柔地、温暖地照在泡沫上，小人鱼的身影在泡沫中忽隐忽现，缓缓上升。她对王子微笑着，渐渐地，消失在天空中……

（选自《安徒生童话》，人民邮电出版社2018年版）

## 2. 豌豆上的公主

安徒生

从前，有一位英俊的王子，他想娶一位真正的公主。

于是，王子贴出布告，请所有的公主到王宫住一晚。许多自称是公主的人都来了。她们个个打扮得漂漂亮亮，可惜的是，她们的行为举止一点儿也不端庄，而且，没有一个能通过那些特殊的考验。所以，王子一直没有找到中意的公主。

一天晚上，天忽然刮起了狂风，雷雨交加，可怕极了。

突然，有人敲响了王宫的大门。老国王带领卫兵把城门打开，看见门外站着一个女孩，全身湿透了，雨水顺着她的头发不停地往下流。她冷得直发抖。

"陛下，我能留下来躲雨吗？"女孩问。

"这么恶劣的天气，你到这儿来干什么？"老国王问。

女孩回答："我是一位真正的公主。我要嫁给王子！"

于是，女孩被带进了王宫。

王后对老国王说："她说自己是真正的公主，我们怎么能轻易相信呢？让我来考查她一下吧！"

王后走进卧室，在床板上放了一粒豌豆，然后拿了二十张床垫铺在上面，又拿了二十床羽绒被铺在垫子上。铺完后，王后用手按了按，满意地说："看来，世界上没有比这更柔软的床了。"

晚上，公主被安排在这张床上睡下了。

第二天早上，王后准备好了丰盛的早餐，来请公主。

"昨晚你睡得好吗？"王后问。

公主摇摇头，说："糟透了，我差不多一夜没有合眼！不知道床上有什么硬硬的东西硌着我，害得我睡不着觉！看，弄得我身上青一块儿紫一块儿的！我这么嫩的皮肤，怎么受得了！"

王后惊呆了！

大家都相信她确实是一位真正的公主，因为她隔着二十张床垫和二十床羽绒被，还能感觉到一粒小小的豌豆给她带来的不舒服。只有真正的公主，才有这么娇嫩的皮肤。

王子终于找到了真正的公主，并且在大家的祝福下举行了隆重的婚礼。王宫里的歌舞会办了三天三夜。后来，听说那粒豌豆被送进了博物馆，如果没有人把它拿走，或是没有小老鼠把它偷走的话，现在你还能在那儿看到它呢！

（选自《安徒生童话》，人民邮电出版社2018年版）

## 3. 普罗米修斯

天和地被创造出来，大海起伏波动，鱼儿在海水里嬉游，群鸟在空中飞翔歌唱，地面上挤满各种动物，但还没有哪种体内有灵魂并能统治世间的造物。这时，普罗米修斯踏上了大地，他是被宙斯废黜神位的老一代神明的后裔，是地母与乌拉诺斯所生的伊阿珀托斯的儿子。他清楚地知道，上天的种子就蛰伏在泥土里，于是他就掘了些泥土，用河水把泥土弄湿，然后按照世界的主宰天神的形象揉捏成一个人体。为了让这泥做的人体获得生命，他从各种动物的心里取来善与恶的特性，再把这善与恶封闭在人的胸中。在天神之中他有一个朋友，这就是智慧女神雅典娜。雅典娜很欣赏这个提坦之子的创造，便把灵魂即神灵的呼吸吹进这仅有半个生命的泥人心里。

这样，就产生了最初的人，不久他们便四处繁衍，充满了大地。但是在很长的时间里，他们都不知道如何使用他们高贵的四肢和神赐的精神。他们视而不见，听而不闻，像梦中的人形一样四处奔走，不知道如何利用世间万物。他们不会采石凿石，不会用黏土烧砖，不会把森林里砍伐来的木料做成大梁和椽子，更不会用这些材料修建房屋。他们终日像忙忙碌碌的蚂蚁一样聚居在地下，生活在不见阳光的地洞里，不能根据可靠的标志分辨冬季、繁花似锦的春天和丰收在望的夏日。他们所做的一切都杂乱无章，毫无计划。

于是普罗米修斯便来照料他们：他教他们观察星辰的升降；他发明了计算的方法，创造了拼音文字；他教他们把牲口套在轭上，使它们承担人的一部分劳动；他让马匹养成上套拉车的习惯；他发明了适于海上航行的船和帆。他也关注人类的生活起居：从前，一个人生病，便束手无策，不知道吃什么喝什么有益于健康，不懂得服药减轻自己的痛苦，由于没有医药而凄惨地死去。现在，普罗米修斯告诉他们如何调制药剂来驱除各种各样的疾病。他又教他们预言的本领，给他们解释先兆和梦，说明鸟雀的飞翔和牺牲的陈列；他引导他们勘察地下，发现地下的矿石、铁、银和金。一句话，他把生活需要的一切技能和一切减轻辛苦的工具都向他们做了介绍。

不久前，宙斯夺取了他父亲的神位，罢黜了老一代神明，现在是他和他的儿子们统治着天国。而普罗米修斯则是老一代神明的后裔，因此新的神明注意到这刚刚诞生的人类并要求人类敬奉他们，以此换取他们很愿意向人类提供的保护。在希腊的墨科涅，人和神举行了一次聚会，共同确定了人类的权利和义务。普罗米修斯以人类保护者的身份参加了这次会议，他提出，诸神不要因为负有保护的责任而让人类承担过重的义务。

普罗米修斯聪颖过人，决计愚弄一下众神。他以他的造物的名义宰杀了一头大公牛，请天神们选取自己所喜欢的那一部分。他把宰杀后的牛切开分成两堆：堆在牛皮底下的是肉、内脏和很多脂肪，另一堆要大些，但里面却是巧妙地裹在牛板油里的光秃秃的骨头。

众神的君父、全知全能的宙斯一眼就看穿了他的骗局，说道："伊阿珀托斯的儿子啊，尊贵的王子，我的好友，你分配得多么不公平啊！"普罗米修斯以为他能骗过宙斯，便暗自微笑着说："尊贵的宙斯，永恒众神中最伟大的神，请选取你中意的一堆吧！"宙斯心中勃然大怒，便故意用双手抓住那块白色的板油，剥开板油后就看见了光秃秃的骨头。但他装出刚刚才发现自己上当受骗的样子，气愤地说："我看得很清楚，你还没丢掉你骗人的伎俩。"

宙斯决定报复普罗米修斯的欺骗，拒绝给人类为实现文明所急需的最后的赠品——火。但机智的伊阿珀托斯的儿子却想出了办法加以补救：他拿了一个易燃的大茴香枝，到天上去靠近太阳车，然后他把这个木枝往那闪光的火焰里一杵便得到了火种。他带着这火种降到大地上，柴堆燃烧的熊熊火光随即直冲云霄。

当宙斯看见人间竟有照得如此灿烂的火光升起时，他的灵魂深处都感到钻心刺骨的疼痛。既然人类已经用火，他就不能从他们手中把火夺走了，但他立刻想出用一个新的灾难来代替禁止人类用火：他要求因技艺高超而闻名遐迩的火神赫淮斯托斯为他造出一个美丽少女的形象。

雅典娜由于嫉妒普罗米修斯，已对他不抱好感，所以她前来帮助宙斯，给这个少女披上了闪亮的白色外衣，并让那姑娘两手撑着罩在脸上的面纱，头上戴着饰以鲜花的花冠，束着一个金发带。神的使者赫耳墨斯让这迷人的姑娘获得说话的能力，爱神阿佛洛狄忒则使她具有一切妩媚可爱的姿态。宙斯就这样创造了一个出色的害人精，他给她取名潘多拉，意思就是"获得一切天赐的女子"，因为每一个神都给了她一件使人类遭灾受难的赠品。

随后，宙斯把这个少女带到人与神共同愉快漫步的大地上。人们都对这无与伦比的女子赞不绝口。而她走向普罗米修斯过分天真的兄弟厄庇墨透斯，把宙斯的赠品送给他。

普罗米修斯曾警告过他的兄弟，不要接受奥林匹斯山上的宙斯的赠品，以免人类遭到灾难。但这警告没有起到作用，厄庇墨透斯对这警告连想都没去想，就接纳了美丽的少女潘多拉。这个少女双手捧着赠品——一个有盖的大盒子，来到厄庇墨透斯身边，揭开了盒盖，盒子里立刻飞出一大群灾害，就如闪电一般迅速扩散到大地上。这些赠品里唯一对人类有益的，即希望，却被潘多拉按照众神之父的旨意，锁在了盒子内。

在此之前，人类的生活从没有遭受灾难的侵扰，没有过繁重的劳动，也没有折磨人的疾病。但潘多拉打开盒子之后，灾难以各种各样的形式充满大地、天空和海洋；疾病在人群中四处乱窜，日夜不停又悄无声响，各种各样的热病围攻大地；从前缓步潜行在人类中的死神如今也快步如飞地奔跑起来。

此后，宙斯便立刻向普罗米修斯复仇。他把这个罪人交给了赫淮斯托斯和两个仆人——号称强制和暴力的克拉托斯和比亚。他们奉命把普罗米修斯拖到斯库提亚的荒野，用挣不断的铁链把他锁在高居深渊之上令人目眩的高加索山的峭壁上。赫淮斯托斯很不愿意完成父亲所交付的任务，因为他钦佩这个提坦之子，他知道普罗米修斯是他曾祖父乌拉诺斯的子孙，是与他出身相同的神的后裔。为此，他说了几句无限同情的话，不料竟受到粗野仆从们的谴责，出于无奈，他只好让仆从们完成了这个残酷的任务。

这样，普罗米修斯就令人悲哀地被吊在悬崖绝壁上，直挺挺地悬着，不能睡觉，也从来不能弯一弯疲惫的双膝。"你将白白地发出多少哀怨和悲叹啊，"赫淮斯托斯对他说，"宙斯的意志是不可改变的，不久前才夺得天国统治权的新神都是冷酷的。"

这个囚徒的痛苦也的确将是永久的，或将延续三万年之久。尽管他大声悲叹，他呼唤风、江河、大海的波涛、万物之母大地和洞察一切的太阳为他的苦难做证，但他的意志却始终坚定不移："一个人只要认识到了必然的不可抗拒的威力，"他说，"他就必定会忍受命中注定的一切。"他曾预言：新的婚姻将使诸神的主宰者堕落和毁灭。但不管宙斯怎样威胁他，他也不肯详细说明这似明犹暗的预言。

宙斯是说一不二的。他派出一只鹰每天啄食这个囚徒的肝脏，而那肝脏被吃去多少就又重新长出多少。在没有一个人自愿出来受死，替他受罪之前，这种痛苦是不会停止的。

这个不幸者得到解救的一天终于来了。普罗米修斯被吊在悬崖上忍受可怕的痛苦数百年之后，赫拉克勒斯为了寻找金苹果正好路过这里。当他正希望向普罗米修斯请教良策时，他又对这位被囚禁者的命运起了怜悯之心，因为他看见一只凶鹰立在被囚禁者的膝头啄食那不幸者的肝脏。于是他把木棒和狮皮甩在身后，弯弓搭箭，一箭就把那只凶鹰从受苦者的肝脏上射了下去。接着，他解开锁链，把被解放了的普罗米修斯带走了。但为了满足宙斯的条件，他让自愿放弃永生而去受死的马人喀戎做了普罗米修斯的替身。但为了维持宙斯把普罗米修斯永远吊在悬崖上受苦的判决，必须让普罗米修斯永远戴着一个铁环，铁环的另一端拴上一小块高加索山崖的石头。这样，宙斯才能自豪地说，他的敌人还一直被锁在高加索山上。

（选自《古希腊神话与传说全集》，广东人民出版社2024年版。有改动）

## 速读效果评价量规

| 指标 | 待改进 | 达标 | 优秀 |
|---|---|---|---|
| 速度 | 每分钟400字以下 | 每分钟400字左右 | 每分钟500字以下 |
| 批注 | 关键词部分勾画，重点标注不明确 | 关键词勾画清楚，重点有标注无点评 | 关键词勾画清楚，重点有标注有点评 |
| 思维导图 | 思路不够清晰，只呈现内容的罗列 | 思路清晰，关键词提炼不够准确 | 思路清晰，重点突出 |

**【学习环节二】思维碰撞，交流绘图**

阅读要点思维导图

1. 故事思维导图漂流记：提问+评点。

2. 故事思维导图展览记：点赞+吐槽。

**【学习环节三】奇思妙想，创意叙事**

"想象的世界"故事会

1. 故事接龙：基于文本，熟悉情节，衔接连贯。

2. 故事沙龙：源于文本，熟读深思，对某一方面有质疑或探究。

3. 创意故事：源于生活，发挥想象。

## 故事讲述评价量规

| 指标 | 待改进 | 达标 | 优秀 |
|---|---|---|---|
| 语速 | 太快，表意不清楚 | 语速适中 | 语速适中，表达生动 |
| 事件概括 | 事件概括中要点缺失，语言啰唆 | 事件概括中要点基本清楚，语言不够精练 | 事件概括中要点清楚，语言精练 |
| 人物特征 | 概括片面，表达不够准确 | 基本能概括出人物的形象特征 | 全面准确地概括出人物的形象特征 |
| 想象手法 | 能找到运用想象的内容，但不全面 | 能找到运用想象的内容，但不典型 | 能找到典型的运用想象的内容 |

※归纳好故事的必备要素

### 课后作业（三选一）

1. 完善"想象的天地"思维导图。

2. 录制你喜欢的一则童话故事的音频。

3. 和你的家人或者同学合作录制一则童话故事的音频。

**子任务二：学习各种类型想象文学作品，进行不同形式的想象短文创作。**

## 第二课时　《小圣施威降大圣》

‖学习目标‖

1. 理解文本中的想象元素，能够梳理并复述孙悟空与二郎神斗智斗法的情节。

2. 分析孙悟空与二郎神的形象特点，体会作者如何通过语言塑造人物。

3. 掌握默读技巧，提高阅读速度和理解能力。

‖ **学习过程** ‖

**【学习环节一】默读全文，梳理情节**

使用以下表格梳理孙悟空与二郎神斗智斗法的情节变化。

| 回合 | 孙悟空变化 | 二郎神应对 | 结果 |
|------|-----------|-----------|------|
| 1 | 麻雀 | | |
| 2 | | 海鹤 | |
| 3 | | | |
| 4 | | | 孙悟空逃脱 |
| 5 | 花鸨 | | |

学生默读全文，根据文本内容填写表格，梳理孙悟空与二郎神的变化及结果。

**【学习环节二】分组讨论，分析人物**

分组讨论孙悟空与二郎神的形象特点，可以从他们的性格、能力、外貌等方面进行分析，并记录在笔记本上。每组选派代表汇报讨论结果。

**【学习环节三】探究思考，想象元素**

文中有哪些作者想象的元素，请分类归纳。

《小圣施威降大圣》想象元素

| | 人物能力 | 场景描写 | 物品法宝 | 其他 |
|------|---------|---------|---------|------|
| 孙悟空 | | | | |
| 二郎神 | | | | |
| 想象的意义作用 | | | | |

**课后作业（二选一）**

1. 发挥想象，创作一篇以孙悟空或二郎神为主角的小故事，要求融入文本中的想象元素，并尝试运用孙悟空或二郎神的变化能力。

2. 选择文本中孙悟空或二郎神变化的一段描写，仿照其写作风格，尝试自己写一段富有创意和想象力的变化描写。

## 第三课时 《皇帝的新装》

‖ **学习目标** ‖

1. 能够准确理解文章传达的讽刺虚伪、赞美真诚的主题。

2. 通过梳理出故事情节，理解故事的发展脉络。

3. 通过分析不同人物的性格特点，理解人物对表达主题的作用。

‖ **学习过程** ‖

什么是童话？

童话是儿童文学的一种。它往往通过丰富的想象、幻想和夸张来塑造形象，反映生活，对儿童进行思想教育。语言通俗生动，故事情节往往离奇曲折，引人入胜。它又往往采用拟人的手法来写。

**【学习环节一】明主题**

为文章再拟一个标题。

提示：可以从以下角度思考：情节、事件、主题、人物、写法、教益、细节、角度。

**【学习环节二】理情节**

看插图—读故事—讲故事—演故事。

要求：每组随机选择一幅画面，分工合作完成插图的表演。

**【学习环节三】析人物**

1. 在横线处填入一个修饰性词语，来说明本文的皇帝、大臣、小孩是个怎样的人，并在文中找出理由证明。

一个_____的皇帝/一群_____的大臣/一个_____的孩子/一个_____的骗子

2. 这篇课文的情节围绕一个"骗"字展开，请同学们说说文中各种人物是怎样围绕这个"骗"字进行活动的。

**课后作业**

《皇帝的新装》写法探微（三选一）：

1. 说说《皇帝的新装》中如何想象和夸张。

2. 说说《皇帝的新装》讲故事的重复与变化。

3. 说说《皇帝的新装》中的那个小孩子。

### 第四课时 《皇帝的新装》对比阅读

‖ 学习目标 ‖

1. 思考文中夸张、想象的作用，理解其与现实生活之间的关系。

2. 通过赏析、续写等不同的方式，表达自己对文本的思考与理解。

3. 通过对比阅读，发现经典作品的文学魅力。

‖ 学习过程 ‖

【学习环节一】谈收获

选择某一方面说说你读《皇帝的新装》的收获。

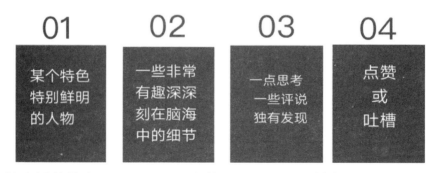

归纳童话的特点：_____人物和_____情节。

## 【学习环节二】找不同

1. 阅读《皇帝的新装》的不同版本，比较几篇文章有什么相同之处。

2. 思考：《皇帝的新装》何以成为经典？

《皇帝的新装》比较阅读材料

## 【链接材料】

**材料一：** 西班牙民间故事

### 国王和三个骗子的故事

有三个骗子来到一个摩尔人国王的王宫里。他们对国王说，他们会织非常美丽的布，这种布的特点是只有父母亲的亲生儿子才能看得见，不是父母亲亲生的儿子则看不见。国王闻听非常高兴，因为这样一来他就能知道谁不是他父亲的亲生儿子，他就可以剥夺他们的财产了。这样一来，他们的遗产都将归属国王。国王在王宫内给了这三个骗子一间大厅，让他们在里面织美丽无比的布。

三个骗子为了证明他们不骗人，要求国王把他们关在那间大厅里。大厅里放了很多金子、丝绸还有不少的钱用来织布。

几天以后，三个骗子在大厅里建造了个小作坊，让人好像觉得他们在里面无时无刻不在织布。过了几天，一个骗子请国王去看看他们织成的布，还问国王喜欢什么样的设计图案。但是，他只能一个人前往。国王说没有问题。

但国王此时已有些许怀疑，便先派一个仆从去查看。这个仆从和三个骗子聊了起来，听他们讲这种布有什么奇妙之处。回来后他没敢对国王说实话。随后，国王又派了一个仆从去，这个仆从也说看见了奇妙的布。最后，国王自己亲自出马。当他走进大厅时，看到三个骗子动来动去，就像是织布一样。骗子们对国王说：

"您看到这块布了吧？……您看到了这种图案吧？……您看有多少种颜色呀！"

其实国王什么也没有看见，以为自己必死无疑了。他想如果自己不是父亲亲生的儿子，他的王国就要归别人。一想到这里，他便立即开口夸耀这些布有多么漂亮。

国王回到王宫，给大臣们描述布有多么漂亮。又过了几天，他派了一位大臣看布匹。大臣听到骗子们说国王非常喜欢他们织的这块布。这时大臣想，我怎么什么也没有看见呢？难道我不是亲生的吗？这一定不能让别人知道。他便开始说布怎样美丽无比。来到国王面前时，他也对见到的赞不绝口。这时国王确信自己不幸。他不是父亲的亲生儿子。

第二天，国王又派了一位大臣去观看骗子们织的那块布，结果不言而喻。国王以及王国的所有的臣民都受骗了。没有人敢冒险说"不"字。这时候该国一年一度的大庆典到了。臣民们都要求国王用那种美丽无比的布做一身特殊的衣服出席庆典。三个骗子先是量了国王的身长、肥瘦，然后装模作样地剪裁布匹、缝制衣服。过节那天，三个骗子帮着国王穿上了新衣，还把有皱褶的地方用手抚平。

这样，国王以为自己真的穿上了新装。与其说这是新衣，还不如说国王裸露着全身呢。他骑上了高头大马，开始在全城展示。人们看到国王一丝不挂，但都什么也不敢说，怕说出去自己成为出身不光彩的人。人人都想这是自己的个人隐私。直到有一个马车夫，他不管什么光彩不光彩的，便对国王说："陛下，你这不是光着的嘛？我的眼睛还没有瞎呀！"

国王气急败坏地说，他不是父亲的亲生儿子。另外一个人听到马车夫这么说，也说国王浑身裸露着。之后人人都这样说，一直到国王及其所有的人都不再害怕说真话时，大家才明白过来，原来被那三个骗子欺骗了。当派人去找他们时，这三个家伙早就逃走了，带走了国王给他们的所有金、银、绸缎和现金。

（选自《卢卡诺尔伯爵》，昆仑出版社2000年版。有改动）

**材料二**：中国南朝民间故事

**原文**

### 狂人细布

昔狂人，令绩师①绩锦②，极令细好。绩师加意③，细若微尘。狂人犹恨④其粗。绩师大怒，乃指空示⑤曰："此是细缕⑥。"狂人曰："何以⑦不见？"师曰："此缕极细，我工之良匠⑧犹且不见，况⑨他人耶⑩？"狂人大喜，以付绩师。

**注释**：

①绩师：纺织师。②锦：丝绸。③加意：特别用心地织。④恨：不满意，嫌。⑤指空示：指着空中让他看。⑥缕：细丝。⑦何以：为什么。⑧我工之良匠：我们纺织工中的第一流师傅。⑨况：何况。⑩耶：呢。

（选自《高僧传》，中华书局1992年版）

**译文**

从前有个狂人，命令纺织师织丝绸，命令他一定要织得尽可能地精细美好。纺织师特别用心地织，丝绸纤细得好像微小的灰尘。狂人仍然觉得这丝绸太粗。纺织师很愤怒，就指向天空（亦可以作"空气"）让他看，说："这就是细微的丝缕。"狂人问："为什么看不见？"纺织师说："这丝缕非常细，像我们纺织工中的第一流师傅尚且还看不见，何况是其他人呢？"狂人非常喜悦，因而赏谢了纺织师。

阅读上文，依据同一母题文章的同与不同，列出思维导图。

## 安徒生 亲切绅士，还是狂妄天才？

真正的安徒生，究竟是什么样子的？我们已经知道，他不仅写童话，在世时更是以诗人、戏剧作家、游记散文家闻名，然而，他所做的事情，并不足以定义他作为一个鲜活的人之存在。140年过去，或许已经没有人能给出所谓的"真实"；当然，就算在当时，又何谓"真实"？

### 边剪纸边讲故事的"大学生"

安徒生终生未婚未育，但在吸引孩子注意力方面，却像有着与生俱来的天赋。凭借一双大手，一把很大的剪刀，他能灵巧自如地在纸面翻飞游走。长篇小说《两位男爵夫人》中，他借主人公之口说："我懂得用一把剪刀在纸上剪出可爱的东西；还是个孩子的时候我就会这样剪了。许多家庭还保存着我的剪纸。"伴着这一刀一剪，加上丰富跳脱的天才想象力，从安徒生口中，故事的角色落地了，开始互动，对话，发展情节，直到结局来临的前一刻——停，最大的悬念来了。此时，似乎可以想象围着安徒生的孩子们渴盼好奇的眼神，要知道，剪纸在最后完全展开之前，通常很难看出剪的究竟是什么，更何况，安徒生的剪纸，从来都和规规矩矩的剪纸不一样。而展开剪纸的最后一刻，也正是揭开故事谜底的一刻。正如安徒生自己的诗句所说："从安徒生的剪刀下，猛地蹦出一篇童话。"

安徒生的许多天才，留在了这些脆弱的纸上。虽然不少已湮没在历史烟尘中，但庆幸的是，如今，在安徒生博物馆、丹麦博物馆，以及特地搜集出版的画册（如《阿斯特丽德·斯坦普的画册》《克里斯汀妮的画册》）中，我们还能看到一个剪纸里的安徒生，看到拼贴画里的安徒生，看到绘画里的安徒生……依旧能为他文字之外的才华与情调而感到折服。

然而，打动人的不仅是这些造型艺术作品本身，更是安徒生在所有这些给孩子们的礼物背后的真挚。无关名利，无关出版，无关攀附权贵，安徒生用剪纸和故事与孩子相处的行为，几乎是出于一种本能：他单纯地享受其中的乐趣，全身心地沉浸在幻想和付出的满足感中。他曾经连熬几夜做拼贴画册，送给一个孩子当生日礼物；他在游历欧洲的途中，一路上都在收集可以用作拼贴画的素材，报纸、广告传单、野花；他把朋友送的八扇屏风，用拼贴素材重新装饰，让人瞠目结舌……大部分剪纸或拼贴画上，安徒生都会配上自己即兴创作的一首小诗，嵌入相关的故事，也常常嵌入要送孩子的名字。那些充满童趣的小诗，总会让人想到一个为讨孩子开心而把自己装扮成小丑的好心叔叔。

哪怕是帮老太太设计胡椒点心花样，安徒生也在想："将来她们在列克桑的胡椒点心就会是这些样式的。我怀疑会不会叫安徒生的胡椒点心！……这就是说一个人可通过很多种方式成为不朽！"

### 活在他人眼光里的天才

安徒生曾因为向剧院投稿屡屡不中，故意匿名投稿，最后颇为得意地发现，匿名剧本大获好评。自传里，他写自己自得地享受着一种秘密快感：大家在真正的作者面前猜作者。这样的试探比较对安徒生来说并不少见。每次试探，似乎都让人窥见安徒生的小心思：怀疑他人给自己穿小鞋的猜忌。

而丹麦对安徒生的认可总是比国外晚几拍，这几乎是安徒生在世时的一个心结。1835年出版第一本童话集《讲给孩子们听的童话》之后，在丹麦充盈于耳的皆为"童话这种幼稚之作""没有天赋""与时代不符"之类的论调，甚至连安徒生的朋友也加入了反方阵营。当时丹麦的文学期刊选择了无视与沉默，唯一一篇评论，来自约翰尼斯·尼科莱·霍斯特《丹诺拉》："这些童话也许能逗逗孩子，但不会对孩子有什么教益，而且，当今评论界也不能保证这些童话对孩子不构成伤害。"至于《豌豆上的公主》，"不仅谈不上文雅，甚至是不可原谅的。因为孩子们看完童话以后得出一个错误印象，即像公主这样的高贵女士一定都非常脆弱，容易悲伤""以后别再把时间浪费在'献给孩子的童话'写作上"。

安徒生在自传里写："这篇评论现在看起来极为可笑了，可当时却折腾得我心烦意乱。"但其实，何止是出版后的评论让安徒生心烦，早在为书定名时，他就开始考虑读者的眼光。这本童话集尝试把自然的口语用在书面语言中，像给孩子讲故事一般娓娓道来；或许是害怕这种尝试遭到不明不白的非议，他直截了当地说明，这是"讲给孩子们听的"。在自传里进一步解释，"为了一开始就给读者一个正确的印象"。不过，安徒生逐渐发现这种语言风格老少通吃，才在1852年出版童话总集时，斟酌过后，把书名改为《故事》。

从《讲给孩子们的童话》到《故事》，稍事琢磨，我们便可以揣摩到安徒生的匠心：在尝试之初、被认可之前，把握解释的主动权，留好得体的退路；得到读者的积极反馈之后，便逐步把自己作品的意义从儿童层面扩展到成人审美层面，毕竟，在我们这个世界里，成人才是真正掌握话语权的人。

不过在乎归在乎，安徒生还是没有停下笔。用他自传里的话说，是根本停不下笔。大概这是一种"非写不可"的欲望，故事里那些小人、场景都鲜活地欢蹦在安徒生的脑中，或许就像精灵被困在局促的笔杆里，唯有让他们随墨水流淌出来，在纸上孕育成形，灵魂才能得以释放。

### 丑小鸭的骄傲与自卑

安徒生与部分编辑的关系似乎也不甚和平。年轻时被退稿，编辑的常用措辞是"有基本的拼写、语法错误"，建议他先去接受文法学校的教育。但在安徒生看来，编辑对他似乎已经形成了某种偏见，只要他粗心犯了一点语言上的错误，就会遭到不屑的嘲笑与非议。他卑微的出身、缺失的基础教育，是他的阿喀琉斯之踵，是他本就不强大的自尊心最薄弱的一环。

这时候，再去读《丑小鸭》，才会明白，安徒生在丑小鸭身上寄托了多少愤懑与抗争的渴望。丑小鸭所经历的一切嘲讽、不屑，都是安徒生自己最切身的体会。而丑小鸭从一开始，就不属于鸭群，而是天鹅——这不正是安徒生对自己的期待和想象吗？丑小鸭是意外混进鸭群里的天鹅，而安徒生何尝不希望，自己也是不小心落入底层的贵族。也许，他是因为天性心气甚高，所以会这样幻想；但又或者，这样的想象也确实弱化了他对底层的归属感，同时强化了他对于融进上流社会的渴望。140年前，重病的安徒生写下"我的另外一个名字是克里斯蒂安九世"，与其说这是某种真实的身世之谜，不如说，这是他终其一生的执念。

但不可否认，正是这样心比天高的执念，才一步步把他推向了社会的上层。从奥登塞小城的鞋匠之子，到14岁坚持独自离家闯哥本哈根、追逐戏剧梦，到连连投稿受挫却不屈不挠地敲开了文化名流的聚会之门，再到贵人相助得到国王批准的教育资助，到为了辅助创作向国王申请旅行资助……无疑，这是19世纪丹麦真实的"屌丝青年逆袭记"。一直追逐远方、疏离故地，这背后最强大也最本能的驱动力不是其他，正是不甘平庸的野心。

晚年，安徒生出版了一本给大人看的童话——《月亮看见了》。其中的"第十三夜"，还有意调侃了挑语言刺、认为年轻作者"狂妄"而进行打压的编辑们。编辑们的喧闹看起来不过是笑话一场，而此时，"受人赞誉的、谦虚的诗人"却是"得到了所有宾客的尊敬，心满意足"，另一位被认为狂妄的年轻人则正在接受恩主的召见。恩主虽也看到了他的狂傲，却依旧因为赏识其才华，对年轻人表示了尊敬。故事的最后，是这样一首短诗：

> 尘土埋没的是属于天才的荣誉，
>
> 津津乐道的永远是平庸的材质。
>
> 这原本古久以前的故事，
>
> 却在生活的剧场中每天重演。

（选自《南方人物周刊》第441期）

**【学习环节三】析原因**

阅读《安徒生　亲切绅士，还是狂妄天才?》联系安徒生的作品思考：安徒生何以成为文学大师?

1. 安徒生故事会。

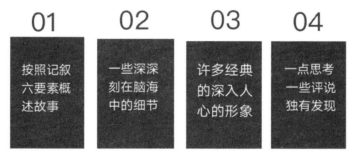

2. 知人品文论大师。

**课后作业（二选一）**

1. 续写皇帝回到皇宫后的故事。

2. 续写你喜欢的安徒生的一则童话故事。

提示：想象故事发展的各种可能，然后抓住一点落笔。要使人物的言行和性格与之前的表现相符，故事发展和情节设计要合情合理，令人信服。

## 第五课时 《女娲造人》

‖ 学习目标 ‖

1. 初步了解神话及其特点。

2. 分析想象类作品的特点，体会联想和想象的运用。

3. 发挥想象改扩写文言神话故事。

‖ 学习过程 ‖

如果要将古代神话《女娲补天》改扩写成一篇讲给今天的孩子的神话故事，你觉得需要完成哪些任务？

【学习环节一】怎样在故事中展开联想和想象？

【学习方式】圈点批注

联想和想象既要大胆奇特，又要合情合理。快速阅读《女娲造人》，在旁批处作好标记或记录，回答下面问题。

1. "说也奇怪"是神话、童话等作品中常用的话，在第六段中就出现了这样的话。作者为什么要这么说？请你在本文中还可以加入"说也奇怪"的地方加以标注。

2. 女娲用黄泥造人，而我们常把土地比作母亲，这样想的"巧合"情节你还发现了哪些？你能从这些"巧合"中读出什么？

【学习收获】在故事中展开联想和想象，你的发现是什么？

_____

_____

【学习环节二】怎样重塑神话人物？

【学习工具】绘制思维导图

本文根据《风俗通》等古代有关记述改写，作者发挥想象，在原来人物塑造基础上增添了哪些内容？请深入阅读后用思维导图表示出来。

俗说天地开辟，未有人民，女娲抟①黄土作人。务剧②，力不暇供③，乃引组④于泥中，举以为人。故富贵者，黄土人也；贫贱者凡庸者，组人也。

女娲祷神祠，祈而为女媒，因置婚姻。

——《风俗通》

注释：

①抟（tuán）：捏成团。②务剧：工作繁多。剧，繁多。③力不暇供：没有足够的力量来从事这项工作。④组（gēng）：粗绳索。

> 思维导图

【学习收获】在故事中重塑人物形象，你的发现是什么？

【学习环节三】怎样理解作家的想象与改写？

【学习工具】内容对比表

本单元的两篇文章都是根据原有的故事改编而成，他们为什么要进行这样的改编，改编后的情节寄予作者怎样的情感？请完成下面表格内容。

| 篇目 | 《国王和三个骗子的故事》 | 《皇帝的新装》 | 《风俗通》记载 | 《女娲造人》 |
|---|---|---|---|---|
| 情节 | | | | |
| 感情 | | | | |

【学习收获】在原有文本基础上进行改编，你的发现是什么？

**课后作业（二选一）**

**改扩写《女娲补天》**

1. 展开大胆、合理的联想想象，完成文言《女娲补天》改扩写。

2. 展开大胆、合理的联想想象，从下面文言中任选一篇完成改扩写。

## 女娲补天

往古之时，四极废，九州裂，天不兼覆，地不周载；火爁炎而不灭，水浩洋而不息；猛兽食颛民，鸷鸟攫老弱。于是女娲炼五色石以补苍天，断鳌足以立四极，杀黑龙以济冀州，积芦灰以止淫水。苍天补，四极正；淫水涸，冀州平；狡虫死，颛民生。

（选自《淮南子》，中华书局2022年版）

【学习工具】构思小工具

| 评价项目 | 评价量规 | 增加或改编的构想 |
|---|---|---|
| 确立主题 | 根据表达情感需要确立主题 | |
| 安排情节 | 想象大胆奇特而合乎情理 | |
| 塑造人物 | 人物兼具"神性"和"人性" | |

## 古代神话故事

### 1. 嫦娥奔月

嫦娥，羿妻也，窃西王母不死药服之，奔月。将往，枚占于有黄，有黄占之，曰："吉。翩翩归妹，独将西行，逢天晦芒，毋惊毋恐，后且大昌。"嫦娥遂托身于月，是为蟾蜍。

（选自《全上古三代秦汉三国六朝文》，上海古籍出版社2009年版）

### 2. 吴刚伐桂

旧言月中有桂，有蟾蜍。故异书言，月桂高五百丈，下有一人常斫之，树创随合。人姓吴，名刚，西河人。学仙，有过，谪令伐树。

（选自《酉阳杂俎》，中华书局2017年版）

### 3. 精卫填海

发鸠之山，其上多柘木。有鸟焉，其状如乌，文首、白喙、赤足，名曰精卫，其鸣自詨。是炎帝之少女，名曰女娃。女娃游于东海，溺而不返，故为精卫，常衔西山之木石，以堙于东海。

（选自《山海经》，中华书局2016年版）

## 4. 后羿射日

逮至尧之时，十日并出，焦禾稼，杀草木，而民无所食；猰貐、凿齿、九婴、大风、封豨、修蛇，皆为民害。尧乃使羿诛凿齿于畴华之野，杀九婴于凶水之上，缴大风于青丘之泽，上射十日而下杀猰貐，断修蛇于洞庭，擒封豨于桑林，万民皆喜，置尧以为天子。

（选自《淮南子》，中华书局2022年版）

## 5. 夸父逐日

夸父不量力，欲追日景，逮之于禺谷。将饮河而不足也，将走大泽，未至，死于此。应龙已杀蚩尤，又杀夸父，乃去南方处之，故南方多雨。

（选自《山海经》，中华书局2016年版）

## 第六课时 《寓言四则》

‖ **学习目标** ‖

1. 了解四则寓言的寓意。

2. 利用寓言培养发散思维能力，学习创作寓言的方法，续编或自编寓言。

3. 激发想象能力和探索未知的好奇心。

‖ **学习过程** ‖

【学习环节一】小组合作，提炼要点

| 课文 | 寓意 | 夸张的运用 | 笑点 | 夸张的作用 |
| --- | --- | --- | --- | --- |
| 《赫耳墨斯和雕像者》 | | | | |
| 《蚊子和狮子》 | 嘲讽了蚊子的可悲并不在于它被蜘蛛吃掉，而在于它自不量力的膨胀心态 | | | |

（续表）

| 课文 | 寓意 | 夸张的运用 | 笑点 | 夸张的作用 |
|------|------|-----------|------|-----------|
| 《穿井得一人》 | | | | |
| 《杞人忧天》 | | | | |

**【学习环节二】创意构思，重构寓言**

任选一篇寓言，重新设计情节，赋予其新的寓意，把它改写成一篇新的寓言。

（古代寓言：揠苗助长、自相矛盾、郑人买履、守株待兔、刻舟求剑、画蛇添足……）

**课后作业**

完成以下课内基础和课外拓展任一篇的阅读。

**寓言故事课内基础**

【通译全文】借助注释、工具书疏通文意，解释加点字并翻译全文。

穿井得一人

宋之丁氏，家无井而出溉汲（　　　　），常一人居外。

_____

_____

及（　　　）其家穿井，告人曰："吾穿井得一人。"

_____

_____

有闻而传之者曰："丁氏穿井得一人。"

国人（　　　　）道（　　　　）之，闻（　　　　）之于宋君。

宋君令人问之于丁氏，丁氏对（　　　　）曰：

"得一人之使（　　　　），非得一人于井中也。"

求闻（　　　　）之若此，不若无闻也。

【文学常识·《吕氏春秋》】

本文选自《吕氏春秋·慎行论·察传》。《吕氏春秋》又名《吕览》，是战国末秦相吕不韦组织门客所撰的一部先秦杂家代表著作，全书二十六卷，分十二纪、八览、六论，共一百六十篇。

·杂家：汇合了先秦诸子各派学说，"兼儒墨，合名法"。

·吕不韦与"奇货可居"：吕不韦早年经商，扶植秦国质子异人回国即位，成为秦庄襄王。庄襄王去世后，迎立太子嬴政即位，被嬴政拜为相邦，尊称"仲父"，权倾天下。后来受到缪毒集团叛乱牵连，罢相归国，全家流放蜀郡，途中饮鸩自尽。当年吕不韦到邯郸去做生意，见到质子异人后大喜，曾说："此奇货可居。"即是成语"奇货可居"的出处。

【文学常识·《伊索寓言》】

《赫耳墨斯和雕像者》与《蚊子和狮子》皆出自《伊索寓言》。该书是以伊索名义流传的古希腊寓言集，大多是动物故事。其中的名篇有：《狼和小羊》《狮子与野驴》《乌龟与兔》《牧人与野山羊》等。前两则用豺狼、狮子等凶恶的动物讽刺人间的权贵，后两则总结了人们的生活经验，教人处世和做人的道理。

## 杞人忧天

_____

_____

杞国有人忧天地崩坠，身亡（　　　　）所寄，废寝食者。

_____

又有忧彼之所忧者，因（　　　）往晓（　　　）之，

_____

曰："天，积气（　　　）耳，亡处亡气。

_____

若屈伸呼吸，终日在天中行止（　　　），奈何（　　　）忧崩坠乎？"

_____

其人曰："天果（　　　）积气，日月星宿，不当坠耶？"

_____

晓之者曰："日月星宿，亦积气中之有光耀者，

_____

只使坠，亦不能有所中伤（　　　）。"

_____

其人曰："奈（　　　）地坏何（　　　）？"

_____

晓之者曰："地，积块（　　　）耳，充塞四虚，亡处亡块。

若躇步（　　　　）跐蹈（　　　　　），终日在地上行止，奈何忧其坏?"

其人舍然（　　　　）大喜，晓之者亦舍然大喜。

【文学常识·《列子》】

本文选自《列子·天瑞》，旧题为列御寇所著。列子，是老子和庄子之外的又一位道家思想代表人物，主张清静无为。

·列御寇：庄子曾在《逍遥游》中说："夫列子御风而行，泠然善也……"列子可以"御风而行，泠然善也"，似乎练就了一身卓绝的轻功。但因为庄子书中常常虚构一些子虚乌有的人物，如"无名人""天根"，故有人怀疑列子也是"假人"。不过《战国策》《吕氏春秋》等诸多文献中也都提及列子，所以列子应该实有其人。

**寓言故事拓展阅读**

寓言是文学作品的一种体裁，常带有讽刺或劝诫的性质，用假托的故事或拟人手法说明某个道理或教训。"寓"有"寄托"的意思，最早见于《庄子·寓言》篇。请阅读下面的寓言故事，分别说说其中寄寓了什么道理。

【寓言与成语】

### 人有亡鈇者

人有亡鈇者，意其邻之子，视其行步，窃鈇也；颜色，窃鈇也；言语，窃鈇也；动作态度无为而不窃鈇也。俄而抇其谷而得其鈇，他日复见其邻人之子，动作态度无似窃鈇者。

（选自《列子》，商务印书馆2015年版）

道理：_____。
链接成语：疑邻盗斧

来自寓言的成语：井底之蛙、狐假虎威、刻舟求剑、自相矛盾、_____。

**【寓言与哲思】**

## 狂　泉

昔有一国，国中一水，号曰狂泉。国人饮此水，无不狂，唯国君穿井而汲，独得无恙。国人既并狂，反谓国主之不狂为狂，于是聚谋，共执国主，疗其狂疾，火艾针药，莫不毕具。国主不任其苦，于是到泉所酌水饮之，饮毕便狂。君臣大小，其狂若一，众乃欢然。

（选自《二十四史鉴赏辞典》，上海辞书出版社2017年版）

道理：_____。

**【寓言与现实】**

## 楚人养狙

楚有养狙以为生者，楚人谓之狙公。旦日必部分众狙于庭，使老狙率以之山中，求草木之实，赋什一以自奉。或不给，则加鞭棰焉。群狙皆畏苦之，弗敢违也。

一日有小狙谓众狙曰："山之果，公所树与？"曰："否也，天生也。"曰："非公不得而取与？"曰："否也，皆得而取也。"曰："然则吾何假于彼，而为之役乎？"言未既，众狙皆寤。其夕相与伺狙公之寝，破栅毁柙，取其积，相携而入于林中不复归。狙公卒馁而死。

郁离子曰："世有以术使民而无道揆者，其如狙公乎！惟其昏而未觉也。一旦有开之，其术穷矣。"

（选自《古文鉴赏辞典》，上海辞书出版社2014年版）

道理：_____。

《西游记》中"猴子"的反抗是否与之相同？

_____

_____

子任务三：召开"以梦为马"原创想象作品展示会，评价学习成果。

## 第七课时 "以梦为马"原创想象文学作品展示会

‖ 学习目标 ‖

1. 通过展示创意想象作品，提升表达能力。

2. 通过共同完成高质量展示任务，增强团队合作能力。

3. 通过评价他人作品，增强审美鉴赏力。

**活动要求**

本次活动课将展示学生们根据课时任务创作的各类想象文佳作，这些作品已经过精心打磨，可以选择以下三种形式之一参与展示：

课本剧表演：学生可以对原故事进行续编或仿写，并通过生动的表演形式呈现出来，展现他们对文本的理解和创意。

神话故事会：学生需选取一个神话故事作为背景，融入文言原文的元素，并在此基础上自创情节，讲述一个既传统又新颖的神话故事。

寓言新编：学生将选取寓言故事作为蓝本，保留寓言的原文背景，但运用创新的表达方式和情节设计，赋予寓言新的意义和视角。

学生们将分组进行准备，每组选择一种形式，共同打造精彩的展示内容，展现他们的创意、团队合作能力和表达能力。

**活动环节**

分组准备：班内学生以4—5人为一组自由组合，每组需精选并准备一个板块的内容，即选择课本剧表演、神话故事会或寓言新编中的一种形式进行创作与排练。

展示与评分：各组轮流上台展示他们的作品。在表演过程中，其他组的学生将作为观众，认真观看并依据事先设定的评价标准为表演组打分。通过集体评分的方式，评选出本次活动的优胜组。（参照单元"任务评估"）

优秀作品展出：活动结束后，将评选出的优秀作品（包括表演视频、剧本、故事稿等）在班内专栏进行展出，供全班同学欣赏和学习，以此激励学生们对文学创作和表演艺术的热情与追求。

**单元学习资源**

1. 教材：

《小圣施威降大圣》《皇帝的新装》《女娲造人》《寓言四则》

2. 课外阅读拓展篇目：

《海的女儿》《豌豆上的公主》《普罗米修斯》《国王和三个骗子的故事》《狂人细布》《安徒生　亲切绅士，还是狂妄天才？》

3. 视频资源：

中国神话故事、《西游记》动画片、迪士尼《小美人鱼》